Beck-Rechtsberater

Ratgeber für Erben

W0193805

dtv

Beck-Rechtsberater

Ratgeber für Erben

Recht bekommen bei der Abwicklung des Erbes,
in der Erbengemeinschaft und beim Pflichtteil

von Dr. Claus-Henrik Horn

Deutscher Taschenbuch Verlag

Im Internet:

dtv.de

beck.de

Originalausgabe
Deutscher Taschenbuch Verlag GmbH & Co. KG,
Friedrichstraße 1a, 80801 München
© 2010. Redaktionelle Verantwortung: Verlag C. H. Beck oHG
Druck und Bindung: Druckerei C. H. Beck, Nördlingen
(Adresse der Druckerei: Wilhelmstraße 9, 80801 München)
Satz: ottomedien, Darmstadt
Umschlaggestaltung: Agentur 42 (Fuhr & Partner), Bodenheim,
unter Verwendung eines Fotos von GettyImages
ISBN 978-3-423-50699-1 (dtv)
ISBN 978-3-406-59107-5 (C. H. Beck)

9 783406 591075

Vorwort

Habt ihr schon geerbt, oder seit ihr noch einig? Diese Volksweisheit bewahrheitet sich leider in einer Vielzahl von Erbfällen. Zu Lebzeiten des Verstorbenen schlummern oftmals tiefe und langjährige Konflikte unter den Kindern oder andern durch den Erbfall Begünstigten oder Belasteten. Erst nachdem der Verstorbene – das bisherige Bindeglied unter den Beteiligten – weggefallen ist, brechen diese Konflikte aus. Geschwister finden sich manchmal sogar vor einem Richter wieder in der Hoffnung, dass dieser deren Streit löst.

Die für das Erbrecht ungewöhnlich vielen aktuellen Reformen sind in diesem Ratgeber berücksichtigt, so über das Erbschaft- und Schenkungsteuergesetz (seit 1. Januar 2009), über das Personenstandsgesetz (seit 1. Januar 2009), über die Verfahrensordnung auch für Nachlassgerichte, das das FGG ablösende FamFG (seit 1. September 2009) und schlussendlich des Erbrechts (seit dem 1. Januar 2010).

Dieser Ratgeber beschreibt die Rechtslage sämtlicher Stationen, nachdem der Erbfall eingetreten ist. Zwischendurch habe ich einige meiner Mandate – anonymisiert – und interessante Gerichtsentscheidungen geschildert sowie Hinweise aus meiner Erfahrung als Berater gegeben. Dieses Buch ersetzt aber nicht den individuellen Rechtsrat von Rechtsanwälten und Notaren, denn letztlich entscheidet der Einzelfall. Schon kleinere Besonderheiten können zu einem gänzlich anderen Ergebnis führen. Falls sich trotz größter Sorgfalt in diesem Ratgeber leider eine Unrichtigkeit eingeschlichen haben sollte, bitte ich um Verständnis, dass ich keine Haftung übernehme. Für Anregungen und Kritik an meine E-Mail-Adresse ratgeber@anwaltfuererbrecht.de bin ich dankbar.

Düsseldorf, im Oktober 2009   Dr. Claus-Henrik Horn
                                     Rechtsanwalt, Fachanwalt
                                     für Erbrecht, Düsseldorf

Inhaltsübersicht

Inhaltsverzeichnis

Kapitel 1.
Überblick und wichtige Begriffe

Die wichtigste Feststellung bei jedem Erbfall besteht in der Ermittlung des Erben, dem **Rechtsnachfolger** des Verstorbenen. Der Verstorbene lebt – rechtlich gesehen – in seinem Erben weiter. In der Sekunde des Todes erwirbt der Erbe das Vermögen des Verstorbenen, also sämtliche Rechte und **Vermögensgegenstände**, aber auch die **Schulden** und Verbindlichkeiten des Verstorbenen. Dieser „automatische" Übergang sämtlicher Rechte und Pflichten wird als Vonselbsterwerb oder auch als Universalsukzession bezeichnet, besonderes Charakteristikum des deutschen Erbrechts. Das Vermögen des Verstorbenen wird nach dessen Tod als **Nachlass** und auch als Erbschaft bezeichnet.

Rechtsnachfolger können sowohl eine Person, der Alleinerbe, als auch mehrere Personen, die Miterben, sein. Eine **Erbengemeinschaft**, deren Mitglieder und „Eigentümer" die Miterben sind, lässt sich mit einer unfreiwillig eingegangenen BGB-Gesellschaft vergleichen. Den Miterben steht nur ihr jeweiliger Anteil an der Erbengemeinschaft zu, den sie auch verkaufen, verschenken und vererben können. Sie sind hingegen nicht berechtigt, über einzelne Vermögensgegenstände aus dem Nachlass zu verfügen, also beispielsweise das Auto des Verstorbenen zu verkaufen oder das Guthaben eines Bankkontos des Verstorbenen an sich selbst zu überweisen. Wie bei einer BGB-Gesellschaft müssen die Miterben sich über sämtliche Maßnahmen der Verwaltung und über die Verteilung der Vermögensgegenstände bei der Auflösung einigen. Eine Erbengemeinschaft ist von Natur her besonders konfliktträchtig, da die einzelnen Miterben oftmals sehr unterschiedliche Sichtweisen haben und manchmal auch nur aus Prinzip agieren. Die Erben haben die Erbengemeinschaft auseinanderzusetzen, also nachdem sie die Verbindlichkeiten beglichen haben, die verbleibenden Vermögensgegenstände unter sich aufzuteilen.

Im Gegensatz zum Erben steht dem **Vermächtnisnehmer** lediglich ein Anspruch gegenüber dem Erben sowie der Erbengemeinschaft hinsichtlich des genau im Testament oder Erbvertrag bestimmten Gegenstandes zu. Nach dem Erbfall kann sich der Vermächtnisnehmer entscheiden, ob er diesen Vermächtnisanspruch (teilweise) geltend macht oder nicht. Erst dann beansprucht er von dem Erben oder der Erbengemeinschaft diesen Gegenstand, vielleicht auch nur teilweise. Grundsätzlich ist mit der Geltendmachung eines solchen Vermächtnisanspruches nicht die Übernahme von allgemeinen Schulden des Verstorbenen verbunden. Lediglich bei Vermächtnisgegenständen, für die speziell vielleicht ein Kredit aufgenommen wurde, muss der Vermächtnisnehmer in der Regel die Schulden mit übernehmen (beispielsweise bei einem vermachten Auto das das Auto finanzierende Darlehen). Nicht-Juristen verwenden die Begriffe wie Erben, Vermächtnis, vererben oder vermachen häufig nicht im Rechtssinne. Dann muss der tatsächliche Wille des Verstorbenen durch eine häufig schwierige Auslegung erforscht werden. Der Wortlaut kann zwar, muss aber keinesfalls maßgeblich sein.

Ein Vermächtnis ist nicht nur von der Erbeinsetzung abzugrenzen, sondern auch von der **Teilungsanordnung**, die der Verstorbene ebenfalls in seinem Testament angeordnet hat. Damit weist er einzelne Vermögensgegenstände einzelnen Miterben zu, die den Wert des zugewiesenen Gegenstandes sich auf ihren Erbteil anrechnen lassen müssen.

Sofern der Verstorbene durch Testament oder Erbvertrag keine Erben eingesetzt hat, gilt die **gesetzliche Erbfolge**. Einige Paragrafen im Erbrecht bestimmen dann, wer zu welcher Quote Rechtsnachfolger des Verstorbenen geworden ist. Der Verstorbene kann eine vom Gesetz abweichende Erbfolge durch letztwillige Verfügung (= Verfügung von Todes wegen) angeordnet haben. Dieser Begriff wird in zwei unterschiedlichen Konstellationen verwendet:

- **Einzeltestament**, das Ehegatten- oder **gemeinschaftliche Testament** sowie der Erbvertrag werden als letztwillige Verfügungen bezeichnet. Diese drei Arten stellen das „Gerüst" dar. Der Erbvertrag ist vor dem Notar mit mindestens einer weiteren Person zu schließen. Testamente können handschriftlich oder vor einem Notar errichtet werden.

• Ebenfalls werden als letztwillige Verfügung **die einzelnen Anord-nungen** innerhalb dieses „Gerüstes" bezeichnet, also die Inhalte. Neben der Erbeinsetzung kann ein Testierender beispielsweise Vermächtnisse aussetzen, die Testamentsvollstreckung anordnen, Teilungsanordnungen treffen oder den Erben mit Auflagen be-schweren.

Wer nicht Erbe und damit Rechtsnachfolger des Verstorbenen werden möchte, ist berechtigt, die Erbschaft innerhalb einer kurzen Frist **auszuschlagen**. Dies hat er vor dem Nachlassgericht zu er-klären. Bleibt er untätig, geht das Gesetz davon aus, dass er die **Erb-schaft angenommen** hat. Um sich dann als Erben legitimieren zu können, können die Begünstigten beim Nachlassgericht oder beim Notar den Erlass eines **Erbscheins** beantragen. Vertragspartner des Verstorbenen wie beispielsweise Banken oder Versicherungen kön-nen zu ihrer Sicherheit von den Erben einen Erbschein verlangen, wenn der Erbe etwas von ihnen möchte – sogar schon bei ge-wünschten Auskünften. Auch die Grundbuchämter verlangen zur Berichtigung des Grundbuches einen Erbschein, wenn sich die Ei-gentumsverhältnisse eines Grundstücks oder einer Immobilie durch den Erbfall zugunsten des oder der Erben geändert haben.

Das bei den örtlichen Amtsgerichten angesiedelte **Nachlassgericht** ist die **zentrale Anlaufstelle** für die bei einem Nachlassverfahren Be-teiligten. So müssen Testamente dort abgegeben werden, damit die-se „eröffnet" werden können. Sofern die Erben unbekannt sind, richtet das Nachlassgericht eine **Nachlasspflegschaft** an. Die Nach-lasspfleger, oftmals Rechtsanwälte, nehmen dann die einzelnen Nachlassgegenstände in Besitz, sichern diese und versuchen die Er-ben zu ermitteln. Möchte ein Beteiligter ein Testament **anfechten**, dann muss er dies dem Nachlassgericht gegenüber erklären. So kann der Verstorbene sich geirrt haben, als er das Testament oder den Erbvertrag errichtet hat.

Durch Testament oder Erbvertrag kann ein **Testamentsvollstrecker** eingesetzt sein. Er hat die Annahme seines Amtes dem Nachlassge-richt gegenüber anzuzeigen. Nach Übernahme dieses Amtes hat der Testamentsvollstrecker den Nachlass zu verwalten, die Nachlass-verbindlichkeiten zu begleichen, die Anordnungen des Verstorbenen aus dem Testament oder Erbvertrag umzusetzen und letztlich die verbleibenden Nachlassgegenstände unter den Erben aufzuteilen. Als Dauer- oder Verwaltungstestamentsvollstreckung kann sich diese Tätigkeit auch über viele Jahrzehnte erstrecken. Die Erben können bei Anordnung einer Testamentsvollstreckung nicht selber über die einzelnen Gegenstände verfügen. Dem Testamentsvollstrecker obliegt zwar, die Erben durch ein Verzeichnis über sämtliche Nachlassgegenstände und -verbindlichkeiten zu informieren. Aber ansonsten ist die rechtliche Position der Erben zum Testamentsvollstrecker sehr schwach.

Ein besonderes Gestaltungsmittel des deutschen Erbrechts stellt die **Vor- und Nacherbschaft** dar: Der Verstorbene hat bestimmt, dass direkt nach seinem Tod der Vorerbe – ähnlich wie ein Nießbrauchsberechtigter – den Nachlass nutzen darf. Ihm stehen dann lediglich die Erträge wie Miete, Zinsen oder die Nutzung einer Wohnung zu. Erst nachdem der sogenannte Nacherbfall eingetreten ist, geht der Nachlass auf den Nacherben über. Dieser wird oftmals durch den Tod des Vorerben ausgelöst. Möglich ist aber auch die Anknüpfung an Ereignisse, beispielsweise das Erreichen eines gewissen Alters des Nacherben oder das erfolgreiche Bestehen der Meisterprüfung.

Das **Pflichtteilsrecht** sichert Kindern, Ehegatten und ggf. Eltern des Verstorbenen eine gewisse Mindestteilhabe am Nachlass. Den Enterbten steht ein Geldzahlungsanspruch gegen den oder die Erben zu, und zwar in Höhe der hälftigen gesetzlichen Erbquote von dem Wert des Nachlasses. Der Verstorbene kann diesen Pflichtteilsanspruch nicht verhindern. Zur Durchsetzung ihres Geldzahlungsanspruches steht den Enterbten ein Auskunftsrecht gegenüber den Erben zu. Dieser hat ein Nachlassverzeichnis zu erstellen und dem Enterbten Schenkungen des Verstorbenen an sich und Dritte mitzuteilen. Auch am Wert dieser Schenkungen partizipiert der in Missgunst gefallene nahe Angehöriger des Verstorbenen in Höhe seiner Pflichtteilsquote (Pflichtteilsergänzungsanspruch).

Es ist oftmals schwierig, den Wert des Nachlasses zwecks Berechnung des Pflichtteilsanspruchs zu schätzen. So werden in vielen Fällen nicht die einzelnen Gegenstände verkauft. Deswegen ist der **Verkehrswert** zu ermitteln. Es ist der Wert, den ein Dritter für diesen Gegenstand bezahlen würde, also der fiktive Verkaufspreis. Man kann auch vom Flohmarkt-Wert sprechen. Spezielle Gutachter ermitteln solche Verkehrswerte. Da den Gutachtern jeweils ein Ermessen zusteht, kann unter den Beteiligten ein Streit über die Frage entstehen, auf welchen Betrag sich der „richtige" Verkehrswert bemisst. Auch wenn die Miterben eine Erbengemeinschaft auseinandersetzen, müssen solche Wertgutachten oftmals eingeholt werden. Dies macht eine Verteilung der einzelnen Gegenstände zumeist erst möglich.

Weitere spezielle Begriffe werden am Anfang der Kapitel Erbengemeinschaft und Pflichtteilsrecht beschrieben.

Kapitel 2.
Wer wird Erbe?

Kein Erbfall ohne zumindest einen Erben:

- Der **Alleinerbe** beerbt den Verstorbenen zu 100 %. Mit dem Tod gehen die Nachlassgegenstände und -verbindlichkeiten direkt auf ihn über und vermischen sich mit seinem bisherigen Vermögen, sein Eigenvermögen. Man spricht aufgrund dieses Automatismus vom Vonselbsterwerb – der Erbe tritt automatisch, also von selbst, in die Rechtsstellung des Verstorbenen ein.

- Der **Miterbe** ist mit einem vom Gesetz oder vom Verstorbenen festgesetzten Teil am Nachlass beteiligt, beispielsweise zu $1/_{10}$ (10 %) oder zu $1/_3$ (33,3 %). Man spricht von der Erbquote. Sämtliche Miterben bilden eine Erbengemeinschaft, in deren Vermögen sämtliche Nachlassgegenstände und -verbindlichkeiten fallen. Diese Erbengemeinschaft stellt ein Sondervermögen der Erben dar, an dem sie in Höhe ihrer Erbquote quasi einen Anteil halten. Dieses Sondervermögen ist vom Eigenvermögen der Erbe getrennn, dem bisherigen Vermögen eines jeden einzelnen Miterben.

Für den Status eines Erben ist gleichgültig, ob er durch Gesetz oder durch Testament/Erbvertrag geerbt hat. In diesem Kapitel wird dargestellt, wer nach dem Gesetz mit welcher Erbquote Erbe wird, wenn der Erblasser kein Testament oder Erbvertrag errichtet hat („gesetzliche Erbfolge"). Wenn der Verstorbene verheiratet war, richten sich diese Erbquoten auch danach, ob er einen Erbvertrag abgeschlossen hatte.

Häufig entspricht die gesetzliche Erbfolge nicht dem letzten Willen einer Person; er kann dann seine Erbfolge durch **Testament** oder **Erbvertrag** gestalten („gestaltete" oder „gewillkürte Erbfolge"). Die Erbeinsetzung ist die wichtigste Gestaltungsbefugnis (§ 1937 BGB).

Erben kann nur derjenige, der zur Zeit des Erbfalls lebt oder zumindest bereits gezeugt war (§ 1923 BGB). Deswegen kann nach dem Erbfall ein ungewisser Schwebezustand bestehen. Das Kind muss nämlich zumindest kurz „außerhalb des Mutterleibes" gelebt haben. Auf den Todeszeitpunkt potenzieller Erben kommt es hingegen exakt an; Erben müssen den Verstorbenen stets zumindest für einige Sekunden überlebt haben. In der Praxis werden dabei die Fälle des **gleichzeitigen Versterbens von Ehegatten** viel diskutiert: Nur wenn sich beispielsweise bei einem Unfall nicht feststellen lässt, in welcher Reihenfolge die Erbfälle eingetreten sind, nimmt man das gleichzeitige Versterben an (§ 11 Verschollenheitsgesetz).

> **Beispiel:** Wenn ein Ehepaar bei einem Unfall tödlich verunglückt ist und ungewiss ist, ob einer den anderen überlebt hat, erben die Kinder direkt von beiden Elternteilen. Ein Ehegatte beerbt mithin nicht erst den anderen und wird erst dann von den Kindern beerbt.

Erbeinsetzungen durch Testament und Erbvertrag sind manchmal nicht ganz eindeutig. Verschiedene Personen fühlen sich als Erbe berufen, wenn der Wortlaut unterschiedliche Interpretationen von möglichen Erbeinsetzungen zulässt. In der Praxis kommt auch vor, dass der in einem früheren Testament eingesetzte Erbe die Wirksamkeit eines späteren Testamentes anzweifelt, in dem er schlechter gestellt ist. Oftmals wird dann behauptet, dass bei dem späteren Testament der Verstorbene bereits testierunfähig war. Erst im Erbscheinsverfahren (S. 62) oder durch eine Klage werden diese Fragen gerichtlich geklärt.

I. Gesetzliche Erbfolge unter Verwandten

Die gesetzlichen Regeln für die Erbenbestimmung unterscheiden zwischen dem überlebenden Ehegatten und den Verwandten, zu denen Personen zählen, die

- entweder voneinander wie Elternteil, Kind, Enkel, Urenkel etc. abstammen (**„in gerader Linie"**); oder
- von derselben dritten Person abstammen, wie Geschwister von ihrer Mutter oder Enkel von ihrem Großvater (**„in der Seitenlinie"** – § 1589 BGB).

Neben der Blutsverwandtschaft können auch später fremde Menschen dadurch Verwandte im Sinne des Erbrechts werden, wenn eine Person eine andere Person adoptiert. Übrigens: Das Kind einer Leihmutter, die das Ei einer fremden Frau ausgetragen hat, gilt als nur mit der Leihmutter erbrechtlich verwandt. Das Kind erbt gesetzlich nur nach der Leihmutter und nicht nach der Mutter, deren Gene es hat.

Von Gesetzes wegen sind die nächsten Verwandten des Verstorbenen erbberechtigt; sie schließen entferntere Verwandte von der Erbfolge aus (§ 1930 BGB). Dazu unterteilt das Gesetz sämtliche Verwandten in Gruppen, den Ordnungen. Zu jeder einzelnen Ordnung zählen alle von demselben Vorfahren abstammenden Verwandten einschließlich des Vorfahren selbst. Es gehören also zur

- **1. Ordnung** die Abkömmlinge des Verstorbenen (§ 1924 Abs. 1 BGB): Kinder, Enkel, Urenkel und deren Abkömmlinge;
- **2. Ordnung** die Eltern des Verstorbenen und deren Abkömmlinge (§ 1925 Abs. 1 BGB): Geschwister, Nichten/Neffen und deren Abkömmlinge;
- **3. Ordnung** die Großeltern des Verstorbenen und deren Abkömmlinge (§ 1926 Abs. 1 BGB): Tanten/Onkel, Cousinen/Cousins und deren Abkömmlinge;
- **4. Ordnung** die Urgroßeltern des Verstorbenen und deren Abkömmlinge (§ 1928 Abs. 1 BGB): Großtante/-Onkel und deren Abkömmlinge;
- **5. und ferneren Ordnung** die entfernten Verwandten und deren Abkömmlinge (§ 1929 Abs. 1 BGB).

Ordnungen mit einer niedrigeren Zahl schließen von der Erbfolge höhere Ordnungen aus, da die Verwandten in den höheren Ordnungen mit dem Verstorbenen entfernter verwandt sind als die in den niedrigeren Ordnungen. **Beispiel:** Gibt es keine Verwandten der 1. Ordnung, beerben den Verstorbenen die Verwandten der 2. Ordnung. Wenn auch die 2. Ordnung „leer" ist, freuen sich die Angehörigen der 3. Ordnung.

> **Beispiel:** Das Kind (1. Ordnung) des Verstorbenen schließt dessen Eltern und Geschwister (jeweils 2. Ordnung) von der Erbfolge aus. Das Kind ist ein näherer Verwandte des Verstorbenen als dessen Eltern oder dessen Geschwister.

Das Gesetz hat eine Reihenfolge festgelegt, nach der die Verwandten derselben Ordnung erben. Solange ein Vorfahre, also der Älteste in einer Ordnung, lebt, erben seine Kinder und seine Enkel

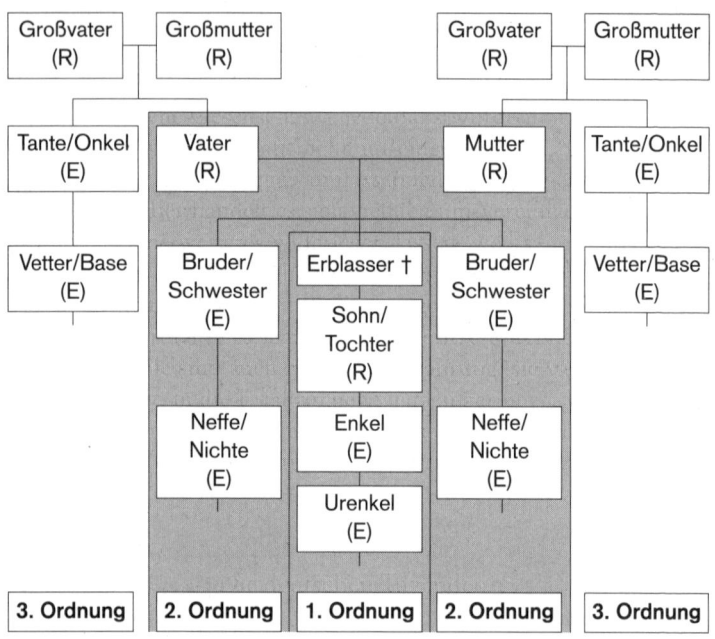

Die Grafik zeigt die gesetzliche Erbfolge der 1. bis 3. Ordnung.
„R" bedeutet Repräsentant und „E" Eintrittsrecht, das bei Wegfall eines
Repräsentanten ausgeübt werden kann.

nicht. Ein Elternteil schließt sein Kind und das Kind den Enkel von
der Erbfolge aus. Erst wenn ein älterer Verwandter – vielleicht durch
Tod – ausfällt, sind dessen Abkömmlinge erbberechtigt. Ein leben-
der älterer Verwandter wird daher als Repräsentant bezeichnet; er
repräsentiert seinen Stamm. Seine Abkömmlinge treten in seine Position nach dessen Tod ein; ihnen steht ein Eintrittsrecht zu.

1. Gesetzliche Erbfolge von Kindern und Enkeln (1. Ordnung)

Gesetzliche Erben der 1. Ordnung sind die Abkömmlinge des Verstorbenen, zu denen seine Kinder, Enkel und Urenkel zählen. Mehrere Kinder erben zu gleichen Teilen (§ 1924 BGB). Jeder Abkömmling bildet einen Stamm. Bei zwei Kindern teilen sich also die Erb-

schaft zwei Stämme zu jeweils $1/2$. Wenn ein Kind vorverstorben ist, teilen sich dessen Kinder den Anteil des Stammes von ihrem Elternteil.

Beispiel: Von dem verwitweten Verstorbenen stammen eine Tochter und ein Sohn ab. Die Tochter hat wiederum eine Tochter und der Sohn hat zwei Söhne. Im Zeitpunkt des Erbfalls ist der Sohn vorverstorben. Die Tochter beerbt den Verstorbenen, ihren Vater, zu $1/2$ (Stamm 1). Da der Sohn (Stamm 2) vorverstorben ist, teilen sich seinen Anteil seine beiden Söhne, die zu jeweils $1/4$ zu Erben nach dem Verstorbenen berufen sind. Eine Erbengemeinschaft entsteht, an der die Tochter zu $1/2$ und die beiden Enkelsöhnen zu je $1/4$ beteiligt sind.

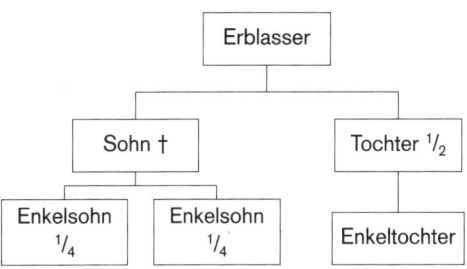

2. Besonderheiten bei adoptierten Kindern

Ein im Zeitpunkt seiner Adoption **minderjähriges Kind** wird erbrechtlich genauso behandelt, also ob es ein leibliches Kind des Verstorbenen ist (§ 1754 BGB). Das adoptierte Kind gehört dann der 1. Ordnung an, so dass es nach seinen Adoptiveltern, ggf. nach den neuen Großeltern und nach den weiteren neuen Verwandten erbberechtigt ist. Wenn das Adoptivkind – entgegen der Lebenserfahrung – vor seinem neuen Elternteil verstirbt, erbt das Adoptivelternteil. Besonderheiten sind zu beachten, wenn die Adoptiveltern zuvor mit dem Kind verwandt waren (Stiefkind-, Halbwaisen- und Verwandten-Adoption). Durch die Adoption erlischt das Verwandtschaftsverhältnis zu den leiblichen Verwandten des adoptierten Kindes völlig (§ 1755 BGB). Das leibliche Kind ist dann nach seinen natürlichen Eltern nicht mehr erbberechtigt.

Rechtslage bei Adoptionen vor dem 1. Januar 1977: Was heute als normal erscheint, gilt erst für Adoptionen seit dem 1. Januar 1977. Für vor diesem Stichtag adoptierte Kinder gelten Übergangsregeln (Art. 12 Adoptionsgesetz). Danach gilt das alte Recht für Erbfälle vor diesem Stichtag, wenn der Verstorbene ebenfalls vor diesem Stichtag ein minderjähriges Kind adoptiert hat. Nach altem Recht konnte sogar das gesetzliche Erbrecht im Adoptionsvertrag ausgeschlossen werden (§ 1767 Abs. 1 BGB alte Fassung). Bei Erbfällen nach diesem Stichtag bestimmt das Alter des vormals minderjährig Adoptierten im Zeitpunkt des 1. Januar 1977 über die Rechtsfolgen:

- Wenn das Kind dann bereits volljährig war, gilt das heutige Recht der Volljährigen-Adoption. Ausnahme: Das Erbrecht des Kindes war durch den Adoptionsvertrag ausgeschlossen, dann bleibt es dabei.
- Wenn das Kind dann noch minderjährig war, gilt das heutige Recht der Minderjährigen-Adoption. Ausnahme: Bis zum 31. Dezember 1977 konnte gegenüber dem Amtsgericht Berlin-Schöneberg eine spezielle Erklärung abgegeben werden. So konnte ein im Adoptionsvertrag vorgesehener Ausschluss des gesetzlichen Erbrechts gerettet werden.

Wenn ein Kind bei seiner Adoption **volljährig** ist, erbt es nach seinem neuen Elternteil sowie nach seinen neuen Elternteilen. Der Adoptierte hat aber das Glück, zusätzlich gesetzlicher Erbe seiner leiblichen Eltern zu bleiben. Er ist gesetzlicher Erbe nach bis zu vier Elternteilen. Im Gegensatz zur Minderjährigen-Adoption erlöschen seine verwandtschaftlichen Beziehungen zu seinen Blutsverwandten nicht (§ 1770 Abs. 2 BGB). Gegenüber den Verwandten des Adoptivelternteils erwirbt das adoptierte Kind hingegen keine gesetzlichen Erbrechte. Bis zum Jahr 1976 war eine Adoption eines Volljährigen nur ganz ausnahmsweise möglich. Heute muss diese „sittlich gerechtfertigt" sein, so dass als familienbezogener Grund das Eltern-Kind-Verhältnis im Vordergrund steht.

Der Fall aus der Praxis: Die bereits wegen Steuerhinterziehung verurteilte Tante wollte ihren volljährigen Neffen adoptieren. Nachdem sie in der ersten gerichtlichen Anhörung nur ein „kleines Vermögen" angab, musste sie später ein stattliches Vermögen mit mehreren Grundstücken einräumen. Das Gericht lehnte die Adoption ab, da es Zweifel an der sittlichen Rechtfertigung hatte. Steuerliche Gründe als Hauptmotiv einer Adoption seien unzulässig (OLG München, Beschluss vom 19. Dezember 2008 – Az. 31 Wx 49/08). Adoptionen können sich steuerlich lohnen, da entfernte oder Nicht-Verwandte durch die Erbschaftsteuer stärker belastet werden als Kinder.

3. Besonderheiten bei nichtehelichen Kindern bei der gesetzlichen Erbfolge nach ihren Vätern

Das nichteheliche Kind einer Mutter war schon immer nach seiner Mutter erbberechtigt, wie ein in einer Ehe gezeugtes und geborenes Kind. Erst seit dem 1. April 1998 ist das nichteheliche Kind auch nach seinem Vater gesetzlich erbberechtigt. Dazu muss die **Vaterschaft** entweder durch Anerkennung oder durch Gerichtsurteil **festgestellt** worden sein, was auch noch nach dem Erbfall mit Rückwirkung auf den Zeitpunkt der Geburt möglich ist (§ 1600d BGB).

Rechtslage für vor dem 1. Juli 1949 Geborene: Vor dem 1. Juli 1949 außerhalb einer Ehe Geborene haben hingegen nach wie vor kein Erb- und Pflichtteilsrecht nach dem Vater, außer sie haben eine Gleichstellungsvereinbarung getroffen. Bis zum 30. Juni 1970 war das nichteheliche Kind, damals noch als uneheliches Kind bezeichnet, mit seinem leiblichen Vater im rechtlichen Sinne nicht verwandt.

Rechtslage für Erbfälle zwischen 1970 und 1998: Für Erbfälle zwischen dem 1. Juli 1970 und dem 31. März 1998 sind weiterhin die alten gesetzlichen Regelungen anzuwenden (§§ 1934a–1934e BGB alte Fassung):

- Wenn von dem Vater keine weiteren Kinder abstammen und der Verstorbene keine Ehefrau hinterlässt, ist das nichteheliche Kind gesetzlicher Alleinerbe.

- Wenn von dem Vater neben dem nichtehelichen Kind auch noch eheliche Kinder abstammen, konnte das nichteheliche Kind lediglich vom Nachlass einen Geldbetrag erhalten, der wertmäßig dem gesetzlichen Erbteil eines ehelichen Kindes entsprach (sogenannter Erbersatzanspruch nach § 1934a BGB alte Fassung).

Mit dieser Unterscheidung wollte der Gesetzgeber verhindern, dass nichteheliche Kinder und eheliche Kinder gemeinsam eine Erbengemeinschaft bilden. Dieser **Erbersatzanspruch** ist mit einem Pflichtteilsanspruch zu vergleichen. Damals konnte ein nichteheliches Kind im Alter zwischen 21 und 26 Jahren von seinem Vater einen vorzeitigen Erbausgleich in Geld verlangen. Der Ausgleichsbetrag berechnete sich grundsätzlich auf das 3-fache des Unterhaltes, den der Vater dem Kind im Durchschnitt der letzten 5 Jahre in Geld zu leisten hatte. Mit einer solchen Vereinbarung sind die erbrechtlichen Beziehungen – bis heute – zwischen dem nichtehelichen Kind und dem Vater erloschen.

> **Beraterhinweis:** Lebte der Verstorbene vor dem 3. Oktober 1990 in der DDR, gelten Besonderheiten.

4. Wann erben Eltern oder Geschwister? – 2. Ordnung

Soweit keine Verwandten aus der 1. Ordnung im Zeitpunkt des Erbfalls leben, sind die Verwandten der 2. Ordnung gesetzlich erbberechtigt. Leben die Eltern beim Erbfall des Verstorbenen, beerben sie als Verwandte der 2. Ordnung ihr Kind jeweils zu gleichen Teilen (§ 1925 Abs. 2 BGB). Ist ein Elternteil vorverstorben oder anderweitig erbrechtlich weggefallen und hat neben dem verstorbenen Kind kein weiteres Kind hinterlassen, erbt der überlebende Elternteil allein. Wenn die Eltern aber weitere Kinder hatten, treten diese jeweils an die Stelle des verstorbenen Elternteils.

Die Verteilung erfolgt nach dem Linien-System. Mutter und Vater des Verstorbenen bilden jeweils eine Linie, die jeweils $1/2$ erbt. Wenn etwa die Mutter vorverstorben ist, teilt sich der $1/2$-Anteil dieser Linie deren Kinder. Zwei Kinder erben dann zu $1/4$. Wenn der Vater noch lebt, stehen ihm die anderen $1/2$ zu. Wenn er auch vorverstorben ist, erhalten beide Kinder von Mutter und Vater jeweils $1/4$, also beide insgesamt $1/2$.

> **Beraterhinweis:** Dadurch erben Halbgeschwister anders als Geschwister, die die gleichen Eltern haben. Diese erben von der väterlichen und der mütterlichen Linie, also von zwei Linien. Halbgeschwister nehmen aber nur an der Linie teil, die auf den mit dem Verstorbenen gemeinsamen Elternteil entfällt.

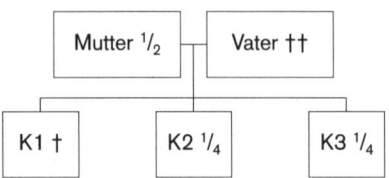

Beispiel: Aus der Ehe von Mutter und Vater sind die Kinder K1, K2 und K3 hervorgegangen. Die jeweils unverheirateten K2 und K3 haben eigene Kinder. Der Vater ist im Zeitpunkt des Todes von K1 bereits vorverstorben. Auch K1 ist nicht verheiratet und hat keine eigenen Kinder.

Lösung: Zunächst beerben Mutter und Vater K1 jeweils hälftig. Da der Vater aber vorverstorben ist, geht sein hälftiger Anteil auf K2 und K3 über. Beide können mithin ihr Eintrittsrecht nach ihrem Vater ausüben. Sie erhalten jeweils $1/4$. Die Kinder von K2 und K3 hingegen kommen erbrechtlich nicht zum Zuge, da ihr Elternteil noch lebt.

5. Wann erben Großeltern und deren Abkömmlinge? – 3. Ordnung

Sofern weder Verwandte der 1. noch der 2. Ordnung im Zeitpunkt des Erbfalls vorhanden sind, erben die Verwandten der 3. Ordnung gesetzlich (§ 1926 BGB). Danach sind die Großeltern (ein eher theoretischer Fall) oder bei deren Vorversterben deren Abkömmlinge die Erben, angefangen bei Tanten und Onkeln des Verstorbenen.

6. Wenn es keine Verwandten der 1., 2. und 3. Ordnung gibt – die Erbfolge der weiter entfernten Verwandten

In der 4. Ordnung kommen – eher theoretisch – die Urgroßeltern gesetzlich als Erben zum Zuge. Sie würden allein und auch nach gleichen Teilen erben (§ 1928 Abs. 2 BGB). Wenn ein Urgroßelternteil vorverstorben ist, erben aber nicht mehr dessen Abkömmlinge – so wäre es nach dem bisher dargestellten System gewesen. Vielmehr erhöhen sich die Erbquoten der dann lebenden Urgroßeltern anteilig. Wenn nur noch ein Urgroßelternteil lebt, würde dieser gesetzliche Alleinerbe. In der Praxis ist es natürlich extrem unwahrscheinlich, dass auch nur ein Urgroßelternteil noch im Zeitpunkt des Erbfalls des Urenkels noch lebt. Dann erben diejenigen, die mit dem Verstorbenen am nächsten verwandt sind, zu gleichen Teilen. Der Grad der Verwandtschaft bestimmt sich nach der Anzahl der Geburten, die zwischen dem Verstorbenen und dem Verwandten bestehen (§ 1589 BGB).

7. Gesetzliches Erbrecht des Bundeslandes oder des Bundes bei Nichtvorhandensein von anderen Erben

Wenn im Zeitpunkt des Erbfalls weder ein Verwandter, ein Ehegatte noch ein registrierter Lebenspartner des Verstorbenen vorhanden ist und auch kein Testament oder Erbvertrag vorliegt, erbt das Bundesland, in dem der Verstorbene seinen letzten Wohnsitz hatte. Andernfalls erbt das Bundesland, in dem der Verstorbene seinen gewöhnlichen Aufenthalt hatte, oder zuletzt der Bund (§ 1936 BGB). Das Land und der Bund können die Erbschaft nicht ausschlagen, haften im Gegenzug für Nachlassschulden nur beschränkt (§ 780 Abs. 2 ZPO).

Rechtslage für Erbfälle vor dem 1. Januar 2010: Nach dem Gesetzeswortlaut erbte zuvor „der Fiskus des Bundesstaates, dem der Verstorbene zur Zeit seines Todes angehörte" oder auch der „Reichsfiskus".

II. Gesetzliche Erbfolge bei Ehegatten

Ehegatten zählen nicht zu den Verwandten. Ihr gesetzliches Erbrecht hängt zum einen von Verwandten des Verstorbenen und zum anderen vom Güterstand ihrer Ehe ab. Ohne Abschluss eines Ehevertrages sind Ehegatten im gesetzlichen Güterstand der **Zugewinngemeinschaft** verheiratet. Durch einen Ehevertrag, der vor einem Notar abzuschließen ist, können sie davon abweichend die Gütertrennung oder die Gütergemeinschaft vereinbaren – oder die vom Gesetz vorgesehene Ausgestaltung der Zugewinngemeinschaft modifizieren.

1. Nur im Erbfall wirksam Verheiratete erben

Ehegatten sind untereinander nur bei einer wirksamen Ehe erb- und pflichtteilsberechtigt. Eine wirksame Ehe besteht nicht bei
- einer Ehe, die nicht vor einem Standesbeamten geschlossen wurde (Nichtehe vgl. § 1310 Abs. 1 BGB; seit dem 1. Januar 2009 ist es möglich, nur kirchlich zu heiraten),
- einer rechtskräftig aufgehobenen Ehe nach §§ 1313 ff. BGB oder
- einer rechtskräftig **geschiedenen Ehe** nach § 1564 BGB.

2. Konsequenzen eines Scheidungsverfahrens

Vor einer rechtskräftigen Scheidung durch das Familiengericht ist das gesetzliche Erbrecht der Ehegatten untereinander nur dann ausgeschlossen (§ 1933 BGB),

- wenn der Verstorbene die Scheidung beantragt hat. Der Scheidungsantrag muss dem anderen Ehegatten noch vor dem Erbfall durch das Gericht zugestellt worden sein („Rechtshängigkeit"); oder
- wenn der Verstorbene der Scheidung zugestimmt hat, und zwar zu Protokoll der Geschäftsstelle des Gerichts, in der mündlichen Gerichtsverhandlung oder per Schriftsatz seines Anwaltes.
- Darüber hinaus hätte der Scheidungsantrag erfolgreich sein müssen, also die gesetzlichen Voraussetzungen hätten vorliegen müssen. So hätte etwa das **Trennungsjahr** abgelaufen sein müssen oder ein Härtefall bestehen müssen (§§ 1565 ff. BGB). In diesen Fällen ist der überlebende Ehegatte nicht nur nicht mehr erbberechtigt, sondern kann auch nicht mehr seinen Pflichtteil verlangen. Zudem sind in diesem Fall auch die testamentarischen oder erbvertraglichen Anordnungen zugunsten des längerlebenden Ehegatten unwirksam (§ 2077 Abs. 1 BGB; § 2279 Abs. 1 BGB). Ein Ehegattentestament kann so auch vollständig unwirksam werden, also auch insoweit andere Personen begünstigt sind (§ 2268 Abs. 1 BGB i.V. mit § 2077 Abs. 1 Satz 2 BGB).

Wenn hingegen die Ehegatten bei der Errichtung des Testamentes oder Erbvertrages wollten, dass sämtliche darin enthaltenden Anordnungen unabhängig von einer späteren Scheidung weiterhin bestehen sollen, kann sogar eine rechtskräftige Scheidung darauf keine Auswirkung haben. Diese Frage nach dem Willen der Eheleute zu beantworten, ist sehr schwierig und oftmals unter potenziell Begünstigte auch streitig.

Beraterhinweis: Ehegatten, die getrennt leben, sind dennoch erb- und pflichtteilsberechtigt. Auch die testamentarische Erbeinsetzung bleibt weiter bestehen. Im Idealfall können die noch verheirateten Ehegatten einen notariell zu beurkundenden Pflichtteils- oder Erbverzichtsvertrag abschließen. Ob sich der „ärmere" Ehegatte darauf einlässt, ist eher unwahrscheinlich. Zu empfehlen ist, dass Ehegatten ihre Einzeltestamente widerrufen und den anderen Ehegatten zumindest mit einem neuen Testament enterben. Wenn die Ehegatten ein Ehegattentestament errichtet haben, ist der einseitige Widerruf nur durch eine notariell beurkundete Erklärung und Zustellung bei dem anderen Ehegatten möglich (§§ 2271, 2296 BGB). Einvernehmlich können die Ehegatten ihr Ehegattentestament auch ohne eine solche notarielle Erklärung widerrufen. Sofern die Ehegatten einen Erbvertrag errichtet haben, sollte ein im Idealfall vorbehaltenes Rücktrittsrecht ausgeübt werden.

3. Die zwei Erbteile von überlebenden Ehegatten

Der gesamte Erbanspruch, also die gesamte Erbquote, des längerlebenden Ehegatten setzt sich aus zwei Teilen zusammen:

- Der erste Teil, der sogenannte erbrechtliche Teil, bestimmt sich nach den Verwandten des Verstorbenen, die beim Erbfall leben. Neben Kindern oder etwaig Enkeln des Verstorbenen, also Verwandten der 1. Ordnung, erbt der längerlebende Ehegatten zu $1/4$ (§ 1931 BGB). Wenn nur Verwandte der 2. Ordnung, also Eltern oder Geschwister des Verstorbenen die danach nächsten Erben sind, verdoppelt sich der erbrechtliche Erbanspruch des überlebenden Ehegatten auf $1/2$.

- Der zweite Teil ist vom **Güterstand** abhängig. Sofern die Ehegatten keinen beim Notar beurkundeten Ehevertrag abgeschlossen haben, sind sie im gesetzlichen Güterstand der Zugewinngemeinschaft verheiratet, andernfalls in der Gütertrennung oder der Gütergemeinschaft.

Ehegattenerbteil

Güterstand	neben 1 Kind	neben 2 Kindern	bei mehr als 2 Kindern
Zugewinngemeinschaft	$1/2$	$1/2$	$1/2$
Gütertrennung	$1/2$	$1/3$	$1/4$
Gütergemeinschaft	$1/4$	$1/4$	$1/4$

Der Erbteil des Ehegatten – abhängig vom Güterstand und den Kindern und weiteren Verwandten des Verstorbenen.

4. Erbanspruch bei der Zugewinngemeinschaft

Die Zugewinngemeinschaft wirkt sich erst bei Beendigung der Ehe aus – unabhängig ob durch Scheidung oder durch Tod. Davor hat jeder Ehegatte sein eigenes Vermögen, das durch die Eheschließung nicht vermischt wurde. Erst bei der Beendigung der Ehe findet ein Ausgleich statt (**Zugewinnausgleich**): Der während der

Ehe erzielte Vermögenszuwachs eines jeden einzelnen Ehegatten wird geteilt. Im Fall der Scheidung muss dieser Vermögenszuwachs genau ermittelt und berechnet werden (Beispielsrechnung S. 160). In vielen Fällen ist dies ein beschwerliches Unterfangen, das viele Scheidungsverfahren in die Länge zieht. Eine Vereinfachung der Berechnung sieht das Gesetz für die Beendigung der Ehe durch Tod vor. Zur Abgeltung erhält der überlebende Ehegatte pauschal zusätzlich ¼ vom Erbe (§ 1931 Abs. 3 BGB i.V.m. § 1371 Abs. 1 BGB) – neben seinem erbrechtlichen Teil. Bei Vorhandensein von Kindern beerbt er seinen vorverstorbenen Ehegatten zu ½, wenn keine Kinder vorhanden sind zu ¾.

Statt dieser vereinfachten Lösung mit dem pauschalisierten Viertel kann der längerlebende Ehegatte wie im Scheidungsfall seinen tatsächlichen, genau berechneten Zugewinnausgleichsanspruch beanspruchen (§ 1371 Abs. 2 BGB). Dazu muss er die Erbschaft ausschlagen (**taktische Ausschlagung**). Wie wenn er enterbt wäre, erhält er dann tatsächlichen Zugewinnausgleich. Daneben kann der überlebende Ehegatte noch den sogenannten kleinen Pflichtteil verlangen, der sich auf die Hälfte des im ersten Schritt ermittelten Teils berechnet. Sind Kinder vorhanden, kann der Ehegatte somit zusätzlich einen Geldzahlungsanspruch in Höhe von ⅛ des Wertes des Nachlasses verlangen. Berechnungsgrundlage ist der Nachlasswert nach Abzug des Zugewinnausgleichsanspruchs. Diese sogenannte **güterrechtliche Lösung** rechnet sich aber nur dann für den überlebenden Ehegatten,

• wenn Kinder oder Enkel leben und
• der Anteil des Zugewinns des verstorbenen Ehegatten an dessen Gesamtnachlass mindestens 85,71 % beträgt.

Der verstorbene Ehegatte müsste also sein Vermögen während der Ehe ganz erheblich vergrößert haben. Dies kann bei Unternehmern der Fall sein, die sich innerhalb einer langen Ehe ein großes und florierendes Unternehmen aufgebaut haben.

5. Bei Gütertrennung

Den Güterstand der Gütertrennung können Ehegatten im Zusammenhang mit der Eheschließung oder auch viel später während der Ehe durch notariellen Ehevertrag vereinbaren. Die Vermögen der Ehegatten bleiben auch bei Beendigung der Ehe vollständig voneinander getrennt und werden nicht wie bei der Zugewinngemeinschaft ausgeglichen.

Bei der Gütertrennung wird der Erbteil aus dem ersten, dem erbrechtlichen Teil, erweitert. Es ergeben sich **flexible Erbteile**, die in Abhängigkeit zu der Zahl der miterbenden Kinder stehen. Dies beruht auf der Überlegung, dass der überlebende Ehegatte mindestens einen Erbteil erhalten soll, der so hoch ist, wie der Erbteil eines jeden erbenden Kindes. Bei nur einem Kind erhält der überlebende Ehegatte die Hälfte des Nachlasses (§ 1931 Abs. 4 BGB). Bei zwei Kindern bekommt er $1/3$ – wie die Kinder jeweils auch. Bei drei oder mehr erbberechtigten Kindern verbleibt dem längerlebenden Ehegatten das Viertel aus dem ersten Teil. Neben Verwandten der 2. Ordnung, also Eltern und Geschwister, erbt der überlebende Ehegatte die Hälfte des Vermögens seines vorverstorbenen Ehegatten. Der längerlebende Ehegatte wird Alleinerbe, wenn keine Verwandten der 1. und der 2. Ordnung vorhanden sind.

6. Bei Gütergemeinschaft

Wie die Gütertrennung so kann die Gütergemeinschaft nur durch einen notariellen Ehevertrag vereinbart werden (§§ 1415 ff. BGB). Gründe hierfür sind oftmals rein romantischer Natur. So möchten manche Ehegatten, dass beiden alles gemeinsam gehört. In der Praxis kommt dieser Güterstand nur noch ganz selten vor. Durch die Gütergemeinschaft wird aus den beiden zuvor einzelnen Vermögensmassen der Ehegatten **gemeinschaftliches Vermögen** (Gesamtgut), das die Ehegatten gemeinsam verwalten. Bei einer Scheidung wird der in der gemeinsamen Zeit erwirtschaftete Überschuss zu gleichen Teilen aufgeteilt. Jeder Ehegatte kann dabei zumindest den Wert verlangen, den er in die Ehe eingebracht hat.

Durch die Gütergemeinschaft wird der Erbteil von $1/4$ aus dem ersten erbrechtlichen Teil nicht erhöht. Zum Nachlass des vorverstorbenen Ehegatten gehört sein hälftiger Anteil am gemeinsamen Vermögen (das Gesamtgut). Die Gütergemeinschaft endet und es erfolgt darüber die Auseinandersetzung. Bis zur Auseinandersetzung steht das Gesamtgut als eine Art Gesamthandsgemeinschaft dem längerlebenden Ehegatten und den weiteren Erben des Verstorbenen zu. Wenn allerdings die Ehegatten durch Ehevertrag die **fortgesetzte Gütergemeinschaft** vereinbart haben, wird der Anteil des verstorbenen Ehegatten am Gesamtgut nicht vererbt. Die Gesamthand zwischen dem überlebenden Ehegatten und den gemeinschaftlichen erbberechtigten Kindern besteht fort. Nur wenn Kinder aus erster Ehe des Verstorbenen vorhanden sind, gelten die Regeln der „normalen" Gütergemeinschaft.

7. Ehegatte erhält zusätzlich Hausrat, Hochzeitsgeschenke und Unterhalt für 30 Tage

Neben der zuvor dargestellten Erbquote kann der längerlebende Ehegatte noch den gemeinsamen Hausrat sowie die Hochzeitsgeschenke verlangen und muss den Wert dieser Gegenstände nicht auf seinen Erbteil anrechnen lassen (§ 1932 BGB). Zudem erhält er aus dem Nachlass für die ersten 30 Tage nach dem Erbfall **Unterhalt und Unterkunft** in der bisherigen Wohnung („Dreißigste").

8. Erbfolge bei eingetragenen Lebenspartnerschaften

Im Erb- und Pflichtteilsrecht werden die gleichgeschlechtlichen Partner einer eingetragenen Lebenspartnerschaft den Ehegatten nahezu gleichgestellt (§ 10 Lebenspartnerschaftsgesetz). Lebenspartner können die Ausgleichsgemeinschaft wählen, die der Zugewinngemeinschaft entspricht.

Beraterhinweis für Lebensgefährten: Wenn Mann und Frau in nichtehelicher Lebensgemeinschaft zusammenleben, steht ihnen gegenseitig kein gesetzliches Erb- oder Pflichtteilsrecht zu. Jeweils der andere Lebensgefährte sollte durch ein Testament abgesichert sein. In vielen Fällen kann es zweckmäßig sein, wenn die Lebensgefährten sich eine vertragliche Grundlage geben. Das kann sich insbesondere in den in der Praxis häufig vorkommenden Fällen anbieten, in denen ein Lebensgefährte Alleineigentümer eines Hauses ist, dessen erforderliche Renovierungskosten der andere Lebensgefährte übernimmt.

---

9. Exkurs: Die Rechte des geschiedenen Ehegatten

Nach einer rechtskräftigen Scheidung ist der überlebende Ehegatte weder erb- noch pflichtteilsberechtigt. Ihm kann jedoch ein Unterhaltsanspruch gegenüber seinem Ehegatten zustehen (§§ 1570 ff. BGB). Diese Verpflichtung geht mit dem Tod des Verpflichteten auf seine Erben als Nachlassverbindlichkeit über (§§ 1569–1586b, 1933 Satz 3 BGB). Die Erben müssen also den Unterhaltsverpflichtungen ihres verstorbenen Vaters und auch ihrer Mutter nachkommen. Der Anspruch des überlebenden geschiedenen Ehegatten ist aber von der Höhe auf den Betrag begrenzt, den bei fiktivem Fortbestand der Ehe der überlebende Ehegatte von dem anderen als Pflichtteil hätte beanspruchen können (§ 1586b Abs. 1 Satz 3 BGB). Regelmäßig kann der überlebende Ehegatte so einen Unterhaltsanspruch nur bis zu einem Gesamtbetrag von $1/8$ des Wertes des Nachlasses durchsetzen (bei Kindern). Dem Ex-Ehegatten steht keine „Einmalabfindung" zu, sondern nur die auf den Höchstbetrag gedeckte monatliche Zahlung.

III. Selbst gestaltete Erbfolge nach Testament oder Erbvertrag

Nach dem deutschen Erbrecht muss sich keiner mit der gesetzlichen Erbfolge zufrieden geben. Er kann seine Erbfolge selber festlegen. Man spricht von der gestalteten oder gewillkürten Erbfolge. Es ist vor allem zu überlegen, wer Erbe werden soll. Der oder die Erben erhalten als Rechtsnachfolger im Zeitpunkt des Todes sämtliche Vermögensgegenstände des Verstorbenen, haften aber auch für die Verbindlichkeiten des Verstorbenen („Vonselbsterwerb"). Ein Testierender kann entweder nur eine Person zu seinem Erben oder auch mehrere Personen zu unterschiedlichen Teilen einsetzen. Erbe A kann beispielsweise $1/10$ und Erbe B $9/10$ erhalten. Mehrere Erben werden als Miterben bezeichnet; sie bilden eine Erbengemeinschaft (S. 131 ff.).

Der Testierende muss nicht unbedingt seinen Erben bestimmen; möglich ist auch innerhalb eines Negativ-Testamentes, dass ein potenzieller gesetzlicher Erbe von der gesetzlichen Erbfolge ausgeschlossen wird (§ 1938 BGB). Nach dem Erbfall wird die Erbfolge nach den gesetzlichen Regeln so ermittelt, als ob der Ausgeschlossene beim Erbfall nicht gelebt hätte. Wenn es sich bei dem Enterbten um ein Kind, den Ehegatten oder unter Umständen einen Elternteil handelt, steht diesen ihr Pflichtteilsanspruch zu (S. 153 ff.).

Formulierungsmuster: Durch dieses Testament enterbe ich meinen Sohn Andreas.

Ein Testierender kann auch bestimmen, dass eine oder mehrere Personen zunächst das Erbe erhalten und dann später an einen oder an mehrere andere Erben herauszugeben haben (**Vor- und Nacherbschaft**, § 2100 BGB). Die ersten Erben sind dann nur Vorerben. Sofern der Testierende nichts anderes angeordnet hat, dürfen sie lediglich die Erträge wie Miete, Zinsen oder Dividenden aus dem Nachlass für sich verbrauchen oder etwa ein zum Nachlass zugehöriges Haus bewohnen; die Substanz dürfen sie hingegen nicht antasten. Die Vorerben erhalten eine ähnliche Stellung wie ein Nießbrauchsberechtigter. Bei Eintritt eines bestimmten Ereignisses geht die Erbschaft auf den Nacherben über. Dieser Nacherbfall tritt im Regelfall beim Tod des Vorerben ein. Der Nacherbfall kann aber auch bei Erreichen eines bestimmten Alters oder bei dem erfolgreichen Abschluss einer Ausbildung bei den Nacherben eintreten, so, wie der Verstorbene es testamentarisch oder erbvertraglich angeordnet hat.

Zu Erben können sowohl natürliche als auch juristische Personen eingesetzt werden, also auch Stiftungen, Vereine, Personen- und Kapitalgesellschaften.

Es ist stets festzustellen, ob ein wirksames Testament oder ein wirksamer Erbvertrag vorliegt. Hierbei hilft die **Checkliste**, deren Einzelheiten nachfolgend erläutert werden:

(1) Ist das Testament formgültig errichtet, also handschriftlich oder beim Notar (S. 28)?

(2) Verstößt das Testament oder der Erbvertrag gegen Bindungen aus früheren Ehegattentestamenten oder Erbverträgen des Verstorbenen (S. 30)?

(3) Hat der Verstorbene selber das Testament oder den Erbvertrag errichtet und darin selbst seinen Erben bestimmt (S. 24, 27)?

(4) Verstößt das Testament oder der Erbvertrag gegen ein Gesetz (S. 24)?

(5) War der Verstorbene im Zeitpunkt der Testamentserrichtung testierfähig oder des Erbvertragsschlusses geschäftsfähig (S. 24)?

1. Nichtbeachtlichkeit eines Testamentes bei Unwirksamkeit oder Nichtigkeit

Nicht jedes augenscheinliche Testament oder jeder Erbvertrag sind auch für die Erbabwicklung maßgebend. Folgende typische Konstellationen führen zur **Nichtbeachtlichkeit**:

- Es handelt sich nur um einen **Entwurf** eines Testamentes; der notwendige Testierwille fehlt.
- Das Testament hat ein Kind unter 16 Jahren (einschließlich) errichtet. **Kinder** können erst ab dem Alter von 17 Jahren ein wirksames Testament errichten (§ 2229 Abs. 1 BGB).
- Der Testierende war beim Aufsetzen des Testamentes testierunfähig. Das ist derjenige, der wegen einer krankhaften Störung der Geistestätigkeit, wegen Geistesschwäche oder Bewusstseinsstörung nicht in der Lage ist, die Bedeutung seiner Erklärung einzusehen und nach dieser Einsicht zu handeln (§ 2229 Abs. 4 BGB). Die **Testierunfähigkeit** darf nicht mit der Geschäftsunfähigkeit verwechselt werden. Wer geschäftsunfähig ist, kann dennoch testierfähig sein. Wer geschäftsfähig ist, ist aber zwingend auch testierfähig. Die Geschäftsfähigkeit ist nur bei Abschluss eines Erbvertrages erforderlich, nicht hingegen bei der Errichtung eines Testamentes. Auch **Betreute** oder **Behinderte** können ein wirksames Testament errichten, wenn sie ausreichend einsichtig sind. Wenn ein Angehöriger behauptet, dass der Verstorbene im Zeitpunkt der Errichtung seines Testaments nicht testierfähig war, wird das Nachlassgericht ein Gutachten über diese Frage einholen. Im Zweifelsfall wird der Verstorbene als testierfähig angesehen. Fälle sind aber auch denkbar, in denen der Testierende zwar testierunfähig war, jedoch in einem „lichten Moment" das Testament wirksam errichtet hat.
- Wenn ein Ehegatte den anderen Ehegatten als Erbe oder Vermächtnisnehmer eingesetzt hat und beide sich haben voneinander

scheiden lassen, sind diese Begünstigungen in den meisten Fällen unwirksam (§ 2077 Abs. 1 BGB). Eine Scheidung kann sich auch auf weitere testamentarische oder erbvertragliche Anordnungen auswirken und diese sogar entfallen lassen, auch wenn dadurch Dritte wie die Kinder begünstigt werden.

- Der Verstorbene hat durch einen Vertreter sein Testament errichten oder schreiben lassen (§ 2064 BGB).

- Ein Testament oder Erbvertrag ist soweit nichtig, wie es **sittenwidrige Anordnungen** enthält (§ 138 BGB). Das ist dann der Fall, wenn eine Anordnung nach seinem Gesamtcharakter dem Anstandsgefühl eines billig und gerecht Denkenden widerspricht. Nichtig können testamentarische oder erbvertragliche Zuwendungen sein, die von dem Wechsel einer Konfession, der Heirat mit oder Scheidung von einer bestimmten Person abhängen. Früher nahmen die Gerichte die Sittenwidrigkeit bei testamentarischen Begünstigungen einer Geliebten des Verstorbenen an. Eine solche Rechtsfolge ist nach Inkrafttreten des Prostituiertengesetzes undenkbar. Heutzutage kann nur noch dann ein **Geliebtentestament** sittenwidrig sein, wenn dadurch „die geschlechtliche Hingabe belohnt oder gefördert" wird.

Der Fall aus der Praxis: Albtraum jeder Ehefrau: Ihr Mann nahm sich eine Prostituierte zur Geliebten und setzte diese zu seiner Alleinerbin ein. Den Ehegatten gehörte das Familienheim. Die Prostituierte erbte den Anteil des Mannes, so dass jetzt den Rivalinnen gemeinsam das von der Ehefrau bewohnte Familienheim gehört. Beide dürfen das Haus gemeinsam bewohnen und müssen sich gemeinschaftlich über sämtliche Fragen das Haus betreffend einigen, wie die Durchführung von Renovierungen, Tragung der laufenden Kosten oder die Nutzung. Das wollte die Ehegattin nicht akzeptieren. Sie versuchte, das Testament wegen Unsittlichkeit außer Kraft zu setzen. Sie befürchtete, dass sie sich mit der Geliebten als neuer Miteigentümerin über die Auseinandersetzung bezüglich des Hauses nicht würde einigen können. Aber ohne Erfolg: Das Geliebtentestament war nicht sittenwidrig (OLG Düsseldorf, Beschluss vom 22. August 2008 – Az. 3 Wx 100/08).

- **Behindertentestamente** sind nicht sittenwidrig. Es wird nur vereinzelt angenommen, dass diese nichtig sind. Diese sichern durch komplexe Anordnungen, dass der Sozialhilfeträger nicht an das Erbe des zu begünstigenden Behinderten kommt, obwohl dieser häufig die Betreuungs- und Pflegekosten zu übernehmen hat.

- Testamentarische oder erbvertragliche Anordnungen von **Bewohnern von Pflegeheimen** zugunsten des Leiters oder von Beschäftigten des Pflegeheimes sind dann unwirksam, wenn die Begünstigten davon zu Lebzeiten des Verstorbenen erfahren (§ 14 Abs. 5 HeimG, zu beachten sind etwaige landesgesetzlichte Heimgesetze, die Vorrang haben, so in Baden-Würtemberg und Bayern). Dieses Verbot soll den Bewohnern den Heimfrieden wahren, sie vor finanzieller Ausbeutung oder Benachteiligung schützen und ihre Testierfreiheit sichern. Auch Zuwendungen an einen Betreuer oder Pflegepersonal eines ambulanten Dienstes verstoßen grundsätzlich nicht gegen die guten Sitten.

> **Beraterhinweis:** Wenn nur ein Teil im Testament oder auch Erbvertrag nichtig ist, bleiben die weiteren darin enthaltenden Anordnungen in der Regel wirksam (§§ 2085, 2279 Abs. 1 BGB). Das ist aber dann nicht der Fall, wenn der Verstorbene seine übrigen Anordnungen nicht ohne die nichtige Anordnung getroffen hätte.

- Ein Testament ist nichtig, wenn der Testierende es selber **maschinenschriftlich** verfasst und nur unterzeichnet hat.

> **Der Fall aus der Praxis:** Ein vermögender Professor hatte seinen als Friseur tätigen Lebensgefährten zum Alleinerben eingesetzt. Das Testament hatte er per Computer verfasst, auf Büttenpapier ausgedruckt und mit Füller unterschrieben. Der Lebensgefährte ging leer aus. Der Verstorbene wurde von seinen Verwandten in Lateinamerika beerbt, mit denen er bereits seit Jahrzehnten keinen Kontakt mehr hatte.

Im Zusammenhang mit der Frage, inwieweit ein Testament oder Erbvertrag für den Erbfall beachtlich ist, sind zudem nachfolge Aspekte zu beachten:

- Ein zeitlich früheres Testament wird durch ein späteres Testament aufgehoben, wenn es dem Älteren widerspricht (§ 2258 BGB). Sofern Testamente sich nicht widersprechen, können diese sich auch ergänzen. Wenn der Verstorbene sein Testament durchgerissen oder durchgestrichen hat, so wird vermutet, dass der Verstorbene dieses aufheben wollte (§ 2255 BGB). Bei einem Erbvertrag gilt

Entsprechendes, ein späterer Erbvertrag kann ein früheres Testament aufheben und umgekehrt.

- Ein notarielles Testament wird unwirksam, wenn es aus der amtlichen Verwahrung bei Gericht zurückgenommen wird (§ 2256 BGB). Ein handschriftliches Testament bleibt aber trotzdem wirksam (§ 2256 Abs. 3 BGB). Das Gericht gibt ein hinterlegtes Testament heraus, wenn der Testierende den Hinterlegungsschein dem Gericht zurück gibt. Diesen hat der Testierende bei der Hinterlegung beim Gericht erhalten (§ 346 Abs. 3 FamFG).

- Grundsätzlich ist erforderlich, dass ein Testament im Erbfall im **Original** vorliegt. Manchmal ist dieses Original jedoch unauffindbar. Das Testament kann für die Erbfolge dennoch maßgeblich sein, wenn die formgerechte Errichtung und der Inhalt anderweitig nachgewiesen werden kann. So kann die Kopie eines Testamentes in Verbindung mit Zeugenaussagen ausreichend sein.

Der Fall aus der Praxis: Der Verstorbene hat seine zweite Ehefrau und drei Söhne hinterlassen. Ein Erbschein wurde nach der gesetzlichen Erbfolge erlassen. Zwei Jahre nach dem Erbfall sollte das Nachlass zugehörige Haus verkauft werden. Unmittelbar vor dem notariellen Kaufvertrag tauchte eine Kopie eines handschriftlichen Testamentes auf, wonach die Enkeltochter Alleinerbin ist. Die Enkeltochter konnte aber nicht durch das Original oder Zeugenaussagen beweisen, dass das Testament nach dem Willen des Verstorbenen tatsächlich beachtlich sein sollte – unabhängig von der Frage, ob das Testament nicht vielleicht gefälscht war.

- Der Verstorbene darf die Entscheidung keinem anderen überlassen, ob sein Testament gelten soll oder nicht (§ 2065 Abs. 1 BGB).

- Auch darf er keinem anderen die Entscheidung überlassen, wer sein Erbe oder Vermächtnisnehmer wird (§ 2065 Abs. 2 BGB). Nur wenn der Verstorbene einen Dritten zur Bestimmung seines Erben berufen hat, der aus einem genau definierten Personenkreis nach sachlichen Auswahlkriterien den Erben zu bestimmen hat, wird dies als wirksame Erbeinsetzung anerkannt (BGH, Beschluss vom 14. Juli 1965 – Az. V BLw 11/65). Dem Dritten darf aber kein eigenes Ermessen zustehen.

Der Fall aus der Praxis: Vereinsamte Menschen bestimmen heutzutage immer häufiger denjenigen zu ihrem Erben, der sie zuletzt gepflegt oder ihnen beigestanden hat – ohne diese Person mit seinem Namen zu benennen. Die Gerichte machen es sich in diesen Fällen häufig zu einfach und verweisen darauf, dass es sich hierbei um eine unzulässige Drittbestimmung handelt, also auf § 2065 Abs. 2 BGB. Tatsächlich ist aber in diesen Fällen durch Auslegung zu ermitteln, wer nach dem Willen des Verstorbenen sein Erbe sein soll.

Kurios war folgendes, von einem Gericht für nicht wirksam erklärtes Testament: Erbe sollte derjenige werden, „wer die Hautpartien des Erblassers abziehen, konservieren und auf einen Rahmen spannen" lässt (Kammergericht, Beschluss vom 24. Februar 1998 – Az. 1 W 364/98).

2. Einzeltestament

Die einfachste Form ist das einseitige und **eigenhändige Testament**, das durch eine gänzlich eigenhändige und unterschriebene Erklärung errichtet wird (§ 2247 BGB). Datum und Ort sollen, müssen aber nicht angegeben werden. Die Unterschrift soll aus Vor- und Nachnamen bestehen. Der Testierende kann sein eigenhändiges Testament entweder selbst oder bei Dritten aufbewahren oder es beim Nachlassgericht zur Verwahrung hinterlegen (in Baden-Württemberg bei den Notariaten). So ist sichergestellt, dass nach seinem Tod das Testament auch tatsächlich beachtet wird. Das Nachlassgericht erhält für die Hinterlegung eine Gebühr von $\frac{1}{4}$ nach der Kostenordnung (S. 205).

Statt sein Testament handschriftlich zu verfassen, kann ein Testierender es auch bei einem Notar beurkunden lassen (wird als notarielles und auch als öffentliches Testament bezeichnet, § 2232 BGB). Unter einem maschinenschriftlichen Text **beurkundet der Notar** die Unterschrift des Testierenden. Alternativ kann der Verstorbene dem Notar eine Erklärung übergeben, die auch maschinenschriftlich oder von Dritten verfasst sein kann. Das ist aber eher unüblich. Der Notar hat das Testament beim Nachlassgericht zu hinterlegen.

Der Notar erhält für seine Beurkundung und das Nachlassgericht für die Hinterlegung **Gebühren** (Notar eine Gebühr von $\frac{1}{1}$ und das Gericht eine Gebühr von $\frac{1}{4}$ nach der Kostenordnung, S. 205). Liegt im Erbfall ein notarielles Testament für die Erbenlegitimierung vor, ersparen sich die Erben in vielen Fällen einen Erbschein. Dieser kostet eine Gebühr von $\frac{2}{1}$ nach der Kostenordnung.

Ein Testierender kann sein Einzeltestament durch ein Widerrufstestament oder durch ein das erste Testament widersprechendes Testament **widerrufen**. Das ist dann der Fall, wenn das spätere Testament abweichende Anordnungen enthält. Auch das ist möglich: Durch Widerruf des Widerrufstestament wird das erste Testament im Zweifel wieder gültig (§ 2257 BGB).

Formulierungsmuster eines Widerrufstestamentes: Mein am 20. März 2009 errichtetes Testament widerrufe ich hiermit.

Alternativ kann der Testierende sein Testament auch dadurch widerrufen, dass er es durchstreicht, verbrennt, zerreißt oder ähnlich. Das ist die sicherste Möglichkeit, dass das Testament später nicht doch umgesetzt wird. Wenn andernfalls später nach dem Erbfall eine Vielzahl von Testamenten und Erbverträgen vom Nachlassgericht eröffnet werden müssen, ist oft unklar, welche einzelnen Anordnungen wirksam sind und welche nicht.

Das Gesetz sieht die Möglichkeit von **außerordentlichen Testamenten** vor, die in der Praxis kaum vorkommen.

• Jemand kann vor dem Bürgermeister ein Testament errichten, wenn er sich in Lebensgefahr befindet und wohl nicht mehr rechtzeitig einen Notar erreicht (2249 BGB).
• Bei akuter Lebensgefahr des Verstorbenen kann das sogenannte Drei-Zeugen-Testament errichtet werden (§ 2250 BGB).
• Seereisende können ein sogenanntes Seetestament errichten (§ 2251 BGB).

Beraterhinweis zur Testamentsform: Grundsätzlich ist jedermann die Errichtung eines handschriftlichen Testamentes zu empfehlen. Dies spart die Notargebühren. Auch wenn nachfolgende Änderungen notariell beurkundet werden sollen, werden neue Notargebühren fällig. Zu überlegen ist aber, es bei dem Nachlassgericht zu hinterlegen. Lediglich bei älteren Testierenden bietet sich die notarielle Beurkundung an, da der Notar eine Beurkundung nicht vornimmt, wenn er Anzeichen für die Testierunfähigkeit erkannt hat. Unabhängig von der notariellen Beurkundung kann aber nach dem Erbfall auch ein notarielles Testament unwirksam sein, wenn sich beispielsweise herausstellt, dass im Zeitpunkt der Errichtung der Verstorbene – vielleicht unerkannt – testierunfähig war. Wer auf Nummer sicher gehen möchte, geht kurz vor dem Notartermin zu einem Facharzt für

Psychiatrie oder Nervenheilkunde und lässt sich bestätigen, dass er testierfähig ist. Dieses Attest sollte der Notar zu seinen Akten nehmen.

3. Ehegattentestament

Ehegatten und gleichgeschlechtliche registrierte Lebenspartner
können ein gemeinschaftliches Testament errichten, das Ehegattentestament (§ 2265 BGB; § 10 Abs. 4 LPartG). Wie beim einseitigen
Testament kann es eigenhändig oder durch notarielle Beurkundung
errichtet werden. Entweder ein Ehegatte schreibt und unterschreibt
das Testament und der andere Ehegatte unterschreibt lediglich oder
beide Ehegatten errichten jeweils separate Dokumente, die aufein-
ander inhaltlich Bezug nehmen oder abgestimmt sind. Um spätere
Unklarheiten zu vermeiden, empfehlen sich genaue Feststellungen
innerhalb des Testaments. Ein Ehegattentestament kann testamentarische Anordnungen nur eines der Ehegatten („einseitige") und
auch wechselbezügliche Verfügungen enthalten. Die einseitigen Anordnungen kann der betreffende Ehegatte jederzeit, also auch nach
dem Tod seines Ehegatten, widerrufen. Das ist bei den wechselbezüglichen Verfügungen nicht der Fall.

Durch **wechselbezügliche Verfügungen,** auch als wechselbezügliche Anordnungen bezeichnet, können Ehegatten ihre Anordnungen voneinander abhängig machen. Diese können Ehegatten nur
treffen für
- Erbeinsetzungen,
- Vermächtnisse und
- Auflagen.

Wenn diese wechselbezüglich sind, können sie nicht nur von einem der beiden Ehegatten alleine frei geändert werden. Eine Erbeinsetzung, ein Vermächtnis oder auch eine Auflage sind aber
nicht in jedem Fall wechselbezüglich. Das ist nur dann der Fall,
wenn der eine Ehegatte ohne die Anordnung des anderen Ehegatten nicht seine Erbeinsetzung, sein Vermächtnis oder auch seine
Auflage angeordnet hätte (§ 2270 BGB). Mit anderen Worten:
Wechselbezüglich sind diejenigen Anordnungen der Ehegatten, die
mit Rücksicht auf die anderen getroffen sind und die miteinander
stehen und fallen sollen. Einer der Ehegatten müsste zur Annahme

der Wechselbezüglichkeit eine testamentarische Anordnung vorgenommen haben, die ohne die testamentarische Anordnung des anderen nicht gewollt sein würde. Dabei ist nicht erforderlich, dass die Ehegatten sich in irgendeiner Art und Weise gegenseitig bedenken, etwa durch Erbeinsetzung oder als Vermächtnisnehmer. Denkbar ist für die Annahme der Wechselbezüglichkeit, dass sie jeweils durch ihre letztwillige Verfügung die gleiche dritte Person begünstigen.

Formulierungsbeispiel: Wir setzen unseren Sohn zu unserem jeweiligen Alleinerben ein.

Wie gesagt: Die Wechselbezüglichkeit betrifft nicht immer sämtliche testamentarischen Anordnungen, sondern ist für jede einzelne letztwillige Verfügung gesondert festzustellen. In dem Testament sollte immer eindeutig formuliert sein, ob eine Anordnung wechselbezüglich ist oder nicht. Wenn der Wortlaut des Testamentes nicht eindeutig ist und durch Auslegung nicht der letzte Wille ermittelt werden kann, ist die Wechselbezüglichkeit im Zweifel nach § 2270 Abs. 2 BGB anzunehmen, wenn

- die Ehegatten sich gegenseitig bedenken; oder
- Ehegatte (A) den anderen Ehegatten (B) bedacht und dieser (B) Anordnungen zugunsten eines Dritten getroffen hat, der mit dem Erstgenannten (A) verwandt ist oder diesem sonst nahe steht.

Beispiel: Die Ehegatten A und B errichten ein Ehegattentestament. Darin setzt unter anderem A den B zu seinem Alleinerben sein. Als „Gegenleistung" setzt der erbende B dem Bruder von A ein Vermächtnis aus.

Lösung: Im Zweifel besteht hier die Wechselbezüglichkeit, da der A nur deswegen den B zu seinem Alleinerben eingesetzt hat, weil er durch die Wechselbezüglichkeit die Sicherheit hatte, dass sein Bruder (der von A) nach dem Tod von B durch das Vermächtnis begünstigt wird.

Die bekannteste und auch beliebteste Gestaltung eines Ehegattentestamentes ist das **„Berliner Testament"**, in dem sich die Ehegatten für den ersten Erbfall gegenseitig zu Alleinerben und für den zweiten Erbfall ihre Kinder zu Erben des Längerlebenden einsetzen.

Formulierungsmuster eines „Berliner Testamentes": Wir, die Eheleute Sebastian und Marita Krause, setzen uns gegenseitig zu Alleinerben ein. Erben des Längerlebenden sollen zu gleichen Teilen unsere Söhne Rainer und Christian sein.

> **Beraterhinweis zum „Berliner Testament":** Die Errichtung eines Berliner Testamentes hat weitreichende Konsequenzen, die von Testierenden in vielen Fällen nicht erkannt werden. Nach dem Tod des Erstversterbenden kann der längerlebende Ehegatte beispielsweise nicht mehr andere Personen zu seinen Erben einsetzen oder seine Kinder mit anderen Quoten bedenken. Die Bindungswirkung eines Ehegattentestamentes geht sogar soweit, dass der längerlebende Ehegatte nicht mehr aus seinem Vermögen heraus frei schenken kann. Eine solche Schenkung ist zwar wirksam, aber nach dem Tod des schenkenden Ehegatten partizipiert der durch Testament eingesetzte Begünstigte, der durch die Schenkung benachteiligt wurde, letztlich an dem Wert der Schenkung (entsprechend § 2287 BGB).

Überraschungen durch die Bindungswirkung von wechselbezüglichen Verfügungen: In der Praxis kommen immer wieder die Fälle vor, in denen Ehegatten in jungen Jahren ein solches Berliner Testament errichtet haben. Nach dem frühen Tod eines Ehegatten gerät oftmals dieses Berliner Testament in Vergessenheit und der Längerlebende testiert möglicherweise Jahrzehnte später anderweitig. Aufgrund der Bindungswirkung der wechselbezüglichen Verfügungen in dem Ehegattentestament sind die späteren Einzeltestamente insoweit unwirksam, wie sie das Recht der durch die wechselbezüglichen Verfügungen Begünstigten beeinträchtigen.

> **Beispiel:** Durch eine wechselbezügliche Verfügung sind Tochter und Sohn zu Erben zu gleichen Teilen nach dem Letztversterbenden eingesetzt. Nach dem Tod des Vaters setzt die Mutter dem Tierschutzverein ein Vermächtnis aus, wonach der Verein 100.000 € nach ihrem Tod erhält. Die Begünstigung des Vereins beeinträchtigt die frühere Erbeinsetzung der Kinder, da ihr Erbe sich durch das Vermächtnis jeweils um 50.000 € vermindert. Daher ist das Vermächtnis zugunsten des Vereins unwirksam. Eine später durch ein Einzeltestament angeordnete Testamentsvollstreckung ist ebenfalls unwirksam, da sie den Erbanspruch der Kinder aus dem Ehegattentestament beeinträchtigt. Sie können dann nicht über ihre Erbschaft frei verfügen.

Manchmal heiratet der längerlebende Ehegatte ein zweites Mal, gerade wenn sein Ehegatte sehr früh verstorben ist. Auch im Fall einer späteren Wiederverheiratung entfällt nicht automatisch die Bindungswirkung dieser wechselbezüglichen Verfügungen aus dem früheren Ehegattentestament. Der überlebende Ehegatte kann aber das alte Berliner Testament anfechten, wenn er die Anfechtung rechtzeitig erklärt (S. 40 ff.).

Widerruf eines Ehegattentestamentes: Die Bindungswirkung wechselbezüglicher Verfügungen wirkt sich sogar schon zu Lebzeiten der Ehegatten aus. Ein Ehegattentestament können sie zwar gemeinsam frei aufheben, indem sie es widerrufen oder ein neues Ehegattentestament errichten, das dem ersten Testament widerspricht. Wenn der andere Ehegatte beim Widerruf nicht mitspielt, verbleibt dem Ehegatten, der sich von dem Ehegattentestament lösen möchte, nur der einseitige Widerruf. Dieser bedarf der notariellen Beurkundung und muss dem anderen Ehegatten zugestellt werden (§§ 2271 Abs. 1, 2296 Abs. 2 BGB). Lediglich die Teile des Ehegattentestaments, die nicht im Wechselbezüglichkeitsverhältnis stehen, kann ein Ehegatte auch einseitig durch ein Testament widerrufen, ohne dass der andere Ehegatte davon erfährt.

Nach dem Tod des einen Ehegatten erlischt aber das einseitige Widerrufsrecht hinsichtlich der wechselbezüglichen Verfügungen durch notarielle Erklärung des anderen, längerlebenden Ehegatten. Dieser ist in seiner Testierfreiheit beschränkt. Daraus kann er sich nur dadurch befreien, wenn er seine testamentarische Begünstigung ausschlägt. Er muss aber nicht gleichzeitig seinen gesetzlichen Erbteil mit ausschlagen. So erhält er seine volle Testierfähigkeit zurück und kann neue Anordnungen testamentarisch oder erbvertraglich treffen.

Beraterhinweis zu Änderungsmöglichkeiten: Um der Bindungswirkung zu entgehen, ist die Aufnahme von differenzierten Änderungsvorbehalten in Ehegattentestamenten zu empfehlen. Denkbar ist beispielsweise, dass dem längerlebenden Ehegatten die Befugnis verbleibt, die Erbquoten unter den gemeinsamen Kindern so zu verschieben, dass sogar ein Kind leer ausgeht. Für den vorversterbenden Ehegatten besteht aber dann die Ungewissheit, ob der überlebende Ehegatte nicht einen fremden Dritten zum Erben einsetzt – das betrifft dann faktisch auch sein Vermögen.

Folgen einer Scheidung für das Ehegattentestament: Schwierigkeiten bereitet die Frage, ob und inwieweit ein vor der Scheidung errichtetes Ehegattentestament, das bislang weder einseitig noch gemeinsam widerrufen wurde, noch Wirkung entfaltet. Im Regelfall ist davon auszugehen, dass die Scheidung zur Unwirksamkeit führt (§§ 2268, 2077 BGB). Aber es bleiben die testamentarischen Anordnungen wirksam, soweit diese dem Willen des Verstorbenen im Zeitpunkt der Errichtung entsprachen. Dies kann dann der Fall sein, wenn die gemeinsamen Kinder begünstigt wurden. Das Ehegattentestament kann aber auch in seiner Gesamtheit wirksam bleiben. Das ist dann der Fall, wenn die Ehegatten im Zeitpunkt der Errichtung wollten, dass die Anordnungen ihres Testamentes unabhängig von dem Bestand ihrer Ehe wirksam bleiben sollen.

4. Erbvertrag

Im Vergleich zu ausländischen Rechtsordnungen stellt der Erbvertrag eine Besonderheit dar, da es sich hierbei um einen „richtigen" Vertrag handelt, der den letzten Willen fixiert (§§ 2274 ff. BGB). Die Beteiligten müssen für den Abschluss – man spricht nicht wie beim Testament von einer Errichtung – nicht nur testierfähig, sondern auch geschäftsfähig sein. Mit einem Erbvertrag bindet sich der Testierende, da er ihn nicht frei widerrufen kann (außer bei vereinbarten Änderungsvorbehalten oder Rücktrittsrechten). Gegenstand eines Erbvertrages kann eine **Erbeinsetzung**, ein **Vermächtnis** und eine **Auflage** sein (§ 2278 Abs. 2 BGB). Andere Anordnungen, wie die Einsetzung eines Testamentsvollstreckers oder die Anordnung einer Teilungsanordnung, können zwar in einem Erbvertrag aufgenommen werden, unterliegen jedoch nicht der erbvertraglichen Bindung. Derartige Anordnungen können daher jederzeit frei widerrufen werden, beispielsweise durch ein handschriftliches Testament.

Ein Erbvertrag muss von einem Notar beurkundet werden (Kosten: Gebühr von $^2/_1$ nach der Kostenordnung, S. 205). Danach muss dieser Erbvertrag nicht in die Gebühren auslösende amtliche Verwahrung eines Amtsgerichts gegeben werden, sondern kann auch bei dem Notar verwahrt werden. So ist dennoch die Eröffnung nach dem Todesfall sichergestellt.

Eine Person kann nie alleine mit sich selbst einen Erbvertrag abschließen; es handelt sich schließlich um einen gegenseitigen Vertrag. Zu unterscheiden sind ein- und zweiseitige Erbverträge:

- Bei einem **einseitigen Erbvertrag** trifft nur ein Vertragspartner – der potenzielle Verstorbene – vertragsmäßige Anordnungen. Der andere Vertragspartner kann entweder nur die Erklärung des testierenden Vertragspartners annehmen oder sich seinerseits zu Leistungen, wie beispielsweise Unterhalt oder Pflege, verpflichten.

- Ein **zweiseitiger Erbvertrag** liegt vor, wenn zwei Personen Anordnungen von Todes wegen treffen, die von einem Dritten angenommen werden. Ehegatten können zusammen beispielsweise einen Erbvertrag in dieser Form schließen.

Durch den Abschluss eines Erbvertrages ist der testierende Vertragspartner gebunden. Dennoch kann er weiterhin seine Vermögensgegenstände verbrauchen, verkaufen oder verschenken (§ 2286 BGB). Wenn aber der Testierende einen Gegenstand verschenkt und damit seinen Vertragspartner beeinträchtigen will, so kann der Letztere nach dem Erbfall von dem Beschenkten die Herausgabe fordern (§ 2287 BGB). Der Anspruch verjährt nach drei Jahren nach dem Erbfall (§ 2287 Abs. 2 BGB).

Beispiel: In einem Erbvertrag vereinbaren Vater und Tochter, dass die Tochter im Wege eines Vermächtnisses ein Mietshaus erhält. Im Gegenzug verpflichtet sich die Tochter, ihren Vater zu pflegen. Nach Vertragsschluss ändert der Vater seine Meinung und verschenkt dieses Mietshaus an den Sohn. Diese Schenkung ist wirksam, jedoch kann die benachteiligte Tochter später von ihrem Bruder die Herausgabe fordern (§ 2287 BGB).

Der Fall aus der Praxis: In dem Fall des OLG Köln hatte die spätere Verstorbene ihrem Bruder eine Lebensversicherung geschenkt, wozu sie aber nicht mehr berechtigt war (Urteil vom 26. November 2008 – Az. 2 U 8/08). Zuvor hatten nämlich sie und ihr vorverstorbener Ehemann in einem notariellen Erbvertrag sich gegenseitig zu Alleinerben eingesetzt und für den Letztversterbenden bestimmt, dass der Sohn des Ehemannes aus erster Ehe alles erbt. Nach einem Streit um das Erbe des Ehemannes zwischen der Witwe und ihrem Stiefsohn wollte die Witwe den unaufhebbaren Erbvertrag dadurch umgehen, dass sie kurzerhand die Bezugsberechtigung von zwei Lebensversicherungen ihrem Bruder schenkte. Da sie so ihren Stiefsohn entgegen dem Erbvertrag benachteiligte, verurteilte das OLG Köln den Bruder der verstorbenen Witwe, dem Stiefsohn den Betrag in Höhe der von der Witwe gezahlten Prämien zu zahlen.

Die durch den Erbvertrag ausgelöste Bindungswirkung kann zum Zeitpunkt des Erbvertrags ausgeschlossen sein durch

- vorherige Vereinbarung eines beschränkten **Änderungsvorbehaltes**;
- Abschluss eines Aufhebungsvertrages;
- **Zustimmung** des begünstigten Vertragspartners;
- Wegfall des Bedachten durch Vorversterben, Erbunwürdigkeit oder Ausschlagung;
- Vorbehalt eines **Rücktritts** im Erbvertrag;
- gesetzliches Rücktrittsrecht bei Verfehlungen des Begünstigten;
- **Selbstanfechtung** durch den Testierenden;
- Zuwendungsverzicht des Begünstigten (§ 2352 BGB) oder
- Auflösung der Ehe durch Scheidung oder Aufhebung (§§ 2279 Abs. 2, 2077 Abs. 1 BGB).

5. Bedingungen und Befristungen

Der Testierende kann eine Erbeinsetzung bedingt und/oder befristet anordnen. Beispielsweise kann der Sohn unter der Bedingung zum Alleinerben eingesetzt werden, dass er im Zeitpunkt des Erbfalls die Meisterprüfung bestanden hat. Ein Testierender kann seine Kinder unter der Bedingung nur zu Vorerben einsetzen und nicht zu unbeschränkten Erben, wenn diese beim Erbfall selber (noch) keine Kinder haben.

IV. Auslegung

Gerade von Rechtsunkundigen verfasste Testamente können **unklar** sein. Es können Zweifel bestehen, was die Anordnungen des Verstorbenen bedeuten sollen oder ob diese auch tatsächlich mit seinem Willen übereinstimmen. Vielleicht hat der Verstorbene seinen Willen nicht vollständig und eindeutig in seinem Testament oder Erbvertrag ausgedrückt. Dann ist der wahre Wille zu erforschen, indem die testamentarischen oder erbvertraglichen Anordnungen ausgelegt werden (§ 133 BGB).

> **Beraterhinweis:** Testamente und Erbverträge, die von Notaren entworfen und beurkundet worden sind, müssen nur in seltenen Fällen ausgelegt werden. Das gleiche gilt für handschriftliche Testamente, die Rechtsanwälte konzipiert haben.

1. Die individuellen Auslegungsregeln

Wenn der wortwörtliche Inhalt einer Anordnung keinen Sinn macht, ist zu erforschen, was der Verstorbene mit seinen Worten wirklich ausdrücken wollte (erläuternde Auslegung). Dabei können auch Umstände herangezogen werden, die außerhalb des Testamentes liegen. Bei der Auslegung sind grundsätzlich die Umstände im Zeitpunkt der Errichtung des Testamentes maßgebend. Auch Anordnungen, die scheinbar eindeutig ist, müssen manchmal ausgelegt werden.

> **Beispiel für ein auslegungsbedürftiges Testament:** Klassisches Beispiel ist die Anordnung eines juristisch nicht beratenen Verstorbenen, wonach er sein gesamtes Vermögen einer Person „vermacht". Vom Wortlaut wäre es – scheinbar eindeutig – ein Vermächtnis. Tatsächlich wollte der Verstorbene aber dadurch seinen Rechtsnachfolger bestimmen und damit die juristischen Folgen der Erbeinsetzung auslösen. Das Wort „vermacht" ist als „vererbt" auszulegen. Wenn der Verstorbene einer anderen Person beispielsweise seine Briefmarkensammlung „vererbt", handelt es sich hingegen zumeist um ein Vermächtnis.

Die **ergänzende Auslegung** und damit die Ermittlung des hypothetischen Willens des Verstorbenen werden erforderlich,
- wenn das Testament oder der Erbvertrag eine Lücke aufweist, da der Verstorbene eine Anordnung einfach vergessen hat;
- wenn der Verstorbene sich über tatsächliche Verhältnisse geirrt hat; oder
- wenn sich für den letzten Willen des Verstorbenen maßgebende Umstände wesentlich geändert haben und der Verstorbene andere Anordnungen getroffen hätte, wenn er bei der Testamentserrichtung das gewusst hätte.

Erforderlich bei jeder Auslegung: Der ermittelte Wille muss zumindest in Ansätzen im Testament oder Erbvertrag verankert sein

(Andeutungstheorie). Andernfalls würden die gesetzlichen Formvorschriften wie die handschriftliche Erklärung oder notarielle Beurkundung des letzten Willens umgangen werden.

2. Die gesetzlichen Auslegungsregeln – wenn die allgemeinen Auslegungsregeln erfolglos bleiben

Für den Fall, dass die zuvor dargestellte individuelle Auslegung nicht zu einem eindeutigen Ergebnis führt, hält das Gesetz verschiedene Auslegungsregeln bereit:

- Wenn der Verstorbene seine „**Verwandten**" zu seinen Erben eingesetzt hat, so sollen die gesetzlichen Erben gemeint sein (§ 2067 BGB).
- Wenn der Verstorbene sein Kind in einem Testament oder Erbvertrag bedacht hat und es nach der Errichtung stirbt, dann treten die Kinder des Kindes an die Stelle des bedachten Kindes (§ 2269 BGB).
- Wenn eine bestimmte Personengruppe wie „**mein Personal**" oder „meine Kegelbrüder" bedacht sind, so sind im Zweifel diejenigen gemeint, die zur Zeit des Erbfalls zu dem bezeichneten Kreis gehören (§ 2071 BGB).
- Wenn der Verstorbene „**die Armen**" begünstigen wollte, so bereitet es in der Regel Schwierigkeiten, die einzelnen Bedachten zu bestimmen. Im Zweifel ist der örtliche Sozialhilfeträger begünstigt (§ 2072 BGB).
- Wenn ein Verstorbener seinen **Ehegatten** begünstigt hat und im Zeitpunkt des Erbfalls diese Ehe nicht mehr besteht, entfällt im Zweifel diese Begünstigung (§ 2077 Abs. 1 BGB). Gleiches gilt für registrierte Lebenspartner und für die Fälle, in denen die Voraussetzungen der Scheidung vorliegen (S. 16f.).
- Hat der Verstorbene etwa drei Erben zu gleichen Teilen eingesetzt und stirbt einer von den potenziellen Erben vor seinem Tod, dann erhalten die beiden lebenden Erben auch den Teil des Vorverstorbenen. Im Beispiel erben sie also jeweils zu $\frac{1}{2}$ (**Anwachsung**, § 2094 BGB).
- Wenn ein Testierender jemanden auf seinen „**Pflichtteil**" setzt, gilt dieser nicht als Erbe (§ 2304 BGB).

Durch Auslegung können verschiedene Möglichkeiten ermittelt werden, was der Verstorbene gewollt haben könnte. Wenn ein mögliches Auslegungsergebnis zur Unwirksamkeit führt und ein anderes nicht, ist die andere vorzuziehen (§ 2084 BGB). Das Testament soll möglichst wirksam sein.

3. Abgrenzung zwischen Erbe und Vermächtnis – Hilfe durch gesetzliche Auslegungsregeln

Weite Kreise in der Bevölkerung messen den Begriffen Erbe oder Vermächtnis keinerlei Bedeutung zu, also ob sie etwas vermachen oder vererben. Durch Auslegung ist in diesen Fällen zu ermitteln, wer dem Willen des Verstorbenen zufolge tatsächlich Erbe und Rechtsnachfolger werden sollte und wer lediglich einen Anspruch auf die bestimmten Gegenstände haben soll (Vermächtnisanspruch). Die Auslegung klebt nicht am Wortlaut des Testamentes! Falls der Wille durch die individuellen Auslegungsregeln (S. 36 f.) nicht geklärt werden kann, hält das Gesetz mit § 2087 BGB eine gesetzliche Auslegungsregel parat. Danach können folgende Kernaussagen getroffen werden:

- Wer den gesamten Nachlass erhält, ist unabhängig von seiner Bezeichnung Erbe (§ 2087 Abs. 1 BGB).
- Wer einen Bruchteil des Nachlasses erhält, ist Erbe zu einer Quote. Das gleiche ist anzunehmen, wenn der Verstorbene sein Vermögen nach Gegenständen verteilt hat, beispielsweise die Tochter erhält das Familienheim und der Sohn bekommt das Wertpapierdepot. Die Höhe der Erbquoten richtet sich in diesen Fällen häufig nach dem Verhältnis der Werte der zugewendeten Vermögensgegenstände. Wenn das Familienheim einen Wert von 600.000 € und das Depot einen Wert von 400.000 € aufweist, kann eine Erbeinsetzung der Tochter zu $^{6}/_{10}$ und des Sohnes zu $^{4}/_{10}$ anzunehmen sein.
- Wer einzelne Gegenstände erhält, ist Vermächtnisnehmer (§ 2087 Abs. 2 BGB).

Erhält aber einer **wertmäßig den Hauptgegenstand** und wurden weitere Personen nur einzelne wertmäßig niedrige Gegenstände zugewiesen, kann der mit dem Hauptgegenstand Begünstigte Erbe und die anderen können Vermächtnisnehmer sein. Dieser Hauptgegenstand sollte etwa einen Wert von mindestens 90 % des gesamten Nachlasswertes ausmachen. Die für die Auslegung maßgebenden Werte des Vermögens und auch der Vermögensgegenstände richten sich zumeist nach den Werten, die sich der Verstorbene im Zeitpunkt der Testamentserrichtung vorstellte. Dies ist aber streitig. Weitere Indizien für die Bewertung eines Begünstigten als testamentarisch oder erbvertraglich Begünstigten ist, wenn dieser die Beerdigung organisieren (und bezahlen), den Nachlass regeln und/oder die Nachlassschulden tilgen soll.

4. Der Auslegungsvertrag

Bei Unklarheiten eines auslegungsbedürftigen Testamentes oder Erbvertrages schließen die Beteiligten in der Praxis oftmals einen sogenannten Auslegungsvertrag. Ein Gericht folgt in vielen Fällen einem Auslegungsvertrag im Erbscheinverfahren und erteilt einen Erbschein mit den Erbquoten, auf die sich die Beteiligten in ihrem Auslegungsvertrag geeinigt hatten. Das ist aber nicht zwingend; das Gericht ist letztlich in seiner Entscheidung frei.

V. Anfechtung

Wenn die individuelle Auslegung oder die Auslegung nach den gesetzlichen Regeln nicht weiterhilft (S. 36 ff.), können testamentarische oder erbvertragliche Anordnungen angefochten werden.

1. Gründe, die zur Anfechtung einer testamentarischen oder erbvertraglichen Anordnung berechtigen

Eine Anfechtung ist möglich,

- wenn der Testierende sich über den Inhalt, die Bedeutung oder die Rechtsfolgen seiner Anordnung geirrt hat (§ 2078 Abs. 1 Alternative 1 BGB);
- wenn der Testierende eine bestimmte Anordnung nicht abgeben wollte, beispielsweise weil er sich bei einem Namen oder einer Zahl verschrieben hat (§ 2078 Abs. 1 Alternative 2 BGB);

- wenn der Testierende widerrechtlich zu dieser Anordnung **gezwungen** wurde, indem ihm **gedroht** wurde (§ 2078 Abs. 2 BGB);
- wenn der Testierende durch eine irrige Annahme oder die irrige Erwartung des Eintritts oder Nichteintritts eines Umstands zu der Anordnung bestimmt worden ist (§ 2078 Abs. 2 BGB). Ein solcher Umstand kann darin bestehen, dass der Testierende nichts von der kriminellen Vergangenheit eines von ihm mit der Anordnung Bedachten wusste;
- wenn der Testierende einen **Pflichtteilsberechtigten** wie vielleicht ein nichteheliches Kind von ihm **übergangen** hat, das ihm nicht bekannt war oder das erst nach der Errichtung der testamentarischen oder erbvertraglichen Anordnung geboren wurde (§ 2079 Satz 1 BGB). Wenn der Testierende aber bewusst beispielsweise einen Sohn, eine Tochter oder seinen Ehegatten nicht in seinem Testament oder Erbvertrag bedacht hat, kann der Übergangene zwar nicht anfechten, aber gegen die Erben seinen Pflichtteil geltend machten (S. 153 ff.).

Der Fall aus der Praxis: Vater und Mutter hatten ein Berliner Testament errichtet, sich also für den ersten Erbfall gegenseitig zu Alleinerben und für den zweiten Erbfall ihren einzigen Sohn zum Alleinerben eingesetzt. Nach dem Tod ihres Ehegatten kann die Mutter ihre Erbeinsetzung des Sohnes wegen der Bindungswirkung des Ehegattentestamentes nicht mehr widerrufen (S. 32 f.). Sie kann sich selbst ein Anfechtungsrecht schaffen, in dem sie ihren neuen Lebensgefährten heiratet. Dieser ist als neuer Ehegatte pflichtteilsberechtigt, so dass die Mutter sich auf den Anfechtungsgrund „Übergehen eines Pflichtteilsberechtigten" berufen kann. Bei Ehegattentestamenten und Erbverträgen können bereits lebzeitig Anordnungen angefochten werden, was grundsätzlich sonst nicht möglich ist.

2. Wie wird angefochten? Wer darf das?

Wem der Wegfall einer Anordnung nach einer erfolgreichen Anfechtung zu Gute kommt, der darf nach dem Erbfall des Testierenden anfechten (§ 2080 Abs. 1 BGB). Das ist häufig der gesetzliche Erbe, wenn er durch das anzufechtende Testament enterbt wurde und durch die Anfechtung das ihn enterbende Testament nicht mehr zu berücksichtigen ist. Da dann die gesetzliche Erbfolge gelten kann, erbt der gesetzliche Erbe dann doch noch. Grundsätzlich ist eine Anfechtung erst nach dem Erbfall möglich, aber es bestehen Ausnahmen: Beim Ehegattentestament und Erbvertrag kann der Testierende unter Umständen selbst seine Anordnungen anfechten. Die Anfechtung ist dem zuständigen Nachlassgericht gegenüber zu erklären, wenn eine der folgenden Anordnungen anzufechten ist (§ 2081 BGB):

- Erbeinsetzung;
- Enterbung;
- Ernennung eines Testamentsvollstreckers;
- Auflage oder
- Widerruf einer dieser Anordnungen.

Formulierungsmuster für eine Anfechtungserklärung: Ich fechte als Sohn das Testament meines verstorbenen Vaters vom 10. Dezember 1999 in vollem Umfang an. Der Verstorbene setzte den Max Müller als Alleinerben ein, weil dieser ihm drohte, anderenfalls dessen sexuelle Praktiken an die Öffentlichkeit zu tragen. Der Verstorbene vertraute sich kurz vor seinem Tod seinem Freund, Bastian Schmidt an, auf dessen Zeugnis ich Bezug nehme.

Das Nachlassgericht nimmt die Anfechtungserklärung nur entgegen und nimmt sie – ohne Prüfung – in die Nachlassakte. Erst nachdem einer der Beteiligten einen Erbschein beantragt hat, prüft das Nachlassgericht, ob die Anfechtung wirksam war und welche Rechtsfolgen sie auslöst. Das Nachlassgericht erhält eine Gebühr von $\frac{1}{4}$ nach der Kostenordnung, wenn es eine Anfechtungserklärung entgegen nimmt (§ 112 Abs. 1 Nr. 2 KostO, S. 205).

Soll eine andere Anordnung als oben aufgelistet angefochten werden, muss die Anfechtung gegenüber dem Begünstigten der anzufechtenden Anordnung abgegeben werden. **Beispiel:** Wenn ein Vermächtnis angefochten werden soll, ist die Anfechtung gegenüber dem Begünstigten dieses Vermächtnisses zu erklären.

Besonderheiten beim Erbvertrag und Ehegattentestament: Ein Testierender kann eine seiner erbvertraglichen Anordnungen selbst anfechten, wenn diese „vertragsgemäß" ist, also wenn er sich gebunden hat. Seine Anfechtungserklärung muss er zunächst von einem Notar beurkunden lassen. Dann muss diese dem Vertragspartner zugehen; nach dem Tod des Vertragspartners dem Nachlassgericht (§§ 2282, 2283, 143 Abs. 2 BGB). Bei dem Ehegattentestament kann der anfechtungswillige Ehegatte wechselbezügliche Verfügungen wie Erbeinsetzung oder Vermächtnis nicht zu seinen Lebzeiten anfechten, wenn der andere Ehegatte noch lebt. Schließlich kann er seine wechselbezüglichen Verfügungen auch einseitig durch eine notariell beurkundete Erklärung widerrufen (§§ 2271, 2296 BGB). Diese Möglichkeit besteht nach dem Tod des anderen Ehegatten nicht mehr. Wie beim Erbvertrag kann der längerlebende Ehegatte deswegen seine eigenen wechselbezüglichen Verfügungen gegenüber dem Nachlassgericht durch eine notarielle Erklärung widerrufen.

> **Beraterhinweis:** Für testamentarische und erbvertragliche Anordnungen bedarf es keines Anfechtungsrechts, wenn diese nicht der Bindungswirkung des Erbvertrages oder Ehegattentestamentes unterliegen. Diese können durch jeden einzelnen frei widerrufen werden. So können entsprechende Anordnungen in einem handschriftlichen Testament getroffen werden.

3. Welche Fristen sind zu beachten?

Die Anfechtungsfrist beträgt **ein Jahr ab Kenntnis** des Anfechtungsgrunds (§ 2082 BGB). Danach kann die Anfechtung ggf. bei Vermächtnissen und Auflagen noch einredeweise geltend gemacht werden, so dass der Begünstigte nicht mehr den Erben erfolgreich verklagen kann (§ 2083 BGB). Wenn aber jemand auf sein Recht zur Anfechtung verzichtet hat, kann er es sich später nicht anders überlegen. Dann ist eine Anfechtung nicht mehr möglich.

4. Rechtsfolgen der Anfechtung

Die Anfechtung bewirkt die **Nichtigkeit** der angefochtenen Anordnungen, führt also zur rückwirkenden Beseitigung der einzelnen angefochtenen testamentarischen oder erbvertraglichen Anordnungen (§ 142 BGB). Bei der Anfechtung der Erbeinsetzung tritt beispielsweise zumeist die gesetzliche Erbfolge ein. Die übrigen nicht wirksam angefochtenen Anordnungen im Testament oder Erbvertrag bleiben im Zweifel wirksam (§ 2085 BGB; Ausnahme bei Übergehung eines Pflichtteilsberechtigten gemäß § 2079 BGB). Wenn in einem **Erbvertrag** eine vertragliche Anordnung angefochten wurde, wird dadurch der ganze Erbvertrag unwirksam (§ 2298 Abs. 1 BGB). Auch die Nichtigkeit einer wechselbezüglichen Verfügung, die durch die Anfechtung ausgelöst wurde, in einem **Ehegattentestament** führt dazu, dass die zu dieser nun nichtigen wechselbezüglichen Verfügung im Verhältnis stehende wechselbezügliche Verfügung des anderen Ehegatten ebenfalls unwirksam ist (§ 2270 Abs. 1 BGB).

VI. Ausschluss von der Erbfolge

Eine Person, die eigentlich durch Gesetz, Testament oder Erbvertrag zum Erben berufen ist, geht in den folgenden Fällen leer aus:

1. Erbverzicht

Durch einen Erbverzicht verzichtet ein potenzieller gesetzlicher Erbe auf sein **künftiges gesetzliches Erbrecht,** indem er einen Verzicht mit dem künftigen Verstorbenen – oftmals Vater, Mutter oder Ehegatte – von einem Notar beurkunden lässt (§ 2346 Abs. 1 BGB). Dadurch fällt der Verzichtende als Erbe weg und verliert sowohl seinen Erb- als auch seinen Pflichtteilsanspruch. Dieser Erbverzicht wirkt auch zu Ungunsten der eigenen Kinder des Verzichtenden aus, sofern nichts anderes vereinbart ist (§ 2349 BGB). Dieser Verzicht kann unwirksam sein, wenn beispielsweise der künftige Verstorbene den Verzichtenden über sein Vermögen getäuscht hat. In der Regel hält aber ein solcher Verzicht. In der Praxis erhalten Verzichtende häufig als Gegenleistung eine Abfindung.

> **Beraterhinweis:** In der Praxis gebräuchlicher ist lediglich der Verzicht auf den Pflichtteil (§ 2346 Abs. 2 BGB). Der Erbverzicht ist zumeist deswegen nicht erforderlich, da ein potenzieller Erbe auch durch Testament oder Erbvertrag enterbt werden kann. Der Pflichtteilsverzicht hat den weiteren Vorteil, dass sich die Pflichtteilsquoten der übrigen gesetzlichen Erben dadurch nicht erhöhen.
>
> **Beraterhinweis zum Verhältnis zum Ehevertrag:** Von einem Pflichtteilsverzicht ist aber nicht gleichzeitig der Verzicht auf den Zugewinnaus-

gleichsanspruch unter Ehegatten umfasst. Dazu ist ein Ehevertrag erforderlich. In einem Ehevertrag kann gleichzeitig auch der Pflichtteilsverzicht vereinbart werden.

Wenn jemand als Erbe oder Vermächtnisnehmer durch Testament oder Erbvertrag berufen ist, so kann er auf dieses Recht durch einen notariellen **Zuwendungsverzicht** verzichten (§ 2352 BGB). Dieser Verzicht kommt insbesondere dann in Betracht, wenn der Testierende testier- und/oder geschäftsunfähig geworden ist und deshalb die Begünstigung nicht selbst widerrufen kann.

2. Erbunwürdigkeit

Einem Erben kann seine bereits angefallene Erbschaft wieder entzogen werden, wenn er erbunwürdig ist (§§ 2339–2345 BGB). Dazu muss dieser sich gewisser schwerer, die Testierfähigkeit beeinträchtigender Verfehlungen gegen den Verstorbenen schuldig gemacht haben. So ist jemand erbunwürdig,

- wenn er den **Verstorbenen getötet** hat oder das zumindest versucht hat;
- wenn er den Verstorbenen bis zu dessen Tode in einen Zustand versetzt hat, dass dieser kein Testament oder Erbvertrag errichten konnte;
- wenn er den Verstorbenen durch **Gewalt, Täuschung oder Drohung** daran gehindert hat, ein Testament oder einen Erbvertrag zu errichten oder aufzuheben;
- wenn er den Verstorbenen durch Gewalt, Täuschung oder Drohung veranlasst hat, ein Testament oder einen Erbvertrag zu errichten oder aufzuheben;
- wenn er ein **Testament** oder einen Erbvertrag des Verstorbenen **gefälscht** oder verfälscht hat.

Die Rechtslage ist bei einem **Vermächtnisnehmer** wie bei einem Erben: Wenn bei einem Vermächtnisbegünstigten ein solcher Grund vorliegt, geht auch er leer aus (§ 2345 Abs. 1 BGB). Die Erbunwürdigkeit tritt nicht automatisch ein. Diese muss vielmehr nach dem Erbfall durch eine **Anfechtungsklage** von denen geltend gemacht werden, die von dem Wegfall profitieren. Dazu haben sie ein Jahr

Zeit, nachdem sie von den Anfechtungsgründen erfahren haben. Im Erfolgsfalle wird der Erbfall – rückwirkend – so abgewickelt, als ob der Erbunwürdige nie gelebt hätte (wie bei der Ausschlagung, § 2344 BGB). Er bekommt dann nicht einmal seinen **Pflichtteil** (§ 2345 Abs. 2 BGB).

Kapitel 3.
Nach dem Erbfall

Dieses Kapitel behandelt das Stadium nach dem Erbfall, wenn feststeht, wer als Erbe in Betracht kommt. Die zentrale Anlaufstelle ist dann das Nachlassgericht aus dem Bezirk, wo der Verstorbene seinen letzten Wohnsitz hatte. Ein Testament ist beim Nachlassgericht abzugeben. Ein potenzieller Erbe hat sich zu entscheiden, ob er die Erbschaft annimmt oder ausschlägt. Der endgültige Erbe kann einen Erbschein beantragen, wenn es sich anderen Personen gegenüber als Rechtsnachfolger des Verstorbenen legitimieren muss. Wenn die Erben unbekannt sind, muss das Nachlassgericht eingreifen. Die Einzelheiten werden in diesem Kapitel behandelt.

I. Sofortmaßnahmen unmittelbar nach dem Erbfall

Ist jemand gestorben, müssen die nächsten Angehörigen einiges sofort erledigen. So ist ein Arzt zu benachrichtigen, der die Todesursache und den **Totenschein** ausstellt, auch als Leichenschau-Bescheinigung bezeichnet. Bei dem Tod im Krankenhaus erledigt dies ein Klinikarzt. Bestehen Anhaltspunkte für einen unnatürlichen Tod, sind Polizei oder Staatsanwaltschaft zu verständigen; eine Obduktion kann dann erforderlich sein. Der Tod muss dem **Standesamt** spätestens am dritten auf den Todestag folgenden Werktag angezeigt werden, wobei der Totenschein vorzulegen ist. Dann erteilt das Standesamt die **Sterbeurkunden** (§ 28 Personenstandsgesetz). Zuständig ist das Standesamt, in dessen Bezirk der Tod sich ereignet hat. Bei dem Tod in einem Krankenhaus, Alters- oder Pflegeheim hat die Einrichtung den Sterbefall schriftlich anzuzeigen (§ 30 Personenstandsgesetz). Andernfalls trifft diese Pflicht denjenigen, mit dem der Verstorbene in häuslicher Gemeinschaft gelebt hat, in dessen Wohnung sich der Sterbefall ereignet hat oder andere Personen, die bei dem Sterbefall zugegen waren oder davon aus eigenem Wissen unterrichtet sind (§ 29 Personenstandsgesetz). Ein Bestat-

tungsunternehmen kann dafür beauftragt werden. Da die Sterbeurkunden verschiedenen Stellen vorgelegt werden müssen, empfiehlt
es sich, gleich mehrere Sterbeurkunden zu beantragen. Die Gebühren sind niedrig.

Derjenige, der zur **Totenfürsorge** berechtigt ist, hat die **Bestattung**
zu organisieren und die letzte Ruhestätte zu bestimmen. Der Verstorbene kann jemanden mündlich oder schriftlich beauftragt haben. Andernfalls obliegt den nächsten Angehörigen in folgender
Reihenfolge diese Aufgabe: Ehegatte, Kinder, Eltern, Geschwister
usw. Der Erbe ist nicht in jedem Fall auch totenfürsorgeberechtigt,
muss aber die Kosten einer „standesgemäßen" Bestattung aus dem
Nachlass bezahlen! Sämtliche mit der Bestattung zusammenhän-
gende Aufgaben können einem Bestattungsinstitut übertragen werden.

> **Beraterhinweis:** Das Sterbegeld der gesetzlichen Krankenversicherun-
> gen wurde gestrichen; ggf. hat der Verstorbene einen Vorsorgevertrag mit
> einem Bestattungsinstitut oder einer Sterbegeldversicherung geschlos-
> sen.

Unverzüglich nach dem Tod können auch Versicherungen zu benachrichtigen sein, so insbesondere etwaige Lebens- und Unfallver-
sicherungen.

Testamente sind unverzüglich bei dem Nachlassgericht im Original **abzugeben** (§ 2259 BGB; S. 51).

Vorläufiger Rechtsschutz: Direkt nach dem Erbfall können Rechts-
verletzungen unmittelbar eintreten. Denkbar ist,

- dass ein Miterbe in ein Nachlass zugehöriges Haus einzieht und
  eine Mitbenutzung durch die anderen Miterben nicht zulässt;

- dass ein Nichtberechtigter meint, totenfürsorgeberechtigt zu sein,
  und beginnt, die Bestattung zu organisieren;

- dass jemand, der sich als Erbe hält, Gegenstände aus dem Nachlass verkaufen oder verschenken möchte, oder die Gefahr droht,
  dass dieser Erbschaftsbesitzer Gegenstände verschwinden lässt;

- dass jemand, der für den Verstorbenen einen Gegenstand verwahrt hat oder von dem Verstorbenen ein Darlehen erhalten hat,
  untertauchen könnte;

- dass jemand sich auf Grundlage eines Testamentes als Erbe betätigt, obwohl dies beispielsweise wegen Anfechtbarkeit nichtig ist (S. 40 ff.) oder der Verstorbene bei der Errichtung testierunfähig war (S. 24); oder
- dass ein eigentlich berufener Erbe tatsächlich erbunwürdig ist, was noch vom Gericht festzustellen ist (§ 2342 BGB; S. 44).

Bis ein Gericht nach Monaten oder Jahren eine rechtskräftige Entscheidung über die streitigen Fragen getroffen hat, ist es oftmals zu spät. Dafür bietet der vorläufige Rechtsschutz eine **Sicherungsmöglichkeit**, und zwar durch eine **einstweilige Verfügung**, einen **Arrest** oder eine Unterlassungsverfügung. So kann ein Nachlassgegenstand an einen Sequester herausgegeben werden müssen. Soweit Grundstücke betroffen sind, ist eine einstweilige Verfügung auf Eintragung eines Widerspruchs in das Grundbuch möglich (§ 899 BGB). Wer aber unberechtigt Maßnahmen des vorläufigen Rechtsschutzes betreibt, dem drohen Schadensersatzansprüche (§ 945 ZPO).

II. Nachlassgericht als zentrale Anlaufstelle

Das Nachlassgericht nimmt für Erbfälle eine zentrale Rolle ein. Bereits zu Lebzeiten kann ein Testierender dort sein Testament in die amtliche Verwahrung geben (§ 2300 BGB; § 342 Abs. 1 Nr. 1 FamFG). Dadurch wird sichergestellt, dass das Testament nach dem Erbfall auch beachtet wird. Der Schwerpunkt der Aufgaben des Nachlassgerichts besteht aber nach dem Erbfall.

Folgende **Erklärungen** und Eingaben der Verfahrensbeteiligten nimmt es u. a. entgegen (vgl. § 342 Abs. 1 Nr. 5 FamFG):
- Ausschlagung der Erbschaft (§ 1945 BGB) sowie Anfechtung der Annahme oder der Ausschlagung (§§ 1955, 1956 BGB; S. 55 ff.);
- Anfechtung eines Testaments oder Erbvertrags (§§ 2081, 2281 BGB; S. 40 ff.);
- Annahme, Ablehnung und Kündigung des Testamentsvollstreckeramtes (§§ 2202, 2226 BGB; S. 122 ff.);
- Nachlassinventar und Protokollierung der eidesstattlichen Versicherung des Erben über die Vollständigkeit (§§ 1993, 2006 BGB; S. 93).

Auf Antrag oder auch von Amts wegen führt das Nachlassgericht unter anderem folgende **Verfahren** durch oder leitet diese ein:

- Nachlasssicherung (§ 1960 Abs. 1 BGB; § 342 Abs. 1 Nr. 2 FamFG);
- Nachlasspflegschaft (§ 1961 BGB; § 342 Abs. 1 Nr. 2 FamFG; S. 59 f.);
- Anordnung der Nachlassverwaltung (§ 1981 BGB; S. 91);
- Eröffnung und Verkündung eines Testamentes oder Erbvertrages (§§ 2260–2262 BGB; § 342 Abs. 1 Nr. 3 FamFG; S. 51 ff.);
- Ermittlung von Erben (§ 342 Abs. 1 Nr. 4 FamFG);
- Erteilung eines Erbscheins oder eines Testamentsvollstreckerzeugnisses (§§ 2353 ff., 2368 BGB; § 342 Abs. 1 Nr. 6 FamFG; S. 62 ff.);
- Entlassung eines Testamentsvollstreckers (§ 2227 BGB);
- Einziehung und Kraftloserklärung eines Erbscheins (§ 2361 BGB) und auch eines Testamentsvollstreckerzeugnisses (§ 2368 BGB); und
- Gerichtliche Auseinandersetzung eines Nachlasses (§§ 342 Abs. 2 Nr. 1, 363 FamFG; S. 150).

a) Erleichterung durch die freiwillige Gerichtsbarkeit

Das Nachlassgericht ist innerhalb der „freiwilligen Gerichtsbarkeit" tätig; es kann so freier arbeiten und ist nicht an die strengen Vorschriften der Zivilprozessordnung (ZPO) gebunden. Seit dem 1. September 2009 ergeben sich die Verfahrensvorschriften aus dem „Gesetz über das Verfahren in Familiensachen und in den Angelegenheiten der freiwilligen Gerichtsbarkeit" – oder kurz: FamFG. Das hat das „Gesetz über die Angelegenheiten der freiwilligen Gerichtsbarkeit" (FGG) abgelöst.

Im Gegensatz zum „normalen" streitigen Verfahren vor dem Zivilgericht mit der ZPO herrscht **kein Anwaltszwang.** Wegen des **Untersuchungsgrundsatzes** ist das Gericht nicht an die Beweisanträge der Beteiligten gebunden, also an deren Zeugen, Sachverständige, Urkunden, Augenschein und Parteivernehmung. Vielmehr ermittelt das Gericht (auch) aus eigener Veranlassung („von Amts wegen" gem. § 26 FamFG). Sogar durch Telefonate kann sich das Gericht informieren und danach eine Entscheidung treffen. In einem Zivilprozess ist das undenkbar. Verfahren in der freiwilligen Gerichtsbarkeit sind zumeist wesentlich **günstiger** als Klagen nach der ZPO. Die Kosten von gegnerischen Anwälten muss eine unterliegende Partei in vielen Fällen zumindest in der I. Instanz nicht übernehmen.

b) Das zuständige Amtsgericht

Das Nachlassgericht ist das **Amtsgericht** zumeist des **letzten Wohnsitzes** oder sonst des Aufenthaltes des Verstorbenen (§ 343 FamFG). Eine Besonderheit besteht in Baden-Württemberg, wo die Aufgaben des Nachlassgerichtes den Staatlichen Notariaten übertragen sind. Für deutsche Verstorbene ohne letzten Wohnsitz oder Aufenthalt im Inland ist das Amtsgericht Berlin-Schöneberg zuständig.

c) Einsicht in die Nachlassakte

Für jeden Erbfall führt das Nachlassgericht eine **Nachlassakte**. Einsicht in diese Akte bekommen diejenigen, die ein berechtigtes Interesse glaubhaft machen können (§ 13 FamFG). Das ist zumindest bei Erben nach dem Gesetz, auch wenn sie enterbt sind, und den testamentarischen Erben der Fall. Wer nur ein rechtliches Interesse vorweisen kann, kann eine Ausfertigung des **Erbscheins** oder Einsicht in das eröffnete Testament oder Erbvertrag verlangen (§ 357 FamFG). Das können beispielsweise Gläubiger, Vertragspartner oder Vermieter sein.

III. Testamentseröffnung

Das Nachlassgericht eröffnet jedes Testament und jeden Erbvertrag, einfach jedes Schriftstück, das sich äußerlich oder inhaltlich als Testament oder Erbvertrag darstellt (§ 2260 BGB; § 348 FamFG). Jedes eröffnete Testament und jeder eröffnete Erbvertrag wird durch einen Stempel mit einem Eröffnungsvermerk versehen. Zudem wird in dem **Eröffnungsprotokoll** vermerkt, welche Testamente und Erbverträge insgesamt eröffnet wurden. Bei einer weiteren, späteren Eröffnung – vielleicht weil ein Testament erst bei der Haushaltsauflösung des Verstorbenen gefunden wurde – wird ein weiteres Eröffnungsprotokoll angefertigt.

Zur Eröffnung kann das Gericht einen Termin bestimmen und hierzu die gesetzlichen Erben und weitere Beteiligte laden (§ 348 Abs. 2 FamFG). Das kommt aber selten vor. In diesem Fall erhalten die Anwesenden auch keine kostenlosen Kopien. Im Regelfall sendet das Gericht den potenziellen Erben und Beteiligten Kopien zu. Das Nachlassgericht soll das zuständige Finanzamt wegen der Erbschaftsteuer und das Grundbuchamt wegen der Grundbuchberichtigung informieren, sofern es Kenntnis über Nachlass zugehörigen Grundbesitz hat (§ 83 GBO).

Eine **Besonderheit besteht bei dem Ehegattentestament**, in dem in einem Dokument zwei Testamente enthalten sind. Nach der Eröffnung nach dem ersten Erbfall wird es wieder verschlossen, in die Verwahrung zurückgebracht und nach dem Tode des längerlebenden Ehegatten noch einmal eröffnet. Bei der Eröffnung im ersten Erbfall soll das Nachlassgericht darauf achten, dass Anordnungen, die erst im Zeitpunkt des zweiten Erbfalls wirksam werden, abgedeckt werden und so die Beteiligten nicht bereits schon zu Lebzeiten des Längerlebenden über dessen letzten Willen informiert werden (§ 2273 BGB, § 349 FamFG).

Auf unterschiedliche Wege gelangt ein Testament oder Erbvertrag zum Nachlassgericht:

- **Handschriftliche Testamente** können in der Wohnung des Verstorbenen, in einem Bankschließfach (nicht ratsam), bei Freunden oder woanders verwahrt werden. Wer von einem solch privat verwahrten Testament weiß und von dem Tod des Verstorbenen erfährt, ist **verpflichtet**, dieses beim Nachlassgericht **abzugeben** (§ 2259 Abs. 1 BGB). Andernfalls drohen Zwangsmaßnahmen durch das Nachlassgericht sowie die Strafbarkeit wegen Urkundenunterdrückung (§ 274 StGB). Diese Sanktionen können wiederum zum Verlust von Erb- und Pflichtteilsansprüchen führen. Unabhängig davon macht der pflichtwidrig Handelnde sich schadensersatzpflichtig (OLG Brandenburg, Beschluss vom 12. März 2008 – Az. 13 U 123/07). Abzuliefern ist jede Urkunde, die sich äußerlich oder nach ihrem Inhalt als Testament darstellt – unabhängig davon, ob es gültig, widerrufen oder gegenstandslos ist.
- Wer ein **Testament** bei einem **Notar** errichtet hat, sein handschriftliches Testament in die **amtliche Verwahrung** des Nachlassgerich-

tes gegeben hat oder bei einem Notar einen **Erbvertrag** geschlossen hat, der braucht sich über die Eröffnung seines letzten Willens keine Sorgen zu machen. Es kann dann nicht passieren, dass der letzte Wille unauffindbar ist oder vielleicht von einer Person vernichtet wird. Das Nachlassgericht erfährt vom Tod durch die Anzeige des Standesbeamten, Vorlage einer Sterbeurkunde durch einen Beteiligten oder durch eine andersartige Mitteilung. Durch ein **ausgeklügeltes System** ist sichergestellt, dass beim Nachlassgericht oder beim Notar verwahrte Testamente und Erbverträge auch tatsächlich eröffnet werden. Wenn ein Nachlassgericht ein Testament in seine Verwahrung nimmt, hat das Gericht das Standesamt des Geburtsortes des Verstorbenen von der Verwahrung zu unterrichten (§ 347 FamFG). Wenn wiederum der Standesbeamte des Geburtsortes von dem Standesamt des Sterbeortes vom Erbfall erfährt, informiert er über den Todesfall das Nachlassgericht oder den Notar. **Gerichtskosten:** Die Eröffnung löst eine Gebühr von $\frac{1}{2}$ nach der Kostenordnung aus (§§ 102, 103 KostO, S. 205).

IV. Das Zwischenstadium bis zur Annahme der Erbschaft

Der Erbe wird zwar in der Sekunde des Todes Rechtsnachfolger des Verstorbenen. Innerhalb einer kurzen **Überlegungsfrist** kann er sich gegen die Annahme der Erbschaft entscheiden und sich dann durch Ausschlagung der Erbschaft entledigen. Die vorläufige Erbenstellung des Ausschlagenden fällt dann rückwirkend weg. Andernfalls gilt die Erbschaft als angenommen. Er ist dann „endgültiger Erbe".

In dieser Zwischenzeit ist der **„vorläufige Erbe"** weder zur Verwaltung noch zur Erhaltung des Nachlasses verpflichtet. Wenn der vorläufige Erbe aber trotz seiner späteren Ausschlagung bereits vorher für den Nachlass tätig geworden ist, ist er dem endgültigen Erben gegenüber wie ein „Geschäftsführer ohne Auftrag" berechtigt und verpflichtet (§ 1959 Abs. 1 BGB). Beispielsweise muss der vorläufige Erbe dem endgültigen Erben die in der Zwischenzeit vereinnahmten **Zinsen** oder geerntete Früchte herausgeben. Zwingende **Auslagen** zugunsten des Nachlasses, die der vorläufige Erbe vorgestreckt hat, kann er später bei dem endgültigen Erben geltend machen (§§ 1959 Abs. 1, 681, 670, 257 BGB).

Der vorläufige Erbe ist nicht berechtigt, Gegenstände aus dem Nachlass zu verkaufen oder zu verschenken sowie Verbindlichkeiten des Nachlasses zu tilgen. Solche Geschäfte sind für den endgültigen Erben nur insoweit wirksam, wie sie dringlich und nicht hinausgeschoben werden konnten (§ 1959 Abs. 2 BGB). Das kann bei der Bezahlung des Bestatters oder bei der Veräußerung verderblicher Ware der Fall sein. Des Weiteren sind diese Geschäfte für den endgültigen Erben bindend, wenn der Erwerber nicht wusste, dass der vorläufige Erbe dazu nicht berechtigt war.

Darüber hinaus können Erklärungen, die Dritte gegenüber dem vorläufigen Erben abgegeben haben, auch für den endgültigen Erben wirksam sein (§ 1959 Abs. 2 BGB). Beispielsweise ist eine **Kündigung**, die eine Bank hinsichtlich eines Darlehens des Verstorbenen dem vorläufigen Erben gegenüber erklärt hat, auch für den endgültigen Erben verbindlich. Das gleiche gilt bei Anfechtungserklärungen und Mahnungen gegenüber dem vorläufigen Erben. Auch die muss der endgültige Erbe gegen sich gelten lassen.

Schulden des Verstorbenen können gegenüber dem vorläufigen Erben nicht gerichtlich geltend gemacht werden (§ 1958 BGB). Solche gerichtlichen Verfahren wären auch im Falle der späteren Ausschlagung gegenstandslos.

> **Beraterhinweis für potenzielle Erben:** Wer sich noch nicht entschieden hat, sollte sehr zurückhaltend sein, für den Nachlass tätig zu werden. Solche Aktivitäten können nämlich als Annahme der Erbschaft gewertet werden. Danach ist eine Ausschlagung nicht mehr möglich. Auch werden so Konflikte zwischen dem vorläufigen und dem endgültigen Erben vermieden, beispielsweise wegen Auslagenersatz.

V. Der endgültige Erbe

Jemand ist erst dann Erbe, wenn er die Erbschaft (konkludent) angenommen hat oder wegen Zeitablaufs nicht mehr ausschlagen kann. Der vorläufige Erbe ist in seiner Entscheidung frei. Sogar Gläubiger von Erben können einen potenziellen Erben nicht zur

Annahme zwingen, um den Erbanspruch pfänden zu können, oder die Ausschlagung wegen Gläubigerbenachteiligung anfechten (§ 83 Abs. 1 InsO).

1. Annahme der Erbschaft

Der vorläufige Erbe kann die Annahme der Erbschaft gegenüber dem Nachlassgericht oder anderen Nachlassbeteiligten erklären. Da die **Annahme formlos** erfolgen kann, kann sie auch in Handlungen, also konkludent, erkannt werden. Wenn ein vorläufiger Erbe für den Nachlass tätig wird, kann daher darin die Annahme gesehen werden. Dazu muss aus der Tätigkeit der Wille, Erbe zu sein, klar zu ersehen sein. Der Antrag auf Erlass eines Erbscheins ist etwa als konkludente Annahme zu sehen. Mit der Annahme verliert der Erbe das Recht der Ausschlagung. Auch wenn der potenzielle Erbe – vielleicht sogar unbewusst – die Frist verstreichen lässt, kann er nicht mehr ausschlagen; die Erbschaft gilt als angenommen (§ 1943 BGB).

2. Ausschlagung der Erbschaft

Mit der Ausschlagung kann der vorläufige Erbe rückwirkend seine Erbenstellung beseitigen. Ausschlagungen werden in der Praxis oftmals dann erklärt, wenn der Nachlass überschuldet ist oder vielleicht nur einen sehr geringen Wert aufweist und eine sehr streitige Auseinandersetzung beispielsweise mit Geschwistern zu erwarten ist. Durch eine taktische und zuvor genau vorbereitete Ausschlagung kann auch erreicht werden, dass einem anderen die Erbschaft zufällt. Ein potenzieller gesetzlicher Erbe kann auch nur eine testamentarische Erbeinsetzung ausschlagen und dafür sein gesetzliches Erbe annehmen (§§ 1948 Abs. 1 BGB). Möchte er in keinem Fall Erbe werden, muss er „aus allen Berufungsgründen" ausschlagen, was sowohl die testamentarische und erbvertragliche als auch die gesetzliche Erbstellung betrifft. Eine fachkompetente Beratung ist hierbei besonders wichtig.

Für eine Ausschlagung muss eine Erklärung **gegenüber dem für den Erbfall zuständigen Nachlassgericht** abgegeben werden, die zuvor entweder von einem Notar beglaubigt worden ist oder zur Niederschrift bei einem Nachlassgericht erfolgt ist (§ 1945 Abs. 1 BGB).

a) Fristen

Die Ausschlagung kann nur **innerhalb von sechs Wochen** erfolgen. Wenn der Erbe sich im Zeitpunkt des Erbfalls im Ausland aufhielt oder der Verstorbene nur dort seinen letzten Wohnsitz hatte, gilt eine sechs Monatsfrist (§ 1944 BGB). Nach dem FamFG muss die Ausschlagung nicht mehr zwingend vor dem für den Nachlass zuständigen Nachlassgericht erklärt werden, sondern kann auch bei dem Nachlassgericht abgegeben werden, das für den Wohnsitz des Ausschlagenden zuständig ist.

Nicht ganz einfach ist die **Bestimmung des Fristbeginns** (§ 1944 BGB). Die Frist beginnt mit dem Zeitpunkt, in dem der Erbe von dem Erbfall und dem Grund seiner Berufung zum Erben erfährt:

- **Bei gesetzlicher Erbfolge:** Wenn kein Testament und/oder Erbvertrag die Erbfolge bestimmen, ist der Zeitpunkt entscheidend, wenn der Erbe vom Erbfall erfährt und er weiß, in welchem Verhältnis er zu dem Verstorbenen stand (Verwandtschaft, Heirat). Weiter dürfen für ihn keine Anhaltspunkte für eine testamentarische oder erbvertragliche Erbfolge bestehen. Für eine vorsichtige Berechnung sollte man von dem Todestag ausgehen.

- Bei **testamentarischer oder erbvertragliche Erbfolge**: Die Frist beginnt nicht vor „Verkündung" des Testamentes oder des Erbvertrages durch das Nachlassgericht zu laufen. Der Erbe muss zumindest Kenntnis von der erfolgten Verkündung oder Eröffnung haben. Für eine vorsichtige Berechnung sollte man von dem Tag der Eröffnung des Testamentes oder Erbvertrages bei dem Nachlassgericht ausgehen.

b) Folge einer Ausschlagung

Durch die Ausschlagung fällt die Erbschaft rückwirkend demjenigen zu, der als Erbe berufen wäre, wenn der Ausschlagende zur Zeit des Erbfalls nicht (mehr) gelebt hätte (§ 1953 BGB). Wenn der Ausschlagende Kinder hatte, sind diese oftmals dann gesetzlich zu Erben berufen. Deswegen müssen dessen Kinder ebenfalls ausschlagen, um nicht Erbe zu werden. Für minderjährige Kinder schlagen als gesetzliche Vertreter deren Eltern aus. Beide Elternteile müssen ausschlagen, wenn beide sorgeberechtigt sind. Die Ausschlagung muss nur dann nicht von dem Familiengericht genehmigt werden, wenn das Kind nur deshalb Erbe geworden ist, weil ein Elternteil selber die Erbschaft ausgeschlagen hat (§ 1643 BGB).

Unzulässig ist es, die **Ausschlagung unter einer Bedingung** zu erklären (§ 1947 BGB). Auch kann eine Ausschlagungserklärung **nicht nur auf Teile** der Erbschaft beschränkt werden (§ 1950 BGB).

3. Anfechtung der Annahme oder der Ausschlagung

Wer später die (konkludente) Annahme oder Ausschlagung der Erbschaft bereut, kann diese Entscheidung möglicherweise anfechten. Eine Anfechtung ist beispielsweise in folgenden Situationen möglich:

- Der Erbe hat die Erbschaft konkludent durch schlüssiges Verhalten angenommen und hatte keinerlei Kenntnis von dem Recht der Ausschlagung (Inhaltsirrtum; § 119 Abs. 1 BGB).
- Der Erbe irrte über ein Verhalten, dass als konkludente Annahme verstanden wurde.
- Der Erbe hat die Ausschlagungsfrist versäumt, weil er sich über die Fristlänge irrte.
- Wenn der Erbe durch vorsätzliche und widerrechtliche Vorspiegelung, Entstellung oder Verschweigen von Tatsachen zur Abgabe der Erklärung der Annahme oder der Ausschlagung bewogen wurde, kann er anfechten (§ 123 Abs. 1 BGB).
- Der Erbe ist durch vorsätzliches und widerrechtliches Inaussichtstellen eines zukünftigen Übels zu einer Erklärung gezwungen worden.
- Der **Irrtum über die Überschuldung** des Nachlasses ist selbst **kein wirksamer Anfechtungsgrund**. Allerdings ist die Annahme dann anfechtbar, wenn sich der Irrtum auf die Zugehörigkeit von Nachlassgegenständen und -verbindlichkeiten zur Erbschaft als wertbildende Faktoren bezog (§ 119 Abs. 2 BGB). Vielleicht wusste der Erbe nichts von einem hohen Darlehen des Verstorbenen oder immensen Schadensersatzansprüchen, die gegen den Verstorbenen erhoben werden. Dann kann er möglicherweise erfolgreich anfechten. Nicht ausreichend ist es aber, wenn der Erbe den Wert der Nachlassgegenstände falsch eingeschätzt hat.

Der Fall aus der Praxis: Der Sohn hatte das Erbe nach seiner Mutter aus-geschlagen, weil er den Nachlass für „wohl eher überschuldet hielt". Nachdem sich ein Nachlasswert von 128.691,92 € herausstellte, erklär-te er die Anfechtung seiner Ausschlagungserklärung. Er habe den Nach-lass irrtümlich für überschuldet gehalten. Seine Mutter habe lebzeitig be-tont, dass sie kein Vermögen besitze. Das Gericht ließ die Anfechtung nicht zu. Schließlich habe den Sohn ein Kriminalbeamter über einen „grö-ßeren Geldbetrag auf dem Girokonto der Mutter" direkt nach dem Erbfall informiert. Der Irrtum über die Größe des Nachlasses berechtige nicht zur Anfechtung (OLG Düsseldorf, Beschluss vom 5. September 2008 – Az. 3 WX 123/08).

Unbeachtlich ist ein Irrtum über die Person, der die Erbschaft als Folge der Ausschlagung zufiel. Auch Irrtümer über die erbschaft-steuerlichen, pflichtteilsrechtlichen oder güterrechtlichen Auswir-kungen der Annahme oder der Ausschlagung berechtigen nicht zur Anfechtung.

Die **Anfechtungsfrist** beträgt sechs Wochen und beginnt im Falle einer Drohung, wenn die Zwangslage weggefallen ist, und in den übrigen Fällen, wenn der Berechtigte von dem Anfechtungsgrund erfährt (§ 1954 BGB). Die **Anfechtung** muss **gegenüber dem Nach-lassgericht** in gleicher Form wie die Ausschlagung erklärt werden, also entweder zur Niederschrift des Nachlassgerichts oder durch eine notariell beglaubigte Erklärung (§§ 1955, 1945 BGB). Die wirk-same Anfechtung der Annahme gilt als Ausschlagung der Erbschaft, die Anfechtung der Ausschlagung als Annahme der Erbschaft (§ 1957 BGB).

4. Kosten der Ausschlagung und der Anfechtung

Das Nachlassgericht erhält jeweils eine Gebühr von $\frac{1}{4}$ nach der Kostenordnung, wenn es eine Ausschlagungserklärung oder eine Anfechtungserklärung entgegennimmt (§ 112 Abs. 1 Nr. 2 KostO, S. 205). Wer die Ausschlagung vor einem Notar erklärt, trägt zu-sätzlich darauf die Mehrwertsteuer. Die Annahmeerklärung löst kei-ne Gebühren des Nachlassgerichtes aus.

5. Bei Überschuldung statt Ausschlagung Möglichkeiten der Haftungsbeschränkung nutzen

Die Ausschlagung ist nicht die einzige Möglichkeit für potenzielle Erben, sich vor den Schulden des Verstorbenen zu schützen. Das Gesetz sieht verschiedene Möglichkeiten vor, die Haftung des Erben nur auf das Nachlassvermögen zu begrenzen. So ist sichergestellt, dass Nachlassgläubiger nicht auf das Eigenvermögen des Erben zugreifen können.

> **Beraterhinweis:** Generell ist zu empfehlen, nicht auszuschlagen und besser die anderen Optionen der Haftungsbeschränkung zu nutzen. Dieses Thema wird ausführlich in einem späteren Kapitel dargestellt (S. 89 ff.). Wenn sich nach einer Ausschlagung herausstellt, dass der Nachlass werthaltig war, ist die Ausschlagung nur durch eine Anfechtung rückgängigmachbar. Eine Anfechtung ist oftmals nicht erfolgreich.

VI. Nachlasspflegschaft

Nach dem Erbfall kann über Wochen, Monate oder sogar Jahre unklar sein, wer den Verstorbenen tatsächlich beerbt hat. Die Erben können nicht feststehen, weil beispielsweise die Verwandtschaft des Verstorbenen als gesetzliche Erben nicht bekannt ist oder unter potenziellen Erben Streit über die Wirksamkeit eines Testamentes oder Erbvertrages besteht. In diesen Fällen bestellt das Nachlassgericht einen Nachlasspfleger (§ 1960 Abs. 2 BGB). Die Bestellung kann auch ein Gläubiger des Verstorbenen beantragen, damit er seine Ansprüche gegenüber dem Nachlass durchsetzen kann, bevor die endgültigen Erben feststehen. Zu Nachlasspflegern werden häufig Rechtsanwälte bestellt. Der Nachlasspfleger hat als der gesetzliche Vertreter bislang unbekannter endgültiger Erben insbesondere
- den Nachlass in Besitz zu nehmen;
- die Konten des Verstorbenen zu ermitteln;
- ein Nachlassverzeichnis zu erstellen und beim Nachlassgericht einzureichen (§ 1993 BGB);
- die erforderlichen Mitteilungen über den Erbfall an Behörden, Versicherungen, Vereine usw. zu versenden;

- erforderliche Vertragskündigungen vorzunehmen (Versicherungen, Abos, Telefonanschluss etc.);
- die Wohnung aufzulösen;
- den Nachlassgläubigern Auskunft über den Bestand des Nachlasses zu geben (§ 2012 Abs. 1 BGB) und
- Steuern zu bezahlen (§§ 34, 90 AO).

Welche Aufgaben der Nachlasspfleger zu übernehmen hat, hat das Nachlassgericht in der **Bestallungsurkunde** fixiert. Das Gericht kann auch mehrere Nachlasspfleger einsetzen. Weiter obliegt dem Nachlasspfleger in der Regel auch, die **unbekannten Erben zu ermitteln.** Da die Möglichkeiten von Nachlasspflegern bei der Erbenermittlung oftmals beschränkt sind, bedienen sich Nachlasspfleger hierzu der Hilfe von **Erbenermittlern.** Diese Genealogen verfügen über weite, internationale Netzwerke und sind hoch spezialisiert. Dadurch sind sie in der Lage, in vielen Fällen innerhalb von kurzer Zeit die gesetzlichen Erben zu ermitteln, auch wenn es sich bei diesen um sehr weit entfernte Verwandte handelt. Haben die Erbenermittler einen solchen potenziellen Erben ermittelt, schließen sie mit diesem einen Vertrag. Gegen Bekanntgabe des Verstorbenen und der weiteren Details erhalten die Erbenermittler im Erfolgsfalle einen Anteil vom Wert der Erbschaft.

Der Nachlasspfleger wird vom Nachlassgericht **beaufsichtigt** und erhält für seine Tätigkeit eine **Vergütung.** Für einige Geschäfte muss er sich die Zustimmung des Gerichts einholen.

VII. Nachweis der Erbenstellung

Der Erbe hat sich bei vielen Stellen zu legitimieren, dass er der „richtige" Rechtsnachfolger des Verstorbenen ist. Ein Erbnachweis ist für den Erben zur Berichtigung des Grundbuchs oder auch des Handelsregisters, gegenüber Kreditinstituten, Versicherungsgesellschaften, Behörden sowie weiteren Vertragspartnern des Verstorbenen erforderlich. Hierzu dient ein Erbschein. Da der Erlass eines Erbscheins durch das Nachlassgericht Wochen oder Monate dauern kann und vom Nachlasswert abhängige Gerichtsgebühren auslöst, sollte der Erbe oder sogar schon der Testierende überlegen, wie ein solcher Erbschein zu vermeiden ist.

Der Fall aus der Praxis: Ein Schuldner muss erst dann an den Erben seines Gläubigers leisten, wenn ihm gegenüber die Erbenstellung nachgewiesen ist. Der Verstorbene hatte jemandem ein Darlehen gewährt. Diese geerbte Darlehensforderung forderten die Erben von dem Darlehensnehmer unmittelbar nach dem Erbfall zurück. Dieser zahlte nicht, da die Erben ihre Erbstellung nicht nachgewiesen hatten. Seine Befürchtung: Nachher stellt sich heraus, dass diejenigen, die sich als Erben ausgeben, den Darlehensgeber tatsächlich gar nicht beerbt haben und er muss ein zweites Mal an die richtigen Erben das Darlehen zurückbezahlen. Die Erben waren zu ungeduldig und verklagten den Darlehensnehmer kurzerhand. Sie müssen die Kosten des Prozesses zahlen, urteilte das Kammergericht Berlin, obwohl ihnen diese Forderung zustand (Urteil vom 18. Februar 2009 – Az. 1 W 37/08). Der Darlehensnehmer durfte nämlich von den Erben einen Nachweis ihrer Erbenstellung etwa durch einen Erbschein verlangen und hatte daher keinen Grund zur Klage gegeben (§ 93 ZPO). Wenn nämlich der verstorbene Darlehensgeber durch Testament einen anderen zum Erben eingesetzt hätte, hätte der Darlehensnehmer riskiert, doppelt in Anspruch genommen zu werden.

1. Vorsorgevollmacht

Ein Erbschein ist in vielen Fällen dann nicht erforderlich, wenn der Verstorbene zu Lebzeiten durch eine Vorsorgevollmacht bereits seinen potenziellen Erben zu seinem Bevollmächtigten eingesetzt hat. Aus der Vollmacht sollte hervorgehen, dass diese über den Tod hinaus oder erst ab dem Tod wirksam ist (trans- bzw. postmortal). Der Bevollmächtigte kann dann für den Nachlass aufgrund der Vollmacht tätig werden. Beispielsweise kann er das Bankguthaben des Verstorbenen auf sein eigenes Konto oder auf das eines Dritten nach Maßgabe der testamentarischen oder erbvertraglichen Anordnungen überweisen.

Wenn der Bevollmächtigte aber nicht auch Erbe ist, entstehen oftmals Konflikte zwischen dem Bevollmächtigten und dem Erben. Ein Erbe kann die Vollmacht des Bevollmächtigten widerrufen, und zwar so, wie es der Verstorbene tun konnte. Der Erbe nimmt schließlich die Rechtsposition des Verstorbenen ein.

2. Testament oder Erbvertrag vom Notar

Wenn ein vom Notar beurkundetes Testament oder ein Erbvertrag vorliegt, kann der Erbe sich hiermit ausreichend gegenüber dem Grundbuchamt und dem Handelsregister legitimieren (Vorlage des Testaments und des Eröffnungsprotokolls erforderlich, § 35 Grundbuchordnung, § 12 HGB). Die Erbeinsetzung muss sich dann unmissverständlich aus dem Testament oder aus dem Erbvertrag ergeben. Auch andere Vertragspartner können oder müssen sogar dies als **Erbenlegitimation** akzeptieren. Kreditinstitute dürfen nach den Geschäftsbedingungen der Banken und Sparkassen die Vorlage eines Erbscheins grundsätzlich verlangen; sie können sich aber auch mit der Vorlage einer beglaubigten Kopie des Testamentes sowie des Eröffnungsprotokolls zufrieden geben (§ 5 AGB-Banken). Wenn ein Kreditinstitut ohne Vorlage eines Erbscheins an einen vermeintlichen Erben auszahlt, kann es später von dem wirklichen Erben in die Haftung genommen werden. Der neben dem Verstorbenen Berechtigte eines sogenannten „Oder-Kontos", also einem Gemeinschaftskonto mit Einzelverfügungsberechtigung, kann auch ohne Erbschein weiterhin über dieses Konto verfügen.

3. Erbschein

Der Erbschein ist ein auf Antrag erteiltes amtliches **Zeugnis** des Nachlassgerichts **über das Erbrecht des Erben** (§ 2353 BGB) und bezeichnet als solches den Verstorbenen und dessen Erben einschließlich deren Erbquoten. Beschränkungen durch eine Testamentsvollstreckung oder eine Vor- und Nacherbfolge gehen ebenfalls aus dem Erbschein hervor, nicht hingegen aufgrund von Vermächtnissen, Auflagen und Pflichtteilsansprüchen.

Muster:

Amtsgericht Düsseldorf

Gemeinschaftlicher Erbschein

Die am .... 2007 in Düsseldorf gestorbene, zuletzt in Düsseldorf wohnhaft gewesene

.... geb. .... geboren am 1922

ist beerbt worden von ihren Kindern

1. .... geb. ...., geboren am .... wohnhaft in ....

2. .... geb. ...., geboren am .... wohnhaft in ....

   ....

zu je $1/_2$-Anteil.

Düsseldorf, ... 2010

....

Richter am Amtsgericht

Innerhalb des Erbscheinsverfahrens werden folgende Fragen vom Nachlassgericht geprüft:

- Welches Testament oder welcher Erbvertrag ist maßgebend? Grundsätzlich ist auf die letzten Anordnungen vor dem Erbfall abzustellen.
- Ist ein Testament oder ein Erbvertrag nicht zu beachten, weil der Verstorbene sich selbst zuvor durch ein Ehegattentestament oder durch einen Erbvertrag **in seiner Testierfreiheit beschränkt** hat?
- Ist das Testament nichtig, weil beispielsweise der Verstorbene zum Zeitpunkt der Errichtung **testierunfähig** war?
- Bei einem **unklaren Wortlaut**: Welche Erbeinsetzung entspricht dem mutmaßlichen Willen des Verstorbenen durch Auslegung?
- Sind die beim Nachlassgericht eingegangenen **Anfechtungserklärungen** wirksam, so dass entweder einzelne Anordnungen, das gesamte Testament oder der gesamte Erbvertrag unwirksam oder nichtig sind?

Der Erbschein begründet die **gesetzliche Vermutung** positiv darauf, dass die bezeichneten Erben mit den ausgewiesenen Erbquoten den Verstorbenen beerbt haben. Negativ wird vermutet, dass andere Beschränkungen nicht bestehen, als sie aus dem Erbschein hervorgehen. Wenn beispielsweise keine Testamentsvollstreckung ausgewiesen ist, kann davon ausgegangen werden, dass der Verstorbene eine solche nicht angeordnet hat. Die Vermutungswirkung beginnt mit der Erteilung des Erbscheins und endet mit seiner Einziehung, Kraftloserklärung oder Herausgabe an das Nachlassgericht (§§ 2361, 2362 BGB).

Ein **Erbschein kann** aber auch **falsche Angaben enthalten**. Ein späteres Testament wird vielleicht erst dann gefunden, nachdem das Nachlassgericht einen Erbschein bereits auf Basis eines früheren Testamentes erlassen hat. Mit dem verbundenen öffentlichen Glauben eines Erbscheins werden aber gutgläubige Dritte geschützt. Gutgläubig ist jemand, der nicht weiß, dass entgegen dem im Erbschein ausgewiesenen Erben eine andere Person der wirkliche Erbe ist. Dieser Dritte kann daher Nachlassgegenstände, Rechte daran oder die Befreiung von einem zur Erbschaft gehörenden Recht von demjenigen gutgläubig erwerben, der sich durch einen Erbschein legitimieren kann (§ 2366 BGB). Das gleiche gilt, wenn der gutgläubige Dritte an dem im Erbschein ausgewiesenen Erben eine Leistung bewirkt (§ 2367 BGB). So kann eine Bank das Guthaben eines Nachlass zugehörigen Kontos an denjenigen auskehren, der sich durch einen Erbschein legitimieren kann. Der Schutz des Erbscheins entfällt, wenn der Dritte die Unrichtigkeit des Erbscheins kennt oder weiß, dass das Nachlassgericht die Zurückgabe des Erbscheins verlangt hat. Er ist dann nämlich bösgläubig.

a) Arten des Erbscheins

Das Gesetz sieht folgende Arten eines Erbscheins vor:

- Der **Alleinerbschein** ist das Zeugnis über das Erbrecht des Alleinerben.
- Der **Teilerbschein** bezeugt das Erbrecht eines von mehreren Miterben.
- Der **gemeinschaftliche Erbschein** führt alle Miterben mit ihren jeweiligen Erbquoten auf.
- Der Fremdrechtserbschein als gegenständlich beschränkter Erbschein kann für das im Inland befindliche Nachlassvermögen eines Ausländers beantragt werden, wenn fremdes Erbrecht anzuwenden und eine allgemeine internationale Zuständigkeit des Nachlassgerichts nicht gegeben ist (§ 2369 BGB).
- Ein Erbschein zum beschränkten Gebrauch kann beantragt werden, wenn dieser beispielsweise nur zur Verfügung über Grundstücke, im Grundbuch eingetragener Rechte oder zum Zwecke der Berichtigung des Grundbuchs gebraucht wird (§ 107 Abs. 3 KostO). Dies reduziert die Gebühren des Erbscheins. Dieser Erbschein wird im Gerichtsjargon „verbilligter Erbschein" genannt.

b) Antragsberechtigter Personenkreis

Das Nachlassgericht erteilt einen Erbschein nur auf Antrag (§ 2353 BGB). Diesen Antrag kann jeder Erbe, Testamentsvollstrecker, Nachlassverwalter, Insolvenzverwalter und auch Gläubiger, die bereits einen vollstreckbaren Titel gegen den verstorbenen haben, stellen. **Nicht zur Antragsstellung** berechtigt sind Vermächtnisnehmer, Pflichtteilsberechtigte, Auflagenbegünstigte, Käufer eines Nachlassgegenstandes, Nacherbe vor Eintritt des Nacherbfalls, das Finanzamt als Erbschaftsteuerstelle und der Nachlasspfleger bzgl. des Nachlasses, auf den sich die Nachlasspflegschaft bezieht.

c) Inhalt des Erbscheinantrages

Der Inhalt eines Erbscheinsantrages ist davon abhängig, ob der Erbe entweder gesetzlich oder testamentarisch/erbvertraglich erbt. Bei der **gesetzlichen Erbfolge** sind folgende Angaben erforderlich (§ 2354 BGB):

- Name des Verstorbenen und sein Todestag;
- Verwandtschafts- oder Ehegattenverhältnis zum Verstorbenen, damit das Nachlassgericht die Erbquoten berechnen kann;
- ob und ggf. welche Personen vorhanden sind oder waren, durch die der Antragsteller von der Erbfolge ausgeschlossen sein könnte oder dessen Erbteil gemindert würde. Es sind die Personen zu bezeichnen, die nur deshalb nicht als gesetzliche oder testamentarische Erben berufen sind, weil sie entweder zur Zeit des Erbfalls nicht mehr gelebt haben oder aus anderen Gründen weggefallen sind (etwa durch Ausschlagung, Erbunwürdigkeit, Erbverzicht);
- ob und welche Testamente oder Erbverträge des Verstorbenen vorhanden sind; und
- ob ein gerichtlicher Prozess über das Erbrecht des Antragstellers anhängig ist.

Bei der **gestalteten Erbfolge** ist das maßgebliche Testament oder der maßgebliche Erbvertrag in dem Antrag anzugeben (§ 2355 BGB). Auch etwaige weitere Testamente und Erbverträge sind bekannt zu geben, auch wenn der Verstorbene diese widerrufen hat. Wie bei der gesetzlichen Erbfolge auch, muss des Weiteren der Todestag genannt werden und ob ein gerichtlicher Prozess über das Erbrecht des Antragstellers anhängig ist. Notwendig sind auch Angaben über etwaig weggefallene Personen, durch die der Antragsteller von der Erbfolge ausgeschlossen oder sein Erbteil gemindert worden wäre. In dem Antrag müssen auch vom Verstorbenen angeordnete Beschränkungen wie die Anordnung der Nacherbfolge oder die Ernennung eines Testamentsvollstreckers angegeben werden.

Formulierungsmuster für einen Erbscheinantrag bei gestalteter Erbfolge:

In der Nachlasssache Otto Normalerblasser beantrage ich die Erteilung eines Erbscheins mit folgendem Inhalt:

Es wird bezeugt, dass der am 19. Dezember 2009 in Düsseldorf verstorbene, am 3. März 1925 geborene, zuletzt in Düsseldorf wohnhaft gewesene Otto Normalerblasser, wohnhaft in Düsseldorf, aufgrund Testamentes vom 1. September 1989 allein beerbt worden ist.

Begründung:

Der Verstorbene ist am 19. Dezember 2009 in Düsseldorf gestorben. Er hatte seinen letzten Wohnsitz in Düsseldorf und war deutscher Staatsangehöriger.

Nachweis: Beglaubigte Abschrift der Sterbeurkunde des Standesamts Düsseldorf vom 23. Dezember 2009

Der Verstorbene errichtete am 1. September 2009 ein privatschriftliches Testament, in dem er mich als Antragsteller zu seinem Alleinerben einsetzte. Das Nachlassgericht eröffnete das Testament am 4. Januar 2010.

Nachweis: Testament vom 1. September 2009, auf die Akten des Nachlassgerichts Düsseldorf, Az. … wird Bezug genommen.

Der Verstorbene hat das Testament von Hand geschrieben, mit Ort und Datum versehen und eigenhändig unterschrieben. Mir sind keine weiteren Verfügungen des Verstorbenen von Todes wegen bekannt. Es sind keine weiteren Personen weggefallen, die dem Erbrecht des Antragstellers vorgehen oder dieses mindern würden. Beschränkungen in Form einer Nacherbfolge oder Testamentsvollstreckung hat der Verstorbene nicht verfügt. Ich habe nach der Testamentseröffnung die Annahme der Erbschaft gegenüber dem Nachlassrichter erklärt.

Nachweis: Auf die o. g. Nachlassakte wird Bezug genommen.

Ein Rechtsstreit über das Erbrecht ist nicht anhängig. Im Ausland befindet sich kein Vermögen.

Ich versichere nach bestem Wissen und Gewissen, dass mir nichts bekannt ist, was der Richtigkeit der obigen Angaben entgegensteht, und erkläre mich sich bereit, die Angaben an Eides statt zu versichern. Jedoch bitte ich, mir die Abgabe einer eidesstattlichen Versicherung gemäß § 2356 Abs. 2 Satz 2 BGB zu erlassen. Der Wert des Nachlasses nach Abzug der Verbindlichkeiten beträgt ca. 180.000 € (Nachlasswert). Es wird gebeten, mir von dem Erbschein eine Ausfertigung und zwei beglaubigte Abschriften zu erteilen. Maßnahmen zur Sicherung des Nachlasses wurden nicht ergriffen und sind und waren auch nicht geboten.

Der Antragsteller muss die **Richtigkeit** seiner Angaben gegenüber dem Nachlassgericht **nachweisen** (§ 2356 BGB). Testamente und Erbverträge müssen im Original dem Nachlassgericht vorliegen. Der Nachweis weiterer Angaben erfolgt durch beglaubigte Abschriften der Geburts-, Ehe-, Lebenspartnerschafts- und Sterbeurkunden sowie vom Ehevertrag (§ 55 Abs. 1 Personenstandsgesetz; auch Nachweis durch Eintrag im Güterrechtsregister möglich). Diese Personenstandsurkunden erhält man jeweils bei dem Standesamt, bei dem der Eintrag geführt wird (§§ 55, 62 Personenstandesgesetz). Nach der geplanten elektronischen Vernetzung können diese Urkunden auch bei jedem anderen Standesamt bezogen werden.

Über andere Angaben muss der Antragsteller eine eidesstattliche Versicherung abgeben, und zwar entweder vor einem Notar oder vor dem Nachlassgericht. Bei der Abgabe vor dem Nachlassgericht erspart sich der Antragsteller die Mehrwertsteuer auf die ansonsten gleiche Gebühr (S. 205). Das Nachlassgericht macht nur sehr selten von der Möglichkeit Gebrauch, die eidesstattliche Versicherung zu erlassen (§ 2356 Abs. 2 BGB). Dann würde die entsprechende Gebühr nicht anfallen.

Beraterhinweis zum Erbschein: In einfachen Nachlasssachen ist den Erben zu empfehlen, selber beim Nachlassgericht den Erbschein zu beantragen. Dort müssen sie nur die hier angesprochenen Unterlagen vorlegen und sich selbst auch ausweisen können. Das Nachlassgericht übernimmt die erforderlichen Angaben dann in Formularen, so dass der Erbe seinen Antrag nicht selber formulieren muss. In nicht ganz einfach gelagerten Fällen ist die Beratung durch einen Rechtsanwalt oder Notar zu empfehlen.

---

d) Das Verfahren beim Nachlassgericht

Im Gegensatz zu einem „normalen" Zivilprozess gilt der Amtsermittlungsgrundsatz. Das Nachlassgericht hat daher von selbst die erforderlichen Tatsachen zu ermitteln, die geeignet erscheinenden Beweise aufzunehmen (§ 2358 BGB) und Dritte (Zeugen) anzuhören (§ 2360 BGB). So sind bei der gesetzlichen Erbfolge sämtliche gesetzlichen Erben **anzuhören**. Bei der gestalteten Erbfolge durch ein handschriftliches Testament soll das Gericht ebenfalls die gesetzlichen Erben anhören, da sie bei Unwirksamkeit des Testamentes Erbe wären (§ 2360 Abs. 2 BGB). Das gilt nicht, wenn die gestaltete Erbfolge auf einem notariellen Testament oder Erbvertrag beruht.

Innerhalb dieses Erbscheinsverfahrens **prüft das Gericht**, ob das Testament, der Erbvertrag, eine Ausschlagungs- oder auch eine Anfechtungserklärung etc. wirksam sind. Wenn jemand behauptet, der Verstorbene sei bei Errichtung des Testamentes oder Erbvertrages testierunfähig gewesen oder das Testament sei gefälscht, holt das Gericht Gutachten bei Sachverständigen ein.

Wenn das Nachlassgericht die beantragte Erbfolge für erwiesen erachtet und kein Beteiligter dem Erbscheinsantrag widersprochen hat, fasst es zunächst einen Beschluss ohne Begründung (§ 352 FamFG). Daraufhin wird der **Erbschein erteilt** und dem Antragsteller werden Ausfertigungen und ggf. beglaubigte Kopien übersandt.

Wenn aber ein **Beteiligter dem Erbscheinsantrag widersprochen hat**, erteilt das Nachlassgericht nicht sofort im Anschluss an den Beschluss – diesmal mit Begründung – den Erbschein. Der Beschluss wird dem Antragsteller und dem Widersprechenden zugestellt. Wenn gegen den Beschluss nicht innerhalb von einem Monat Beschwerde eingelegt wird (§§ 58, 63 FamFG), erteilt das Nachlassgericht den Erbschein. Wenn jedoch Beschwerde bei dem Nachlassgericht eingelegt wird, hat dann das zuständige Oberlandesgericht zu entscheiden (§ 119 Abs. 1 Nr. 1b GVG) – sofern das Nachlassgericht der Beschwerde nicht selbst abhilft (§ 68 Abs. 1 Satz 1 FamFG).

Wenn dem Nachlassgericht zufolge die Voraussetzungen für den beantragten Erbschein nicht vorliegen und dies Hindernis nicht behebbar ist, weist es den Antrag durch Beschluss zurück. Über die dagegen einzulegende Beschwerde entscheidet ebenfalls das Oberlandesgericht.

Wenn das Nachlassgericht noch weitere Unterlagen oder weitere Informationen benötigt, weist es im Regelfall den Antragsteller darauf hin.

Gegen die Entscheidung des übergeordneten Oberlandesgerichts kann ggf. die Rechtsbeschwerde beim Bundesgerichtshof eingelegt werden (§ 133 GVG).

e) Vergleich unter Erben

Bei einer unklaren Rechts- oder Sachlage können die Beteiligten das Erbscheinsverfahren durch Abschluss eines **Auslegungsvertrages** versuchen zu beeinflussen. Wenn der Inhalt dieses Erbenvergleichs dem letzten Willen des Verstorbenen entspricht und vertretbar ist, erlässt das Nachlassgericht auf dieser Basis oftmals einen Erbschein (BGH, Urteil vom 22. Januar 1986 – Az. IVa ZR 90/84). Letztlich ist es aber in seiner Entscheidung frei.

f) Kosten

Für den Erlass des Erbscheins wird eine Gebühr von $\frac{1}{1}$ nach der Kostenordnung ausgelöst (§ 107 KostO, S. 205). Eine Gebühr in gleicher Höhe wird für die ggf. abzugebende eidesstattliche Versicherung zusätzlich fällig (§ 49 KostO, § 2356 Abs. 2 Satz 1 BGB). Die Kostenberechnung erfolgt nach dem Wert des Nachlasses nach Abzug der Verbindlichkeiten. Wer nicht zu einem Notar geht, sondern direkt zum Nachlassgericht, erspart sich die Mehrwertsteuer auf die ansonsten gleichen Gebühren.

g) Wenn ein Erbschein unrichtig ist

Wenn sich später herausstellt, dass der Erbschein unrichtig ist, ist dieser vom Nachlassgericht einzuziehen (§ 2361 BGB; § 353 FamFG). In diesem Fall kann das Nachlassgericht auch den Erbschein für kraftlos erklären (§ 2361 Abs. 2 BGB). Wenn jemand meint, ein Erbschein sei unrichtig, kann er ohne eine zeitliche Begrenzung die Einziehung gegenüber dem Nachlassgericht anregen. Ein neuer Erbschein kann beantragt werden.

4. Klage vor dem ordentlichen Gericht

Die Vorteile des Erbscheinsverfahrens bestehen darin, eine relativ kostengünstige Entscheidung zu erlangen. Nachteilig wirkt sich beim Erbscheinsverfahren aus, dass ein Erbschein nicht rechtskräftig wird. Wenn sich später die Unrichtigkeit herausstellt, ist dieser ohne eine zeitliche Grenze einzuziehen.

Wenn zwischen potenziellen Erben beispielsweise streitig ist, wer mit welcher Quote den Verstorbenen beerbt hat oder ob eine Anfechtung greift, muss einer seinen Kontrahenten für eine rechtskräftige Entscheidung vor dem Zivilgericht verklagen (**Feststellungsklage**). Nach einem **rechtskräftigen Urteil** ist das Nachlassgericht bei seiner Erbscheinserteilung daran gebunden, soweit es die Klageparteien betrifft. Wenn gleichzeitig eine Klage über das Erbrecht anhängig ist und das Erbscheinsverfahren betrieben wird, kann das Erbscheinsverfahren ausgesetzt werden (§ 148 ZPO).

Kapitel 4.
Der endgültige Erbe

Mittlerweile hat der Erbe verschiedene Hürden genommen:

- Seine Erbenstellung begründet sich entweder auf die gesetzliche Erbfolge oder auf die durch Testament oder Erbvertrag gestaltete Erbfolge (Kapitel 2).
- Keiner hat seine Erbenstellung erfolgreich angefochten und der Erbe hat die Erbschaft angenommen, also nicht wirksam ausgeschlagen. Vielleicht kann er sich durch ein notarielles Testament, einen Erbvertrag oder einen Erbschein als Erbe legitimieren (Kapitel 3).

Es sind also sämtliche Nachlassgegenstände und -verbindlichkeiten des Verstorbenen in der Sekunde dessen Todes auf den Erben übergegangen. Wenn der Verstorbene ihn neben anderen zum Miterben eingesetzt hat, ist er Mitglied der **Erbengemeinschaft**, auf die die Rechte und Pflichten des Verstorbenen übergegangen sind (S. 131 ff.). Das gleiche gilt, wenn das Gesetz Verwandte und ggf. den Ehegatten zu Erben berufen hat.

I. Zusammensetzung des Nachlasses

Zum Nachlass, oftmals auch als Erbschaft bezeichnet, gehören die

- **Aktiva:** sämtliche dinglichen und persönlichen Vermögensrechte wie Immobilien, Bankguthaben, Aktien, Hausrat, Autos, Schmuck (§ 1922 BGB); und
- **Passiva:** sämtliche Verbindlichkeiten des Verstorbenen oder des Nachlasses wie Darlehen, Steuerschulden, Schadensersatzansprüche, Beerdigungskosten (§ 1967 BGB).

Der Erbe kann nicht wählen, dass er einzelne Aktiva oder einzelne Passiva nicht annimmt – entweder alles oder nichts.

1. Aktiva

Besonderheiten bestehen bei folgenden Vermögenswerten und Rechten:

- Bankrechtliche Ansprüche: Die Vermögenswerte des Verstorbenen aus **Giro-, Spar- und Depotkonten** gehen auf den Erben über, außer wenn der Verstorbene die Vermögenswerte einem Dritten geschenkt hat und dieser erst zum Zeitpunkt des Todes diese Vermögenswerte beanspruchen kann (S. 95 ff.). Miterben können über Konten nur gemeinsam verfügen und die Bank kann auch nur an die Erbengemeinschaft leisten. Auch der Auskunftsanspruch des Verstorbenen geht auf den Erben über, so dass er sich etwa die Kontoauszüge aus den letzten Jahren vorlegen lassen kann. Ehegatten führen oftmals ein Gemeinschaftskonto mit Einzelverfügungsmacht, das **Oder-Konto**. Der längerlebende Ehegatte kann dann alleine und sofort nach dem Erbfall das Guthaben vollständig abheben. Gesetzlich wird vermutet, dass das Guthaben zu gleichen Teilen den Kontoinhabern zusteht (§ 430 BGB). Bei einem Ehegattenkonto ist daher davon auszugehen, dass die Hälfte der Vermögenswerte in den Nachlass fällt. Wenn das Konto überzogen ist, fällt nach dieser Vermutung auch die Hälfte der Passiva in den Nachlass. Anders ist es, wenn dieses Oder-Konto vielleicht nur von einem Ehegatten gespeist wurde oder eine Vereinbarung unter den Ehegatten getroffen wurde. Dann fällt nur der Teil in den Nachlass, der aus dem Vermögen des Verstorbenen stammt oder sich aus dieser Vereinbarung ergibt. Bei einem **Und-Konto** sind die Kontoinhaber nur gemeinsam verfügungsbefugt. Nur der Anteil des Verstorbenen an der gemeinschaftlichen Einlage ist Teil des Nachlasses.
- Urheber- und Schutzrechte sind vererblich.
- Auch ein **Steuerrückzahlungsanspruch** des Verstorbenen steht dem Erben zu.
- **Restitutionsansprüche**, die dem Verstorbenen aufgrund rechtswidrigen Verlustes von Vermögenswerten durch staatliche Maßnahmen zustehen, kann der Erbe geltend machen.
- **GmbH-Anteile** und **Aktien** sind frei vererblich. Besonderheiten bestehen bei einer Einziehungsklausel im Gesellschaftervertrag,

wonach im Falle des Todes eines Gesellschafters dessen Anteil von den übrigen Gesellschaftern eingezogen werden kann oder von den Erben auf einen Dritten zu übertragen ist. In diesem Fall kann in den Nachlass der Abfindungsanspruch fallen.

- Das einzelkaufmännische Unternehmen oder auch das Handelsgeschäft geht auf den Erben über (§ 22 HGB).

- Eine **BGB-Gesellschaft** wird durch den Tod eines Gesellschafters aufgelöst; der Erbe profitiert durch das anteilige Auseinandersetzungsguthaben nach der Auflösung. Zumeist haben die Gesellschafter in ihrem Gesellschaftsvertrag andere Rechtsfolgen als im Gesetz vorgesehen beim Tod eines Gesellschafters vereinbart (§ 727 BGB):
  - Bei einer **Fortsetzungsklausel** wächst der Anteil des verstorbenen Gesellschafters den übrigen Gesellschaftern zu. An die Erben geht lediglich der Abfindungsanspruch, der beschränkt oder sogar ausgeschlossen sein kann.
  - Bei einer **einfachen Nachfolgeklausel** geht der Gesellschaftsanteil des Verstorbenen auf die Erben über und die Gesellschaft wird mit den Erben fortgeführt.
  - Durch eine **qualifizierte Nachfolgeklausel** können die Gesellschafter vereinbart haben, dass beispielsweise nur deren Kinder zur Gesellschaftsnachfolge berechtigt sind. Ein Ehegatte kann dann nicht Rechtsnachfolger dieser Beteiligung werden.

- Der Tod eines Gesellschafters einer Offenen Handelsgesellschaft (**OHG**) oder der Tod eines Komplementärs, also eines persönlich haftenden Gesellschafters, einer Kommanditgesellschaft (**KG**) führt zum Ausscheiden des verstorbenen Gesellschafters aus der Gesellschaft (§§ 131 Abs. 2, 161 Abs. 2 HGB). Der Abfindungsanspruch fällt in den Nachlass des Verstorbenen. Bei dem Abfindungsanspruch handelt es sich um einen Geldzahlungsanspruch in Höhe der anteiligen Beteiligung des Verstorbenen am tatsächlichen Wert der Gesellschaft. In dem Gesellschaftsvertrag können die Gesellschafter vereinbart haben, dass dieser Abfindungsanspruch eingeschränkt oder sogar ausgeschlossen ist. Wenn der Verstorbene „nur" Kommanditist einer KG war, geht diese Gesellschaftsbeteiligung auf den Erben über; die KG wird mit den Erben fortgesetzt (§ 177 HGB). Abweichende Regelungen in den Gesellschafterverträgen sind möglich und auch üblich. In bestimmten Fällen kann der Erbe eines OHG-Gesellschafters und eines Komplementärs verlangen, dass ihm die Stellung eines Kommanditisten eingeräumt wird (Wahlrecht nach § 139 HGB).

- Besonderheiten sind auch bei Nachlass zugehörigen land- und forstwirtschaftlichen Betrieben im Sinne der Höfeordnung zu beachten. Die gesetzlichen Hoferben sind in § 5 HöfeO geregelt.

- Bei **Waffen** im Nachlass hat der Erbe die Vorschriften des Waffengesetzes zu beachten; er ist unter anderem verpflichtet, sich bei der zuständigen Behörde eine Waffenbesitzkarte ausstellen zu lassen oder eine Eintragung in eine bereits ausgestellte Waffenbesitzkarte vornehmen zu lassen.

- Vererblich sind auch **Schmerzensgeldansprüche** oder Schadensersatzansprüche, die dem Verstorbenen gegen Dritte zustehen. Bei einer Unfallversicherung fällt der in dem Unfall begründete Anspruch eines tödlich verunglückten Insassen in den Nachlass.

- Der Anspruch auf **Zugewinnausgleich** ist nach einer Scheidung vererblich (§ 1378 Abs. 3 BGB).

- Handelsvertreterprovisionen können vom Erben geltend gemacht werden.

2. Passiva

Der Erbe hat auch sämtliche Schulden und Verbindlichkeiten des Verstorbenen zu übernehmen und haftet für diese (§ 1967 BGB). Die Passiva werden in drei Gruppen aufgeteilt:

- Zu den **Erblasserschulden** zählen alle Verbindlichkeiten, die schon **vor dem Erbfall** beim Verstorbenen entstanden waren und damit beim Erbfall nach Grund und Höhe bestanden (etwa Darlehen, Kaufpreis- oder Steuerschuld). Zumindest aber muss der Entstehungstatbestand dem Verstorbenen zuzurechnen sein.

- Die **Erbfallschulden** entstehen erst **mit dem Erbfall.** Hierzu zählen etwa Beerdigungskosten, Erbschaftsteuer, der durch den Tod ausgelöste Zugewinnausgleichsanspruch, Pflichtteilsansprüche und Vermächtnisse. Kosten der gerichtlichen Testamentseröffnung, der Inventarerrichtung oder des Testamentsvollstreckers stellen als **Erbschaftsverwaltungsschulden** eine Untergruppe dar.

- Eine **Nachlasserbenschuld** entsteht dann, wenn der vorläufige oder endgültige Erbe innerhalb der Verwaltung des Nachlasses eine Verbindlichkeit eingeht, die vom Standpunkt eines sorgfältigen Verwalters der ordnungsgemäßen Verwaltung des Nachlasses dient. Für diese Verbindlichkeiten haftet neben dem Nachlass auch das Eigenvermögen des handelnden Erben.

Einzelfälle:

- **Öffentlich-rechtliche Zwangsgelder** gehen nicht auf den Erben über, auch wenn sie bereits dem Verstorbenen gegenüber festgesetzt sind.

- Ein Hilfsbedürftiger konnte auch dann **Sozialhilfe** beziehen, wenn er über ein kleines Vermögen verfügte. In diesem Fall ist aber der Erbe des Sozialhilfeempfängers zum Ersatz der Kosten der Sozialhilfe verpflichtet – soweit hierfür der Nachlass reicht (§ 102 SGB XII). Der Erbe muss deswegen nicht ausschlagen. Auch wenn zu Unrecht bezogene Sozialhilfe zurückgefordert wird, steht der Erbe in der Pflicht (§ 50 SGB X).

- Wenn für den Verstorbenen vom Vormundschaftsgericht zu Lebzeiten ein **Betreuer** bestellt worden ist und der Betreute mittellos war, erhielt der Betreuer seine Vergütung und Auslagenersatz aus der Staatskasse (§§ 1896, 1908i BGB). Im gewissen Rahmen kann die Staatskasse auf etwaig vorhandene Nachlassmittel zugreifen.

3. Unvererbliches

Einige Rechte und Pflichten des Verstorbenen gehen nicht auf den Erben über. Die wichtigsten Ausnahmen:

- Persönliche Rechte sind unvererblich, wie beispielsweise die Mitgliedschaft in einer landwirtschaftlichen Produktionsgenossenschaft.

- Auch von **Mitgliedschaften**, Unterhaltsansprüchen und Nießbrauchsrechten profitiert der Erbe nicht; mit dem Tod des Berechtigten erlöschen diese. Auch der Anspruch auf eine Leibrente entfällt meist.

- **Arbeits- oder Dienstverhältnisse** des Verstorbenen gehen nicht auf die Erben über. Ein Abfindungsanspruch gegenüber dem Arbeitgeber fällt jedoch in den Nachlass. Der Urlaubsabgeltungsanspruch des verstorbenen Arbeitnehmers ist nicht vererblich (§§ 1, 7 BUrlG).

• Der Arzt des Verstorbenen kann sich auf seine ärztliche Schweigepflicht den Erben gegenüber berufen. Den Erben steht aber dann ein Einsichtsrecht in die Krankenunterlagen des Verstorbenen zu, wenn dies entsprechende wirtschaftliche Belange rechtfertigt.

Der Fall aus der Praxis: Die Witwe ihres an Krebs erkrankten Ehemannes forderte nach dessen Tod den Arzt auf, ihr Kopien sämtlicher Krankenunterlagen zu geben. Damit wollte sie prüfen, ob der Arzt sich wegen möglicher Behandlungsfehler schadensersatzpflichtig gemacht hat. Der Arzt weigerte sich und berief sich auf die ihm obliegende ärztliche Schweigepflicht. Das OLG München gab der Witwe Recht (Urteil vom 9. Oktober 2008 – Az. 1 U 2500/08). Zwar gelte die ärztliche Schweigepflicht auch über den Tod hinaus. Da die Witwe aber die Auskunft zur Klärung eines vermögensrechtlichen Arzthaftungsanspruchs beanspruche, entspreche die Einsichtnahme in die Krankenunterlagen durch sie dem mutmaßlichen Willen des Verstorbenen.

II. Weitere Rechte des Erben

Durch den Erbfall stehen dem Erben neben den bereits dargestellten Vermögensgegenständen auch weitere Rechte zu:

1. Auskunftsansprüche

Der Verstorbene konnte von seiner Bank Auskünfte hinsichtlich seiner Konten und Depots verlangen. Falls der Verstorbene jemand anderen zu etwas beauftragt hatte, konnte er von diesem Informationen über seinen Auftrag beanspruchen. Der Erbe kann solche **Auskunftsrechte** wie der Verstorbene selbst geltend machen; diese haben sich **mit vererbt**. Gerade kurz nach einem Erbfall ist dieses Recht für den Erben besonders bedeutsam, da er sich oftmals nur so einen Überblick über den Bestand und letztlich auch Werthaltigkeit des Nachlasses verschaffen kann.

Gegenüber dem Erben ist auch derjenige auskunftspflichtig, der zur Zeit des Erbfalls mit dem Verstorbenen in **„häuslicher Gemeinschaft"** gelebt hat (§ 2028 BGB). Der Begriff „häusliche Gemeinschaft" ist weit auszulegen: Danach können Familienangehörige, Hausangestellte, Pflegepersonen und auch Untermieter auskunftspflichtig sein, wenn eine räumliche und persönliche Beziehung zum Verstorbenen zu vermuten ist. Diese Personen müssen darüber den Erben informieren, welche erbschaftlichen Geschäfte, wie die Beerdigungsorganisation, er geführt hat und was ihm über den Verbleib der Erbschaftsgegenstände bekannt ist. Der Erbe kann kein Verzeichnis sämtlicher Nachlassgegenstände oder eines gesamten Inventars verlangen. Vielmehr erstreckt sich diese Auskunftspflicht auf den Verbleib von Nachlassgegenständen. Wenn die Auskunft nicht vollständig und richtig ist, kann der Erbe die Abgabe einer Versicherung an Eides Statt von dem Auskunftspflichtigen verlangen.

Auch **Behörden** sind dem Erben auskunftspflichtig, so beispielsweise das Grundbuchamt wegen dem Verstorbenen gehörender Grundstücke (§ 12 Grundbuchordnung), das Handelsregister (§ 9 Abs. 1 HGB) und auch das **Nachlassgericht** (§ 13 FamFG). So kann der Erbe Einsicht in die vollständige Nachlassakte nehmen.

Auskunftsrechte stehen dem Erben auch gegenüber dem **Testamentsvollstrecker** zu, insbesondere auf ein Nachlassverzeichnis (S. 127). Die Auskunftsansprüche **unter Miterben** sind sehr eingeschränkt. Keinesfalls kann ein Miterbe von einem anderen Miterben ein Nachlassverzeichnis oder Auskünfte über ein Bankkonto verlangen, da er sich als Rechtsnachfolger selber diese Informationen verschaffen kann. Soweit Zuwendungen bei der Erbauseinandersetzung ausgleichspflichtig sind, müssen die Miterben untereinander sich gegenseitig Auskünfte erteilen (§ 2057 BGB). Pflichtteilsberechtigte sind dem Erben gegenüber eingeschränkt ebenfalls auskunftspflichtig; ihnen selbst hat der Erbe ein vollständiges Nachlassverzeichnis vorzulegen (§ 2314 BGB; S. 164 ff.). Dem Erben hat der **Erbschaftsbesitzer** ebenfalls Auskünfte zu erteilen (§ 2027 BGB; S. 81).

2. Widerruf von Vollmachten des Verstorbenen

Der Verstorbene kann einem oder mehreren Vertrauten Generalvollmacht erteilt haben. Der Bevollmächtigte konnte so Rechtsgeschäfte für den Verstorbenen tätigen. Spezielle Vollmachten werden oftmals über einzelne Bankkonten erteilt, wofür Banken eigene spezielle Formulare bereit halten. In der Vollmacht kann geregelt sein, dass die Vollmacht auch **über den Tod hinaus** wirksam ist oder vielleicht erst nach dem Tod wirksam werden soll. Ohne eine explizite Regelung erlischt die Vollmacht nicht durch den Tod des Vollmachtgebers (§ 672 BGB). Nach dem Erbfall vertritt der Bevollmächtigte die Erben, jedoch beschränkt auf den Nachlass.

> **Beraterhinweis:** Damit nach dem Erbfall der Nachlass sofort handlungsfähig ist, sollte der Verstorbene seinen Erben auch zu seinem Bevollmächtigten bestimmt haben. Es vergehen nicht erst viele Wochen, bis ein Erbschein zur Legitimation der Erben erlassen wurde. In vielen Fällen kann dadurch der Erbschein gespart werden. Auch der eingesetzte Testamentsvollstrecker kann bereits zu Lebzeiten von dem Erblasser bevollmächtigt werden.

Genauso, wie der Vollmachtgeber die **Vollmacht jederzeit widerrufen** konnte, ist nach dem Erbfall hierzu der Erbe berechtigt. Eine Ausnahme besteht dann, wenn sich aus dem der Vollmacht zugrunde liegenden Rechtsverhältnis etwas anderes ergibt (§ 168 Satz 2 BGB). Der Verstorbene kann auch mit seinem Bevollmächtigten den Ausschluss eines Widerrufsrechts vereinbart haben; das ist aber nicht bei Generalvollmachten zulässig, sondern nur bei Vollmachten für spezielle Geschäfte. Unmittelbar nach dem Erbfall sollte der Erbe sämtliche Vollmachten des Verstorbenen widerrufen, wenn er zu den darin bestimmten Bevollmächtigten kein Vertrauen hat. Andernfalls können die Bevollmächtigten dem Erben bei der Nachlassabwicklung behilflich sein.

3. Gegenüber Erbschaftsbesitzer

Jemand behauptet, selbst Erbe zu sein und hat deswegen entweder den gesamten Nachlass oder nur einzelne Nachlassgegenstände in seinen Besitz genommen. Erbe ist aber tatsächlich eine andere Person. Dem tatsächlichen Erben stehen gegenüber diesem „Erbschaftsbesitzer" spezielle Rechte zu (§§ 2018 ff. BGB). Ein Erbschaftsbesitzer ging entweder bei dem Erwerb des Vermögensgegenstandes davon aus, dass er Erbe ist, oder er hat rückwirkend seine Erbenstellung verloren – vielleicht nachdem er ausgeschlagen hat oder ein anderer erfolgreich das für ihn günstige Testament angefochten hat.

Der Erbschaftsbesitzer muss dem tatsächlichen Erben **Auskünfte** über den Bestand der Erbschaft und über den Verbleib der Erbschaftsgegenstände geben (§ 2027 BGB). Ferner kann der tatsächliche Erbe von dem Erbschaftsbesitzer die **Herausgabe** der Gegenstände verlangen, die der Erbschaftsbesitzer unrechtmäßig aus dem Nachlass besitzt (§ 2018 BGB). Der Erbschaftsbesitzer hat dem tatsächlichen Erben auch diejenigen Gegenstände herauszugeben, die er mit Mitteln aus der Erbschaft erworben hat (Surrogation, § 2019 BGB). Wenn beispielsweise der Erbschaftsbesitzer mit Geldern des Nachlass zugehörigen Bankkontos ein Auto bezahlt hat, erhält der tatsächliche Erbe nunmehr dieses Auto. Weiterhin hat der Erbschaftsbesitzer Zinsen, Miete, Früchte dem Erben herauszugeben, die er durch die Nachlassgegenstände bezogen hat (§ 2020 BGB). Wenn die Herausgabe von Natur aus unmöglich ist, besteht dieser Anspruch auf Wertersatz. So muss der Erbschaftsbesitzer beispielsweise für die **Nutzung** des Nachlass zugehörigen Autos dem tatsächlichen Erben später Geld bezahlen. Wenn der vermeintliche Erbe Geld aus dem Nachlass für sich verbraucht hat, hat er dies dem tatsächlichen Erben gegenüber zu ersetzen. Der Umfang der Rechte des tatsächlichen Erben hängt auch davon ab, ob der vermeintliche Erbe gutgläubig war oder wusste, dass er tatsächlich nicht der Erbe war. Andererseits kann der Erbschaftsbesitzer auch **Aufwendungsersatz** von dem tatsächlichen Erben beanspruchen, wenn er beispielsweise Nachlassverbindlichkeiten beglichen hat (§ 2022 BGB).

4. Weitere Ansprüche des benachteiligten Testaments- oder Erbvertragserben

Ein Testierender kann sich zu Lebzeiten selbst in seiner Testierfreiheit in einer Weise beschränkt haben, dass dies Auswirkungen auf die von ihm gemachten Schenkungen hat:
- Die Ehegatten haben ein **Berliner Testament** errichtet, nach dem sie sich im ersten Erbfall gegenseitig alleine beerben und im zwei-

ten Erbfall die gemeinsamen Kinder zu Erben zu gleichen Teilen eingesetzt haben. Nach dem ersten Erbfall darf der längerlebende Ehegatte wegen der Bindungswirkung der Erbeinsetzung der Kinder als wechselbezüglichen Verfügung nicht mehr die Erbquoten seiner Kinder verändern (S. 32 f.).

- Ein Testierender hat einen **Erbvertrag** mit einem Dritten geschlossen und diesen Dritten darin zu seinem Alleinerben eingesetzt. Ab Vertragsschluss ist er nicht mehr berechtigt, eine andere Person (auch) zum Erben oder Vermächtnisnehmer einzusetzen (S. 34).

Die Bindungswirkung, die beim Ehegattentestament mit dem ersten Erbfall und beim Erbvertrag mit Vertragsschluss eintritt, führt dazu, dass nachfolgende Schenkungen des Testierenden zwar wirksam sind (§ 2286 BGB). Allerdings kann der durch das Ehegattentestament oder den Erbvertrag eingesetzte Erbe von dem Beschenkten nach dem Erbfall die **Herausgabe dieses Geschenkes** verlangen, ferner ggf. Wert- oder Nutzungsersatz (§ 2287 BGB; bei dem Ehegattentestament entfalten nur wechselbezügliche Verfügungen diese Rechtsfolge, S. 31 f.). Entsprechend ist auch der in einem Erbvertrag eingesetzte **Vermächtnisnehmer** geschützt (§ 2288 BGB). Weitere Voraussetzung für diese Ansprüche ist, dass der Testierende mit seiner Schenkung den durch das Ehegattentestament oder den Erbvertrag Begünstigten beeinträchtigen wollte. Diese Beeinträchtigungsabsicht liegt sicherlich bei üblichen Geburtstagsgeschenken oder bei Unterstützung bedürftiger naher Angehörige nicht vor. Gleiches gilt, wenn der Testierende mit der Schenkung ein lebzeitiges Interesse verfolgt hat. Vielleicht wollte der Verstorbene den Beschenkten für dessen aufopferungsvolle Pflege ihm gegenüber belohnen.

Dieser Anspruch ist zudem **ausgeschlossen**, wenn

- der Testierende sich im Erbvertrag oder in dem Ehegattentestament vorbehalten hat, Schenkungen zu machen oder die Erbeinsetzung später ändern zu können,
- im Erbvertrag dieser Anspruch ausgeschlossen ist oder
- der potenzielle Erbe der Schenkung zugestimmt hat.

Der Anspruch **verjährt** in drei Jahren nach Anfall der Erbschaft (§ 2287 Abs. 2 BGB).

III. Pflichten des Erben

1. Die Wohnung des Verstorbenen

Der Mietvertrag des Verstorbenen endet mit seinem Tod nicht automatisch; vielmehr wird das Mietverhältnis **mit dem Erben fortgesetzt** (§ 564 BGB). Sowohl dem Erben als auch dem Vermieter steht dann ein außerordentliches Kündigungsrecht zu (Frist beträgt 3 Monate abzüglich 3 Werktage nach §§ 573d Abs. 2 Satz 1, 575a Abs. 3 Satz 1 BGB). Dieses ist innerhalb eines Monats auszuüben, nachdem sie von dem Tod des Mieters erfahren haben. Für folgende Konstellationen hat das Gesetz Sonderregelungen getroffen:

- **Nur der Verstorbene war Mieter:** Wenn Ehegatten oder Lebensgefährten in der Wohnung ihren „gemeinsamen Hausstand" hatten, dann tritt der Längerlebende automatisch in diesen Mietvertrag ein, auch wenn er nicht Erbe ist (§ 563 Abs. 1 Satz 1 BGB). Wenn der Längerlebende nicht eintritt, treten die in dieser Wohnung lebenden Kinder in den Mietvertrag ein (§ 563 Abs. 2 BGB, Sonderkündigungsrecht). Andernfalls treten andere Familienangehörige oder andere Personen, die mit dem Verstorbenen in der Wohnung lebten, in den Mietvertrag ein, wobei auch diesen ein Sonderkündigungsrecht zusteht. Falls jemand sein Sonderkündigungsrecht ausübt und kein anderer in den Vertrag eintritt, wird der Mietvertrag mit dem Erben fortgesetzt (siehe oben). Der Vermieter darf nur dann den in den Mietvertrag eintretenden Personen kündigen, wenn ein wichtiger Grund vorliegt (§ 563 Abs. 3 BGB).

- Wenn neben dem Verstorbenen mindestens eine weitere Person den Mietvertrag mit abgeschlossen hat, setzen die Längerlebenden das Mietverhältnis fort (§ 563a Abs. 1 BGB). Ihnen steht ein Sonderkündigungsrecht zu (§ 563a Abs. 2 BGB).

Wer in das Mietverhältnis eingetreten ist oder das Mietverhältnis fortgesetzt hat, haftet neben dem Erben für die bis zum Tod des Mieters entstandenen Verbindlichkeiten aus dem Mietverhältnis (§ 563b BGB).

In vielen Fällen kündigt der Erbe mit der gesetzlichen Frist (§ 564 BGB). Ihn treffen die gleichen Pflichten aus dem Mietvertrag wie den Verstorbenen. Neben der Übergabe kann der Erbe verpflichtet sein, die Wohnung noch zu renovieren.

> **Beraterhinweis:** Der Tod des Vermieters wirkt sich faktisch für den Mieter nicht aus. Der Erbe steigt auf Seiten des Vermieters in das Mietverhältnis ein.

2. Die Angestellten des Verstorbenen

Wenn ein Arbeitgeber gestorben ist, sind die Erben nicht zur fristlosen Kündigung seines Personals berechtigt. Vielmehr steigt der Erbe auf Seiten des Arbeitgebers in das Arbeitsverhältnis ein. Nur in solchen Fällen können die Erben fristlos kündigen, wenn die Arbeitsleistung nach ihrem Inhalt notwendig das Leben des Arbeitgebers voraussetzt. Das ist regelmäßig bei den Pflegekräften des Verstorbenen der Fall. Ob die Erben der Reinigungskraft des Verstorbenen fristlos kündigen können, ist nicht so eindeutig zu beurteilen. So kann die Reinigungskraft ihre Tätigkeit schließlich im Haushalt der Erben weiterführen.

> **Beraterhinweis, wenn ein Arbeitnehmer gestorben ist:** Der Tod eines Arbeitnehmers beendet dessen Arbeitsverhältnis!

Der Fall aus der Praxis: Schadensersatzansprüche der Erbin eines Arbeitnehmers gegen den ehemaligen Arbeitgeber wegen Beerdigungskosten bestehen auch dann nicht, wenn dessen Selbstmord möglicherweise durch eine unberechtigte, später zurückgenommene Kündigung und Mobbing ausgelöst wurde. Der Freitod eines Arbeitnehmers stelle regelmäßig keine adäquat kausale Folge einer sozial ungerechtfertigten Kündigung dar, so das Bundesarbeitsgericht in seinem Urteil vom 24. April 2008 (Az. 8 AZR 347/07). Etwas anderes könnte nur gelten, wenn es objektive, für Dritte erkennbare Anhaltspunkte für eine Suizidgefährdung des Arbeitnehmers gegeben hätte.

3. Berichtigungen des Grundbuches und der Handelsregister

Aus den bei dem Amtsgericht geführten Grundbüchern geht hervor, welches Grundstück oder welche Immobilie dem Verstorbenen gehörten. Durch den Erbfall ist das Grundbuch unrichtig geworden, da nunmehr der oder die Erben die Eigentümer der Immobilien und Grundstücke sind. Dem Erben ist auch die Berichtigung des Grundbuchs innerhalb von zwei Jahren nach dem Erbfall zu empfehlen, da solange keine Gebühren ausgelöst werden (§ 83 GBO). Es fällt unabhängig von Fristen keine Grunderwerbssteuer an (§ 3 Nr. 2 GrEStG). Von dieser Grundbuchberichtigung kann dann abgesehen werden, wenn der Grundbesitz demnächst veräußert werden oder die Auseinandersetzung des Nachlasses bei einer Erbengemeinschaft vorgenommen werden soll. Zu seiner eigenen Sicherheit wird ein potenzieller Käufer jedoch auf die vorherige Umschreibung der Grundbücher auf die Namen der oder des Erben bedacht sein.

Der Erbe hat auch das Handelsregister, was ebenfalls beim Amtsgericht geführt wird, zu berichtigen, wenn der Verstorbene beispielsweise Alleininhaber eines eingetragenen Handelsgeschäfts, Gesellschafter einer OHG oder Kommanditist oder Komplementär einer Kommanditgesellschaft (KG) war (§ 12 HGB). Entsprechendes gilt für die Gesellschafterliste einer GmbH.

4. Abgabe der Steuererklärung

a) Einkommensteuer des Verstorbenen

Der Erbe hat für den Verstorbenen die Einkommensteuererklärungen abzugeben. **Beispiel:** Der Verstorbene ist am 20. November 2009 verstorben und hat seine letzte Einkommensteuererklärung für das Jahr 2007 abgegeben. Dem Erben obliegt die Erklärung der Einkünfte des Verstorbenen für das Jahr 2008 und für den Zeitraum vom 1. Januar 2009 bis zum 20. November 2009. Die Einkünfte ab dem 21. November 2009 muss der Erbe in seiner eigenen Einkommensteuererklärung aufführen. Der überlebende Ehegatte kann grundsätzlich für das Jahr des Todes des anderen Ehegatten noch die Zusammenveranlagung (oder getrennte Veranlagung) wählen (§ 26 EStG). Wenn der Verstorbene von mehreren Personen beerbt wird, hat die Erbengemeinschaft die Einkünfte des Nachlasses bis zu ihrer Auflösung zu erklären. Sie hat jährlich eine „Erklärung zur gesonderten und einheitlichen Feststellung von Besteuerungsgrundlagen für die Einkommensbesteuerung" bei dem für die Erbengemeinschaft örtlich zuständigen Finanzamt abzugeben.

Sodann haben die Erben die auf sie entfallenden Einkünfte des Nachlasses in ihren eigenen Steuererklärungen anzugeben (§ 39 AO; § 180 AO).

b) Schwarzgeld im Nachlass

Immer wieder kommt es vor, dass in einem Nachlass Schwarzgeld auf **ausländischen Konten** auftaucht – prädestiniert können Bankverbindungen in der Schweiz, in Luxemburg und in Liechtenstein sein. Der Erbe ist zwar nicht verpflichtet, danach zu suchen. Wenn er auf der einen Seite aber umfangreiches Kapitalvermögen erbt und auf der anderen Seite die alten Steuerbescheide des Verstorbenen keine oder nur geringe Zinsen enthalten, muss sich für ihn der Verdacht einer Steuerhinterziehung aufdrängen.

Sobald also der Erbe bemerkt, dass der Verstorbene in seinen letzten Steuererklärungen Zinsen, Dividenden und weitere Kapitalerträge nicht angegeben hat, muss er dies dem Finanzamt anzeigen. Zudem muss er die alten Steuererklärungen um die bislang verschwiegenen Erträge berichtigen, damit das Finanzamt die nachzuzahlenden Steuern nebst Zinsen berechnen kann (§ 153 Abgabenordnung). Viel Zeit sollte er sich dabei nicht lassen, denn es droht ihm andernfalls die **eigene Strafbarkeit** wegen Steuerhinterziehung. So sollte er – wie es juristisch heißt – unverzüglich, also ohne schuldhaftes Zögern, dem Finanzamt gegenüber tätig werden. Dazu wird er die in Betracht kommenden Kreditinstitute anschreiben und um Auskünfte bitten. Der Erbe hat die bislang unversteuerten Erträge von einem Zeitraum von bis zu 10 Jahren vor dem Erbfall anzuzeigen und nach zu versteuern (vgl. § 170 Abgabenordnung). Die gleiche Pflicht trifft übrigens auch den Testamentsvollstrecker.

Beraterhinweis: Auch wenn dem Erben eine hohe Steuernachzahlung wegen Schwarzgeld aus dem Nachlass droht: Es ist dringend davon abzuraten, vor der Anzeige zu scheuen und das Schwarzgeld – dann als eigenes Schwarzgeld – fortzuführen. Das ist eine strafbare Handlung des Erben! Bei Anhaltspunkten für Schwarzgeld im Nachlass ist jedem Erben dringend zu raten, sofort einen Steuerberater oder einen Rechtsanwalt um Rat zu fragen. Ein Trost: Die Steuernachzahlung mindert zumeist als Nachlassverbindlichkeit die Erbschaftsteuerschuld (§ 10 Abs. 5 Nr. 1 ErbStG).

---

c) Erbschaftsteuererklärung

Dem Erben obliegt, die Steuererklärung für die Erbschaftsteuer abzugeben (§ 31 ErbStG). Die Erbschaft muss der Erbe innerhalb von drei Monaten, nachdem er Kenntnis von seiner Erbschaft erlangt hat, dem zuständigen Finanzamt anzuzeigen (§ 30 Abs. 1 ErbStG). Die gleichen Pflichten treffen auch die ebenfalls durch den Erbfall Begünstigten etwaigen Vermächtnisnehmer und Pflichtteilsberechtigten. Nur wenn zweifelsfrei feststeht, dass im konkreten Fall keine Steuer aufgrund von geringfügiger Nachlasswerte entstehen kann, entfällt in der Regel die Anzeigepflicht.

Ebenfalls besteht keine Anzeigepflicht, wenn der Erwerb auf einem von einem deutschen Gericht, einem deutschen Notar oder einem deutschen Konsul eröffneten Testament oder Erbvertrag beruht und sich darauf das Verhältnis des Erwerbers zum Verstorbenen unzweifelhaft ergibt (§ 30 Abs. 2 ErbStG). Von dem Erbfall erhält das Finanzamt auch durch entsprechende Verpflichtungen von Kreditinstituten, Standesämtern, Nachlassgerichten, Notaren etc. Kenntnis. Die Steuererklärung ist dann auf Anforderung des Finanzamtes abzugeben.

IV. Prozesse, Zwangsvollstreckung und Strafverfahren

Der Verstorbene kann eine andere Person vor Gericht verklagt haben oder selbst verklagt worden sein. Solche Prozesse enden durch den Tod des Klägers oder des Beklagten nicht. Lediglich das gerichtliche Scheidungsverfahren erledigt sich durch den Tod eines Ehegatten (§ 619 ZPO). Der **Prozess** wird durch den Tod einer Partei zunächst erst einmal **unterbrochen**, außer – und dies ist wiederum die Regel – der Verstorbene ließ sich durch einen Rechtsanwalt vertreten (§ 246 ZPO). Der Rechtsanwalt kann dann wiederum die Aussetzung des Verfahrens beim Gericht beantragen. Der Erbe kann jederzeit den Prozess weiterführen. In jedem Fall ist er an den Verfahrensstand des Prozesses gebunden, da er nunmehr die Position des Verstorbenen einnimmt. Wenn der Erbe untätig bleibt, setzt das Gericht früher oder später einen Termin an. Es kann dann ein **Versäumnisurteil** gegen den Erben ergehen.

Wenn der Verstorbene bereits zu seinen Lebzeiten einen **rechtskräftigen Titel** erstritten hat, kann der Erbe hieraus gegen den verurteilten Schuldner vorgehen. Dazu muss lediglich die Vollstreckungsklausel auf den Erben umgeschrieben werden (§ 727 ZPO), wobei der Erbe natürlich sich als Erbe legitimieren muss (so etwa durch einen Erbschein, S. 62 ff.).

Wenn jedoch der **Verstorbene selbst Schuldner** war und sein Gläubiger gegen ihn einen Titel erwirken konnte, kann der Gläubiger nach dem Erbfall seines Schuldners gegen dessen Erben vorgehen. Der Erbe hat die Forderung zu erfüllen. Wenn der Nachlass überschuldet ist, kann der Erbe auf verschiedene Art und Weise sein Eigenvermögen schützen (S. 89 ff.). Wenn der Nachlassgläubiger bereits zu Lebzeiten des Verstorbenen gegen diesen die Zwangsvollstreckung betrieben hat, wird diese in den Nachlass fortgesetzt (§ 779 ZPO). Zunächst kann der Gläubiger nur gegen den Nachlass vollstrecken (§ 778 ZPO).

Für die zivilrechtlichen Pflichten des Verstorbenen muss der Erbe also gerade stehen. Etwas anderes gilt aber, wenn der **Verstorbene** sich **strafbar gemacht** hat. Wegen einer Tat des Verstorbenen kann ein Erbe nicht verurteilt werden. Die Ermittlungen des Staatsanwaltes werden mit dem Erbfall eingestellt. Das Strafgericht stellt das Verfahren auch ein, wenn es das Hauptverfahren bereits vor dem Tod eröffnet hat.

V. Erbschaftsveräußerung

Allein- und Miterbe können jeweils ihren Anteil am Nachlass oder einen Teil davon an eine andere Person verkaufen (§§ 2371 bis 2385 BGB). Dieser Erbschaftskauf muss von einem Notar beurkundet werden. Im Grundsatz handelt es sich um einen „normalen" **Kaufvertrag**, bei dem jedoch Sondervorschriften zu beachten sind. So haftet der Verkäufer, also der vormalige Erbe, dem Käufer gegenüber nur sehr eingeschränkt (§ 2376 BGB). Er macht sich **haftbar**, wenn ihm der Erbanspruch nicht zustand oder er Beschränkungen wie eine Testamentsvollstreckung oder Vermächtnisse verschweigt.

Mit dem Kauf übernimmt der Käufer auch die **Nachlassverbindlichkeiten** (§ 2378 BGB). Nachlassgläubiger können sich wahlweise entweder an den Verkäufer oder den Käufer halten; beide haften gesamtschuldnerisch (Außenverhältnis). Untereinander kann der Verkäufer regelmäßig den Käufer in Regress nehmen, wenn er eine Nachlassschuld erfüllen musste.

Miterben steht übrigens ein **gesetzliches Vorkaufsrecht** zu (§ 2034 BGB). Damit soll vermieden werden, dass durch den Verkauf eines Miterbenanteils den übrigen Miterben ein fremder Teilhaber aufgedrängt wird. Die übrigen Miterben können ihr Vorkaufsrecht innerhalb von zwei Monaten ausüben, wenn sie von dem Verkauf erfahren haben. Das Vorkaufsrecht ist dem veräußernden Miterben gegenüber auszuüben (§ 464 BGB). Ist der Erbteil schon an den Käufer übergegangen, ist dieses Recht gegenüber dem Käufer auszuüben (§ 2035 BGB).

VI. Haftungsbeschränkung der Erben

Mit dem Erbfall gehen sämtliche Schulden des Verstorbenen auf den Erben über (§ 1967 BGB). Grundsätzlich haftet er für die geerbten Schulden auch mit seinem Eigenvermögen, also mit den Mitteln, die er bereits vor der Erbschaft besaß. Naturgemäß möchte der Erbe nicht für die Schulden des Verstorbenen mit seinem Eigenvermögen haften. Wenn der Erbe dieses Risiko ausschließen möchte, ist der einfachste und sicherste Weg die **Ausschlagung** (S. 55 ff.). Nach der Ausschlagungserklärung hat er aber nicht mehr die Möglichkeit, an den Nachlassgegenständen zu partizipieren. In vielen Fällen ist auch unmittelbar nach dem Erbfall nicht bekannt, ob der Nachlass tatsächlich überschuldet ist oder nicht. Der Erbe muss dann nicht zu dem endgültigen Mittel der Ausschlagung greifen, um sein Eigenvermögen zu schützen. Das Gesetz stellt ihm verschiedene Möglichkeiten zur Verfügung, so dass er zumindest sein Eigenvermögen schützen kann.

Im Folgenden ist oftmals von **Einreden** die Rede, die der Erbe erheben muss, damit die Gläubiger des Nachlasses oder des Verstorbenen nicht an das Eigenvermögen der Erben gelangen. Kann eine

Einrede erfolgreich erhoben werde, liegen also deren Voraussetzungen vor, dann kann jemand, dem ein Anspruch zusteht, diesen nicht durchsetzen. Gegen die Geltendmachung eines Anspruches hält der Inanspruchgenommene die Einrede dagegen. Es ist erforderlich, dass die Einrede erhoben wird; das Gericht berücksichtigt ansonsten diese nicht.

1. Schonung des Erben unmittelbar nach dem Erbfall

Unmittelbar nach dem Erbfall kann der Erbe sich einen Überblick über die Erbschaft und die damit zusammenhängenden Schulden verschaffen, ohne dass er dem Risiko einer Klage ausgesetzt ist. Bevor er die Erbschaft nicht angenommen hat, also als vorläufiger Erbe (S. 53 f.), kann er nicht verklagt werden (§ 1958 BGB). Nach der Annahme der Erbschaft kann der Erbe sich noch drei Monate lang weigern, die Schulden des Verstorbenen zu bezahlen (Dreimonatseinrede, § 2014 BGB). Wenn der Erbe innerhalb dieser drei Monate ein Inventar errichtet, endet die Frist früher.

Der Nachlass kann zu unübersichtlich sein, so dass die drei Monate dem Erben für seinen notwendigen Überblick nicht ausreichen. In diesem Fall kann er bei dem Nachlassgericht das gerichtliche Aufgebotsverfahren beantragen. Dann kann er bis zur Beendigung dieses gerichtlichen Verfahrens die Berichtigung der Nachlassverbindlichkeiten weiterhin verweigern (Aufgebotseinrede, § 2015 BGB). Seine Schonfrist kann er sich so verlängern. In der Praxis wird das Aufgebotsverfahren nur in sehr seltenen Fällen betrieben.

2. Endgültige Haftungsbeschränkung gegenüber sämtlichen Nachlassgläubigern

Der Erbe kann seine Haftung endgültig gegenüber sämtlichen Nachlassgläubigern beschränken, so dass die durch den Erbfall eingetretene Verschmelzung des Nachlasses mit seinem Eigenvermögen wieder aufgehoben wird. Durch die Nachlassverwaltung sowie das Nachlassinsolvenzverfahren wird das Nachlassvermögen von dem Eigenvermögen des Erben wieder abgesondert. Der Erbe kann den Antrag auf Nachlassverwaltung und Nachlassinsolvenz unabhängig von einer Frist stellen.

a) Nachlassverwaltung

Die Nachlassverwaltung bietet sich an, wenn zwar **vermutlich der Nachlass nicht überschuldet** ist, dies aber nicht ganz sicher ist (§ 1981 BGB). Das Nachlassgericht ordnet die Nachlassverwaltung an, nachdem entweder der Erbe oder ein Nachlassgläubiger, wenn die Durchsetzbarkeit seiner Forderung gefährdet ist, dies beantragt hat. Das Nachlassgericht bestimmt eine Person zum Nachlassverwalter, oftmals einen Rechtsanwalt. Dieser nimmt den Nachlass in Besitz, verwaltet diesen und tilgt die Nachlassverbindlichkeiten. Dazu darf er auch Nachlassgegenstände verkaufen („versilbern"). Kehrseite der Nachlassverwaltung ist, dass der Erbe nicht mehr selbst über den Nachlass verfügen und diesen verwalten kann. Erst nachdem sämtliche Nachlassverbindlichkeiten beglichen sind, erhält der Erbe das restliche Nachlassvermögen zu seiner freien Verfügung zurück. Sofern sich dann noch neue Nachlassgläubiger melden, kann der Erbe durch die Dürftigkeitseinrede die Beschränkung auf den Nachlass geltend machen – sofern der Restnachlass für diese Forderungen nicht ausreicht (§ 1990 BGB i.V.m. § 1975 BGB).

b) Nachlassinsolvenz

Das Nachlassinsolvenzverfahren wird eröffnet, wenn der Nachlass überschuldet ist, Zahlungsunfähigkeit besteht oder diese zumindest droht (§ 320 InsO). Erben, Testamentsvollstrecker und Nachlassverwalter müssen die Nachlassinsolvenz beantragen, auch wenn sie nur vermuten, dass der Nachlass überschuldet oder zahlungsunfähig sein wird. Andernfalls können sie sich gegenüber den Nachlassgläubigern schadensersatzpflichtig machen (§ 1980 Abs. 1 BGB). Zuständig ist das **Insolvenzgericht** in dem Bezirk, wo der Verstorbene seinen letzten Wohnsitz hatte. Daneben können diesen Antrag auch Nachlassgläubiger stellen.

Der Insolvenzverwalter soll sicherstellen, dass sämtliche Nachlassgläubiger gleichmäßig und anteilig befriedigt werden. Dazu kann er Nachlassgegenstände verkaufen. Die Nachlassgläubiger erhalten am Ende eine Quote von ihrer Forderung. Wenn danach – wider Erwarten – vom Nachlass etwas übrig ist, erhält diesen Restnachlass der Erbe. Wenn sich jetzt noch ein weiterer Nachlassgläubiger meldet, kann der Erbe die Erfüllung dessen Forderung aus seinem Eigenvermögen verweigern (§ 1975 BGB).

Das Insolvenzgericht eröffnet nur dann dieses Verfahren, wenn durch den Nachlass zumindest die Verfahrenskosten gedeckt sind (insbesondere die Vergütung des Insolvenzverwalters). Sind nicht einmal für die Kosten genügende Mittel im Nachlass vorhanden, kann der Erbe dem Nachlassgläubiger die Erfüllung dessen Forderung soweit verweigern, wie der Nachlass nicht ausreicht (Dürftigkeitseinrede, § 1990 Abs. 1 Satz 1 BGB).

3. Endgültige Haftungsbeschränkung gegenüber einzelnen Nachlassgläubigern

Das Gesetz sieht für Erben folgende Möglichkeiten einer endgültigen Haftungsbeschränkung vor, die sich nur gegenüber einzelnen Nachlassgläubigern auswirken:

- Damit sich ein Erbe über sämtliche Nachlassverbindlichkeiten einen Überblick verschaffen kann, kann er beim Nachlassgericht das gerichtliche **Aufgebotsverfahren** beantragen (§ 1970 BGB). Dieser Antrag ist nicht an eine Frist gebunden. Die Nachlassgläubiger werden dann durch das Gericht öffentlich aufgefordert, ihre Forderungen innerhalb von maximal sechs Monaten anzumelden. Diese Aufforderung wird unter anderem an der Gerichtstafel und im **Bundesanzeiger** bekannt gemacht. Nach Fristablauf erlässt das Gericht ein Ausschlussurteil. Gegenüber den Nachlassgläubigern, die sich bis dahin nicht beim Gericht gemeldet haben, kann der Erbe die Befriedigung ihrer Forderungen verweigern, soweit die angemeldeten Forderungen den Nachlass aufgebraucht haben (Ausschlusseinrede, § 1973 BGB). Sofern aber nach Befriedigung der angemeldeten Forderung noch ein Nachlassrest vorhanden ist, steht dieser den „säumigen" Gläubigern für ihre nicht angemeldeten und daher zunächst ausgeschlossenen Forderungen zur Verfügung.

- Wenn ein Nachlassgläubiger seine Forderung **erst fünf Jahre nach dem Erbfall** geltend macht, kann der Erbe die Verschweigungseinrede erheben (§ 1974 Abs. 1 Satz 1 BGB). In den meisten Fällen wird die Forderung jedoch längst verjährt sein. Ein solcher Nachlassgläubiger wird rechtlich wie ein Gläubiger behandelt, der im gerichtlichen Aufgebotsverfahren versäumt hat, rechtzeitig seine Forderung anzumelden.

• Die Überschuldung eines Nachlasses kann dadurch ausgelöst werden, dass der Verstorbene **zu großzügig Vermächtnisse** angeordnet hat. Dann kann der Erbe die Erfüllung verweigern, sofern der Nachlass nicht reicht (§ 1992 BGB).

4. Inventarerrichtung

Der Erbe kann sich auf die vorgenannten Möglichkeiten der Haftungsbeschränkung dann nicht mehr berufen, wenn er trotz gerichtlicher Aufforderung ein Inventar nicht innerhalb der ihm gesetzten Frist errichtet hat oder absichtlich falsche Angaben gemacht hat (§ 1994 Abs. 1 Satz 2 BGB, § 2005 Abs. 2 Satz 1 BGB). Das führt dazu, dass er sogar auch mit seinem Eigenvermögen für die geerbten Nachlassschulden haftet.

In dem Inventarverzeichnis sind **sämtliche Aktiva und Passiva** des Nachlasses aufzuführen und **zu bewerten**. Nachlassgläubiger, die bei dem Gericht die Verpflichtung des Erben zu diesem Inventar beantragen können, verschaffen sich so einen Überblick über Nachlassgegenstände, die für sie als Haftungs- und Vollstreckungsobjekte in Betracht kommen. Der Erbe erleichtert sich so den Nachweis der Erschöpfungseinreden und kann dadurch die Vermutung begründen, dass zur Zeit des Erbfalls keine anderen Nachlassgegenstände als die aufgelisteten vorhanden waren (§ 2009 BGB). Ist ein Nachlassgläubiger anderer Meinung, muss er die angeblich verschwiegenen Vermögenswerte beweisen. Auf Verlangen eines Nachlassgläubigers muss der Erbe an Eides Statt versichern, dass das errichtete Inventar vollständig ist (§ 2006 BGB).

5. Prozesse wegen Nachlassverbindlichkeiten

Ein Nachlassgläubiger kann wegen einer Nachlassforderung den Erben vor Gericht verklagen, auch wenn dieser aufgrund einer oben dargestellten Situation berechtigt ist, nicht auf die geltend gemachte Forderung zu bezahlen. Der Erbe hat dann als Beklagter einiges zu beachten:

Der Erbe muss nicht nur die Abweisung der Klage beantragen, sondern darüberhinaus, dass im Tenor des Urteils der **„Vorbehalt der beschränkten Erbenhaftung"** aufgenommen wird (§ 780 ZPO). Der Richter hat diesen Vorbehalt nicht zu überprüfen, sondern nur in seinem **Urteilstenor** zu berücksichtigen. Ob tatsächlich die Voraussetzung dieser Einreden bestehen, entscheidet sich dann erst im Zwangsvollstreckungsverfahren. Dann kann der Erbe auf seine Einreden hinweisen. Bevor ein Nachlassgläubiger leichtfertig den Erben verklagt, sollte er sich überlegen, ob der Erbe später die Erfüllung trotz eines Urteils verweigern kann.

Der Erbe kann in diesem Prozess sich bereits auf seine erbrechtliche Haftungsbeschränkung berufen, um nicht verurteilt zu werden. Es steht aber im Ermessen des Gerichts, ob es schon darüber entscheidet oder nur den Erbenvorbehalt in dem Urteilstenor aufnimmt. Dann ist innerhalb des Vollstreckungsverfahrens festzustellen, ob die erbrechtliche Haftungsbeschränkung greift oder nicht.

Wenn der Erbe versäumt hat, dass dieser Erbenvorbehalt in dem Urteilstenor aufgenommen wird, kann er sich später im Zwangsvollstreckungsverfahren nicht auf seine erbrechtliche Haftungsbeschränkung berufen. Der Nachlassgläubiger kann möglicherweise dann sogar auf das Eigenvermögen des Erben zugreifen.

Beraterhinweis: Der Erbenvorbehalt ist aber in den Fällen entbehrlich, in denen bereits das Urteil zu Lebzeiten des Verstorbenen erging, also ein Titel vorlag.

Gegen **Zwangsvollstreckungsmaßnahmen** in sein Eigenvermögen kann der Erbe die Vollstreckungsklage erheben, in der die Voraussetzungen der jeweils einschlägigen Einrede geprüft werden (§§ 781, 785, 767 ZPO). Wenn eine Nachlassverwaltung angeordnet oder ein Nachlassinsolvenzverfahren eröffnet ist, kann der Erbe beantragen, dass Zwangsvollstreckungsmaßnahmen der Nachlassgläubiger in sein Eigenvermögen aufgehoben werden (§ 784 Abs. 1 ZPO). Besonderheiten bestehen wegen der Prozesskosten.

Kapitel 5:
Schenkungen: Vermögenserwerb am Nachlass vorbei

Was viele überrascht: Obwohl bei einer Schenkung nur einer etwas gibt und der andere nur das Geschenk bekommt, schließen beide dennoch einen richtigen Vertrag, den Schenkungsvertrag (§ 516 BGB). Beide sind Vertragspartner. Jede Schenkung erfolgt daher in folgenden Schritten:

- **Angebot**: Der Schenker bietet die Schenkung dem Beschenkten an. Dieses Schenkungsangebot muss von einem Notar beurkundet werden (§ 518 Abs. 1 BGB). Ansonsten ist es formunwirksam.
- **Annahme**: Der Beschenkte nimmt das Angebot an. Dies kann der Beschenkte mündlich erklären. Es schriftlich oder vor einem Notar zu tun, ist nicht erforderlich, aber auch nicht schädlich. Der Vertrag ist geschlossen und wirksam.
- Dieser gegenseitige Vertrag muss noch umgesetzt, also vollzogen, werden. Vollzug bedeutet, dass der Schenker dem Beschenkten **das Geschenk übergibt**. Damit ist der verschenkte Gegenstand aus dem Vermögen des Schenkers ausgesondert; der Schenker kann es kein weiteres Mal verschenken oder verkaufen. Aufgrund des Schenkungsvertrages steht dem Beschenkten sogar ein gerichtlich durchsetzbarer Anspruch gegen den Schenker zu.

In der Praxis fehlt meistens die notarielle Beurkundung des Schenkungsangebotes. Es ist auch nicht vorstellbar, dass der Schenker vor der Übergabe eines Geburtstagsgeschenks erst beim Notar war. Eigentlich ist daher die Schenkung formunwirksam. Der Formfehler kann aber durch „Vollzug" geheilt werden (§ 518 Abs. 2 BGB):

- Bei **Gegenständen** wird der Schenkungsvertrag dadurch vollzogen und damit geheilt, indem der Schenker dem Beschenkten das Geschenk übergibt (§§ 929 ff. BGB).
- **Forderungen** können formlos im Wege der Abtretung verschenkt werden, wie beispielsweise durch eine mündliche oder schriftliche Erklärung sowie alternativ durch Übergabe eines Sparbuchs

(§ 398 BGB). **Beispiel:** Ein **Sparbuch** wird mit den Worten übergeben: „Ich schenke es Dir." Durch eine mündliche Erklärung kann so der Rückzahlungsanspruch im Zusammenhang mit einem Darlehen abgetreten werden. Die Schriftform ist aber grundsätzlich aus Beweisgründen zu empfehlen.

• Verträge zur Übertragung von **Immobilien** sind grundsätzlich auch nach einer weiteren Vorschrift notariell zu beurkunden (§ 311b Abs. 1 BGB), also nicht nur wegen der Schenkung. Ein formunwirksamer Vertrag wird erst mit der Eintragung ins Grundbuch wirksam (streitig).

Einzelfälle im Zusammenhang mit Giro- oder Sparkonten:

• Der Vollzug wurde angenommen bei einer Schenkung durch mündliche Erklärung des Schenkungswillens und gleichzeitiger Übergabe des Sparbuches.

• Die Einräumung der Mitverfügungsbefugnis beim Oder-Konto kann Vollzug darstellen, wenn die Beteiligten den Willen hatten, dass die Forderung im Zeitpunkt des Todes auf den Überlebenden als Alleinberechtigten übergehen soll (BGH, Urteil vom 16. April 1986 – Az. IVa ZR 198/84).

• Kein Vollzug, wenn beispielsweise die Großeltern auf den Namen eines Enkels ein Sparkonto eröffnen und darauf einzahlen.

• Vollzug bei Gutschrift auf dem Konto des Beschenkten (BGH, Urteil vom 2. Februar 1994 – Az. IV ZR 51/93) oder bei Scheckeinlösung auch nach dem Tod des Schenkers (BGH, Urteil vom 12. April 1978 – Az. IV ZR 68/77).

• Der vom Kontoinhaber Bevollmächtigte überweist Geld auf sein eigenes Konto. Die Erben des Kontoinhabers nehmen den Bevollmächtigten auf Rückzahlung in Anspruch (§§ 812 ff. BGB). Regelmäßig behauptet der Bevollmächtigte dann, dass der Kontoinhaber ihm die Geldbeträge geschenkt hat. Wenn dieses Schenkungsversprechen aufgrund der fehlenden notariellen Beurkundung formunwirksam ist (§ 518 Abs. 2 BGB), so hat der angeblich Beschenkte das Schenkungsversprechen zu beweisen (BGH, Urteil vom 14. November 2006 – Az. X ZR 34/05).

Doch was ist, wenn der Schenkungsvertrag zu Lebzeiten des Schenkers noch nicht vollzogen worden ist? Wenn der Schenker entweder den Beschenkten oder jemanden anderes bevollmächtigt hat, kann das Geschenk auch noch nach dem Tod des Schenkers übergeben werden (BGH, Urteil vom 12. November 1986 – Az. IV a ZR 77/85). Der darin zu sehende Vollzug heilt den Schenkungsvertrag, der bis dahin wegen der fehlenden notariellen Beurkundung von der Form her unwirksam war. Der Beschenkte kann also selber für den heilenden Vollzug sorgen, wenn der Schenker ihn zuvor entsprechend bevollmächtigt hat.

In diesen Fällen kann es zum **Wettlauf zwischen dem Erben und Bevollmächtigten** kommen: Wenn der Erbe die Vollmacht widerrufen hat, bevor der Schenkungsgegenstand übergeben und damit vollzogen wurde, bleibt die Schenkung dauerhaft unwirksam. Der Erbe profitiert, da so das Geschenk dem Nachlass erhalten bleibt und er so den vermeintlich verschenkten Gegenstand behalten kann.

Beraterhinweis für Rückgängigmachung von Schenkungen: Nach einer Schenkung bereut manchmal ein Schenker seine Gutmütigkeit und möchte die Schenkung rückgängig machen. Vielleicht ist die anfängliche Dankbarkeit des Beschenkten in Vergessenheit geraten. Das Gesetz sieht für folgende Fälle Rückforderungs- oder Widerrufsrechte vor:

- **Verarmung des Schenkers:** Der Schenker ist außerstande, seinen Lebensunterhalt angemessen zu bestreiten oder die ihm gegenüber seinen Verwandten oder seinem (früheren) Ehegatten obliegende Unterhaltspflicht zu erfüllen (§ 528 BGB).
- **Undank des Beschenkten:** Der Beschenkte hat sich einer schweren Verfehlung gegen den Schenker oder gegen einen nahen Angehörigen des Schenkers schuldig gemacht (§ 530 BGB).
- Wenn der Schenker dem Beschenkten eine **Auflage** gemacht hat und der Beschenkte erfüllt diese Auflage nicht (§ 527 BGB). Beispielsweise hat der Schenker dem Beschenkten sein Haus geschenkt und dabei dem Beschenkten zur Auflage gemacht, ihn zu pflegen. Wenn der Beschenkte dann nicht den Schenker pflegt, kann die Schenkung rückgängig gemacht werden.

In dem Schenkungsvertrag kann der Schenker sich individuell einen einseitigen **Widerruf** oder **Rücktritt** vorbehalten, entweder frei oder unter Bedingungen. So kann der Schenker beispielsweise eine Schenkung dann rückgängig machen, wenn beim Beschenkten beispielsweise eine Insolvenz, Scheidung, Nichtvollendung einer Ausbildung, Verheiratung

---

> ohne Ehevertrag, Geschäftsunfähigkeit oder auch Veräußerung des Geschenkes an Dritte vorliegt.

I. Schenkungen auf den Todesfall

Manchmal ist für den Schenker bedeutsam, dass er den Beschenkten nur dann beschenkt, also der Beschenkte das Geschenk nur dann erhält oder behält, wenn der Beschenkte länger als er selbst lebt. Der Beschenkte muss ihn also überleben, andernfalls bekommt er das Geschenk zurück oder die Schenkung wird nicht umgesetzt. Man spricht in diesen Fällen von einer „Schenkung auf den Todesfall", die in § 2301 BGB in zweierlei Konstellationen geregelt ist:

- Der Beschenkte soll das Geschenk erst **nach dem Erbfall** erhalten (postmortaler Vollzug, § 2301 Abs. 1 BGB).
- Der Beschenkte hat **bereits zu Lebzeiten** das Geschenk erhalten; muss es aber dann zurückgeben, wenn er vor dem Schenker stirbt (lebzeitiger Vollzug, § 2301 Abs. 2 BGB).

1. Erhalt des Geschenks nach dem Erbfall

Wie folgt könnte der Schenker etwas verschenken, wenn der Beschenkte erst nach dem Erbfall das Geschenk erhalten soll:

Du kannst Dir nach meinem Tod meine Briefmarkensammlung nehmen. Bis dahin möchte ich meine Sammlung behalten.

Auch wenn der Beschenkte nach dem Erbfall die Sammlung an sich genommen hat, kann der Erbe die Sammlung beanspruchen. Es liegt kein wirksamer Schenkungsvertrag vor. Für diese Konstellation ordnet das Gesetz nämlich an, dass zur Formwirksamkeit ein Erbvertrag vor einem Notar geschlossen werden muss (§§ 2301 Abs. 1, 2274 ff. BGB).

> **Beraterhinweis:** Sofern ein Erbvertrag nicht abgeschlossen wurde, aber der Schenker dieses Schenkungsversprechen handschriftlich festgehalten hat, kann das Schenkungsversprechen in ein Testament umgedeutet werden.

2. Erhalt des Geschenks vor dem Erbfall mit eventueller Rückgabeverpflichtung

Der Beschenkte soll zwar sofort das Geschenk erhalten; es soll aber an den Schenker zurückfallen, wenn der Beschenkte vor dem Schenker stirbt. Wenn der Schenker dies beabsichtigt, könnte er dem Beschenkten mitteilen:

Hier hast Du meine Briefmarkensammlung. Wenn Du länger als ich lebst, kannst Du sie behalten.

Im Unterschied zu der vorherigen Konstellation des § 2301 Abs. 1 BGB erhielt dort der Beschenkte erst nach dem Tod des Schenkers das Geschenk. Gemeinsam ist beiden Fällen, dass die Schenkung davon bedingt ist, dass der Beschenkte den Schenker überlebt (Überlebensbedingung). In der Konstellation des § 2301 Abs. 2 BGB müssen die Erben des Beschenkten dem Schenker den verschenkten Gegenstand zurückgewähren.

Diese Schenkungsverträge sind zumeist mit der auflösenden Bedingung ausgestaltet, dass der Beschenkte vor dem Schenker verstirbt (§ 158 Abs. 2 BGB). Bei Eintritt dieser auflösenden Bedingung fällt das Geleistete in der Regel mit dinglicher Wirkung an den Schenker zurück. Aber auch die aufschiebende Bedingung nach § 158 Abs. 1 BGB ist denkbar, dass der Beschenkte den Schenker überlebt. Dann erwirbt der Beschenkte bis zu dem Tod des Schenkers ein Anwartschaftsrecht.

Sofern der Schenker das Schenkungsangebot nicht von einem Notar beurkunden ließ, wird dieser Formmangel durch Vollzug – wie auf S. 95 f. aufgezählt – geheilt. Der Vollzug muss spätestens beim Erbfall erfolgen. Anders als bei der Schenkung ohne Überlebensbedingung ist nach dem Erbfall der Vollzug durch eine Vollmacht, wonach entweder der Beschenkte selbst oder ein Dritter berechtigt sind, nicht möglich (BGH, Urteil vom 18. Mai 1988 – Az. IVa ZR 36/87). Der Schenker kann also nicht eine Person beauftragen, erst nach seinem Tod dem Beschenkten beispielsweise die verschenkte Uhr zu geben.

> **Wichtig:** Eine **Ausnahme** besteht dann, wenn der Verstorbene davon ausgegangen ist, dass noch zu seinen Lebzeiten seine Erklärung bei dem Beschenkten ankommt oder der Bevollmächtigte das Erforderliche veranlasst (§ 130 Abs. 2, § 153 BGB). Wenn der Schenker beispielsweise ein Überweisungsformular vor seinem Tod zur Bank gebracht hat und diese den Auftrag erst kurz nach seinem Tod ausführt, wird eine solche Ausnahme anzunehmen sein. Die Schenkung ist dann wirksam.

II. Vertrag zu Gunsten Dritter auf den Todesfall

Wer eine **Lebensversicherung** oder einen **Bausparvertrag** abgeschlossen hat, kann für den Fall, dass er vor Ende der Versicherungszeit stirbt, einem anderen die Versicherungsleistung zukommen lassen. Die Versicherung muss dann die Auszahlung direkt an die andere Person vornehmen. Auch das im Zeitpunkt des Erbfalls valutierende Guthaben eines **Spar- oder Girokontos** kann der Bankkunde einer Person schenken. In diesen Fällen können die Begünstigten erst nach dem Tod des Schenkers die Leistung von der Versicherung oder von der Bank fordern. Diese Ansprüche fallen nicht in den Nachlass, sondern werden am Nachlass vorbei übertragen.

Es handelt sich jeweils um einen Vertrag zu Gunsten Dritter (§§ 331, 328 BGB). Der Schenker schließt mit der Versicherung oder Bank einen Vertrag, nach dem im Erbfall ein Dritter, also eine andere Person, begünstigt wird. Diese erwirbt mit dem Erbfall des Schenkers ein **eigenes Forderungsrecht** gegen die Bank oder gegen die Versicherung (§ 331 BGB). Zwei Rechtsverhältnisse sind hier zu unterscheiden:

- Der **Schenker** und die **Bank/Versicherung** schließen einen Konto- oder Versicherungsvertrag. Der Schenker muss dann Prämien an die Versicherung bezahlen oder bei der Bank ein Guthaben anlegen. Im Gegenzug verspricht die Bank/Versicherung, dass sie nach dem Tod des Schenkers an einen Dritten leistet. Der Schenker nimmt dieses Versprechen an; er wird daher als Versprechensempfänger bezeichnet. Bei der Rechtsbeziehung zwischen Schenker und Bank/Versicherung spricht man vom Deckungsverhältnis. Auf dieser Ebene bestehen normalerweise keine Probleme.

- Immer wenn jemand etwas erhält, muss es dazu einen Grund geben. Ein solcher Grund muss zwischen dem **Schenker** und dem zu begünstigenden Dritten, dem **Beschenkten,** bestehen. In den meisten Fällen ist Grund der Begünstigung eine Schenkung. Denkbar ist aber auch, dass der Schenker den begünstigten Dritten mit dem Bankguthaben oder der Versicherungsleistung durch Vermächtnis in seinem Testament oder Erbvertrag begünstigt. Dieses Zuwendungs- bzw. Valutaverhältnis wirft in der Praxis viele Probleme auf.

Vertrag zugunsten Dritter auf den Todesfall

Nach dem Erbfall bezahlt die Bank oder die Versicherungsgesellschaft an den begünstigten Dritten, den Beschenkten. Dieser darf das Geld aber nur dann behalten, wenn es einen Grund dafür gibt – entweder eben einen Vermächtnisanspruch oder eine Schenkung. Andernfalls kann der Erbe die begünstigte andere Person, also den vermeintlich Beschenkten, auffordern, das Geld an den Nachlass zu zahlen. Für die begünstigte andere Person ist es daher bedeutsam, dass mit ihm der Schenker entweder vor oder nach dessen Erbfall eine Schenkung wirksam abgeschlossen hat:

- **Vor dem Erbfall:** Es reicht aus, wenn der Schenker den Dritten über den Vertrag mit der Versicherung/Bank zu dessen Gunsten informiert und dieser das Schenkungsangebot stillschweigend angenommen hat (§ 151 BGB). Die zunächst unwirksame Schenkung – das Schenkungsangebot war nicht notariell beurkundet – wird spätestens im Zeitpunkt des Todes geheilt: In der Sekunde des Todes erwirbt die begünstigte Person das Forderungsrecht gegen die Bank/Versicherung (also Vollzug in der Sekunde des Todes, §§ 331, 518 Abs. 2 BGB).

• **Nach dem Erbfall:** Die Bank oder die Versicherung informieren die begünstigte Person über die Schenkung; sie schließt in Vertretung von dem verstorbenen Schenker mit der begünstigten Person den Schenkungsvertrag. Da nach der stillschweigenden Annahme die Schenkung abgeschlossen ist, heilt hier der Vollzug die anfängliche Formunwirksamkeit.

Wettlauf mit der Zeit: Bei der Schenkung nach dem Erbfall kann es spannend werden, da der Erbe als Rechtsnachfolger des verstorbenen Schenkers

• das Schenkungsangebot des Schenkers gegenüber der begünstigenden Person (§ 130 Abs. 1 Satz 2 BGB) und/oder

• den Auftrag des Schenkers an die Bank oder Versicherung für ihn einen Schenkungsvertrag abzuschließen (§ 671 BGB bzw. §§ 675, 620, 621 Nr. 5 BGB)

widerrufen kann (BGH, Urteil vom 30. Oktober 1974 – Az. IV ZR 172/73). Das **Widerrufsrecht des verstorbenen Schenkers** kann nämlich jetzt dessen Erbe ausüben. Für den Abschluss des Schenkungsvertrages kommt es darauf an, wer schneller ist: Die Bank/Versicherung als Bote mit der Übermittlung des Schenkungsangebotes an den zu begünstigten Dritten oder der Erbe mit seinem Widerruf. Wenn trotz erfolgreichem Widerruf die Bank oder die Versicherung an den begünstigten Dritten zahlt, kann der Erbe von dem Begünstigten die Rückzahlung verlangen (BGH, Urteil vom 30. Oktober 1974 – Az. IV ZR 172/73).

Der Fall aus der Praxis: Der Verstorbene war zwar noch verheiratet, lebte aber bereits mit seiner Lebensgefährtin zusammen. Seine Lebensgefährtin hatte er – ohne ihr Wissen – zur Bezugsberechtigten seiner Lebensversicherung bestimmt. Eines Tages kam es zu einem heftigen Streit zwischen beiden, in dessen Folge der Verstorbene sich von einer Brücke stürzte und starb. Die gesetzlich erbende Noch-Ehefrau schrieb an die Versicherung, dass sie die Erklärung des Verstorbenen gegenüber der Versicherung anficht, wonach er seine Lebensgefährtin zur Bezugsberechtigten bestimmt hat. Die Richter legten dieses Schreiben ungewöhnlich weit aus. Damit sei der konkludente Auftrag des Verstorbenen an die Versicherung widerrufen worden, mit der Lebensgefährtin einen Schenkungsvertrag nach seinem Tod abzuschließen. Die Lebensgefährtin ging leer aus, die Versicherungssumme fiel in den Nachlass (BGH, Urteil vom 21. Mai 2008 – Az. IV ZR 238/06).

Der Erbe kann nur dann nicht widerrufen, wenn der Schenker auf sein eigenes **Widerrufsrecht verzichtet** hat. Der Schenker kann aber nicht bestimmen, dass zwar er selbst zu seinen Lebzeiten widerrufen darf, aber nicht sein Erbe (BGH, Urteil vom 14. Juli 1976 – Az. IV ZR 123/75). Denkbar ist bei einer Lebensversicherung, dass der Schenker den begünstigenden Dritten unwiderruflich als Bezugsberechtigten eingesetzt hat. Dann kann der Erbe nicht gegen den Willen des Verstorbenen den Beschenkten leer ausgehen lassen.

III. Lebensversicherungen

Bei der Lebensversicherung, die als Kapital- oder Rentenversicherung und auf den Todes- oder Erlebensfall ausgestaltet sein kann, sind einige Besonderheiten zu beachten:

- Wenn der Versicherungsnehmer **keinen Bezugsberechtigten** vereinbart oder bestimmt hat, fällt die Versicherungssumme bei seinem Tod in seinen Nachlass; sein Erbe profitiert (§ 168 VVG). Der Erbe muss sich gegenüber der Versicherung legitimieren, zumeist mit einem Erbschein.
- In dem Versicherungsvertrag (Versicherungsschein) kann der Versicherungsnehmer einen **Bezugsberechtigten bestimmt** haben. Andernfalls kann er sich vorbehalten haben, den Bezugsberechtigten (später) zu bestimmen. Dann muss er die Versicherung über den Bezugsberechtigten informieren. Die Bezeichnung des Begünstigten in einem Testament oder Erbvertrag reicht zumeist wegen § 13 Abs. 4 ALB Versicherungsbedingungen – kapitalbildende Lebensversicherung nicht aus. Bei der Lebensversicherung mit Bezugsberechtigung handelt es sich um einen Vertrag zu Gunsten Dritten (§§ 328, 331 BGB; S. 100 ff.).
- Wenn der Versicherungsnehmer **falsche Angaben zu seiner Gesundheit** gemacht hat und die Versicherung bei richtigen Angaben

diesen Vertrag nicht zu den vereinbarten Konditionen abgeschlossen hätte, kann die Versicherung

- vom Vertrag zurücktreten (§ 21 Abs. 3 VVG 2008 – Versicherungsvertragsgesetz: maximal innerhalb von 10 Jahren nach Vertragsabschluss; § 6 ALB: maximal innerhalb von 10 Jahren nach Vertragsschluss); oder

- den Vertrag wegen arglistiger Täuschung anfechten (§§ 123, 124 BGB: innerhalb eines Jahres nach Entdeckung der Täuschung, längstens innerhalb von 30 Jahren nach Vertragsschluss).

- Der Versicherungsvertrag wird aufgehoben oder ist nichtig, so dass die Versicherung nicht die Versicherungsleistung zu entrichten hat. Möglicherweise hat die Versicherung einen Teil der entrichteten Prämien zu erstatten.

- Die Versicherung kann dann die Versicherungssumme nicht zu leisten haben, wenn der Versicherungsnehmer **Selbstmord** begangen hat.

Kapitel 6.
Belastungen und Beschränkungen des Erben

Der Erbe oder die Erben bekommen nach dem Erbfall zunächst „alles" von dem Verstorbenen. Mehrere Erben müssen sich einigen, wer was erhält. Durch Anordnungen im Testament oder im Erbvertrag kann der Verstorbene seinen Erben oder seine Erben belastet und beschränkt haben. Einige Beispiele:

- Bestimmte Gegenstände aus dem Nachlass kann eine Person verlangen, wie einen Geldbetrag oder ein Möbelstück (Vermächtnis, S. 105 ff.).
- Der Verstorbene hat einzelne Gegenstände einzelnen Erben zugeordnet, was die Erben bei der Auseinandersetzung der Erbengemeinschaft zu beachten haben (**Teilungsanordnung**, S. 112 ff.).
- Ein Erbe soll 10 Jahre das Grab pflegen oder sich um den Hund des Verstorbenen kümmern (**Auflage**, S. 114 ff.).
- Wenn der erste Erbe verstirbt, soll eine vorher vom Verstorbenen bestimmte Person sein zweiter, nachfolgender Erbe werden (**Vor- und Nacherbschaft**, S. 115 ff.).
- Nicht die Erben sollen die Nachlassverbindlichkeiten tilgen, den Nachlass auseinandersetzen und unter sich aufteilen, sondern ein Testamentsvollstrecker soll diese Aufgaben übernehmen (**Testamentsvollstreckung**, S. 122 ff.).

I. Vermächtnisnehmer

Der Verstorbene kann seinen Erben verpflichten, einzelne Gegenstände an eine Person herauszugeben, die nicht unbedingt Erbe und damit sein Rechtsnachfolger ist (§§ 1939, 2174 BGB). So kann er beispielsweise testamentarisch oder erbvertraglich wie folgt Vermächtnisse anordnen:

Paul erhält meine goldene Uhr.
Meiner Ehefrau setze ich im Wege eines Vermächtnisses den Nießbrauch an meiner Immobilie in Osnabrück aus.

Als Vermächtnis erhält meine Schwester eine monatliche Rente von 1.000 €.
Helga bekommt das Wohnrecht an meiner, von ihr bewohnten Wohnung.
Ich vermache Sebastian mein Auto.
Mein Erbe hat dem Tierschutzverein 100.000 € zu zahlen.

> **Beraterhinweis:** Manchmal geht aus einem Testament nicht eindeutig
> hervor, ob jemand Erbe oder Vermächtnisnehmer ist. Dann ist der testa-
> mentarische Wille auszulegen, wozu das Gesetz für den Zweifelsfall Aus-
> legungsregeln vorsieht (S. 38f.).

1. Anspruch gegen den Erben

Dem Vermächtnisnehmer, also dem durch das Vermächtnis Bedachten, steht gegen den Erben ein **Anspruch auf Übertragung des
Vermächtnisgegenstandes** zu. Nach dem Erbfall muss der Vermächtnisnehmer den ihm vermachten Gegenstand beim **Erben oder
bei der Erbengemeinschaft einfordern**, wozu er 3 Jahre Zeit hat
(§§ 195, 199 BGB, Fristbeginn am Jahresende). Vor der am 1. Januar 2010 in Kraft getretenen Erbrechtsreform galt eine 30-jährige Frist
(§ 197 Abs. 1 Nr. 2 2. Alt. BGB alte Fassung).

**Formulierungsmuster zur Geltendmachung eines Vermächtnisanspru-
ches:**
Sehr geehrter Herr Erbe,
der Verstorbene Otto Normalerblasser hat mir in seinem für den Erbfall maßgebenden Testament vom 23. April 2009 einen Betrag von 10.000 € als Vermächtnis ausgesetzt. Diesen Anspruch mache ich hiermit geltend. Bitte überweisen Sie mir den Betrag auf mein Konto bei der Bank…
Vielen Dank und mit freundlichen Grüßen
Der Vermächtnisnehmer

Wenn im Testament oder Erbvertrag nichts anderes angeordnet
ist, kann der Bedachte den ihm vermachten Gegenstand sofort
nach dem Erbfall verlangen (§§ 2176, 2181 BGB). Im Unterschied
dazu erhält der Erbe automatisch durch Vonselbsterwerb in der Sekunde des Todes das Vermögen des Verstorbenen, ohne irgendwo
Ansprüche geltend machen zu müssen. Wenn der Erbe den vermachten Gegenstand nicht herausgibt, kann der Bedachte ihn verklagen.

Das Nachlassgericht sendet im Regelfall den Vermächtnisnehmern eine Kopie des Testamentes oder des Erbvertrages zu, so dass die Bedachten informiert werden. Daher bietet es sich an, die Adressen der Vermächtnisnehmer in dem Testament und Erbvertrag aufzunehmen.

Hat der Verstorbene einer Person verschiedene Gegenstände vermacht, kann der Begünstigte natürlich sämtliche Gegenstände vom Erben beanspruchen, aber auch nur – nach seiner Wahl – einzelne. Falls ein Vermächtnisnehmer dauerhaft einen für ihn bestimmten Vermächtnisgegenstand nicht haben möchte, kann er diesen – ohne eine Frist beachten zu müssen – ausschlagen. Die **Ausschlagung** hat der Vermächtnisnehmer nicht dem Nachlassgericht gegenüber zu erklären, sondern im Regelfall dem Erben gegenüber.

Formulierungsmuster für eine Ausschlagung eines Vermächtnisses:
Sehr geehrte Frau Erbin,
der Verstorbene Otto Normalerblasser hat mir in seinem für den Erbfall maßgebenden Testament vom 23. April 2009 sein altes Auto als Vermächtnis ausgesetzt. Dieses Vermächtnis schlage ich hiermit aus. Ich mache also unwiderruflich keine Ansprüche im Zusammenhang mit diesem Vermächtnis geltend.
Mit freundlichen Grüßen
Vermächtnisnehmer

Nur wenn dem Testament oder Erbvertrag zufolge ein anderer Vermächtnisnehmer den Vermächtnisanspruch erfüllen muss, ist diesem gegenüber die Ausschlagung zu erklären (§ 2180 BGB). Diese Erklärung bedarf nicht der notariellen Beglaubigung, was bei der Ausschlagung des Erbes indes der Fall ist (S. 55 ff.). Wenn der Vermächtnisnehmer auch pflichtteilsberechtigt ist, kann der Erbe von ihm innerhalb einer angemessenen Frist verlangen, das Vermächtnis anzunehmen (§ 2307 Abs. 2 BGB). Reagiert der Vermächtnisnehmer nicht, gilt das Vermächtnis als ausgeschlagen.

2. Kein Risiko des Vermächtnisnehmers hinsichtlich überraschender Schulden des Verstorbenen

Ein weiterer bedeutsamer Unterschied zwischen Erben und Vermächtnisnehmern besteht darin, dass der Erbe sämtliche Schulden des Verstorbenen miterbt, auch wenn er von diesen (zunächst) nichts weiß (S. 76 ff.). Das kann durchaus zu unangenehmen führen. Das kann dem Vermächtnisnehmer nicht passieren: Er erhält nur den Gegenstand, der ihm vermacht ist, und eben nicht ungewisse Verbindlichkeiten. Eine Ausnahme besteht aber bei Darlehen, die der Verstorbene für diesen vermachten Gegenstand aufgenommen hat. Wem eine **Immobilie** vermacht wurde, die **mit einem durch eine Hypothek oder eine Grundschuld gesichertes Darlehen belastet** ist, hat im Zweifel diesen Kredit mit zu übernehmen und diesen abzuzahlen (§§ 2165 ff. BGB). Bei einem vermachten Auto, das der Verstorbene mit einem speziellen Darlehen finanziert hat, kann die Auslegung ergeben, dass der Vermächtnisnehmer mit dem Auto auch das Darlehen übernehmen muss.

3. Vermächtnisnehmer als selbst mit Vermächtnissen oder Auflagen Beschwerter

Nicht nur einen Erben kann der Verstorbene mit einem Vermächtnis beschwert haben, sondern auch einen Vermächtnisnehmer (§ 2147 BGB). Man spricht von einem Untervermächtnis (§ 2186 BGB). Vorstellbar ist etwa, dass der Verstorbene seiner Tochter ein Haus und seiner Ehefrau den Nießbrauch an dem Haus vermacht hat. Dann ist die Tochter als Vermächtnisnehmerin mit dem Nießbrauch zugunsten ihrer Mutter beschwert.

Wie ein Erbe auch kann jemand, der mit einem Vermächtnis bedacht ist, von dem Verstorbenen testamentarisch oder erbvertraglich mit einer Auflage beschwert werden (S. 114 f.).

> **Beraterhinweis:** Wenn der Vermächtnisnehmer den vermachten Gegenstand ausgeschlagen hat, muss er weder das Untervermächtnis noch die Auflage erfüllen.

4. Andere Person kann Vermächtnisgegenstand bestimmen

Der Verstorbene kann keiner anderen Person überlassen, seinen Erben zu bestimmen (§ 2065 BGB, S. 27). Bei der Aussetzung eines Vermächtnisses kann hingegen der Verstorbene angeordnet haben, dass eine andere Person zu bestimmen hat, wer als Vermächtnis einen bestimmten Gegenstand erhält (§ 2151 BGB). Der Verstorbene muss allerdings den Personenkreis, aus dem der Bedachte auszuwählen ist, hinreichend genau konkretisiert haben.

5. Arten

Folgende Vermächtnisse sind die wichtigsten Arten:

- Das **Stückvermächtnis** ist der „Normalfall", beispielsweise wegen eines Gegenstandes wie eine Uhr, ein Auto oder ein Haus.
- Bei dem **Wahlvermächtnis** kann der Bedachte unter mehreren Gegenständen einen auswählen (§ 2154 BGB). Er kann vielleicht zwischen der goldenen und der silbernen Uhr des Verstorbenen wählen dürfen.
- Bei dem **Gattungsvermächtnis** ist der Gegenstand nur der Gattung nach bestimmt und muss nicht zum Nachlass gehören, sondern kann auch erst von dem Beschwerten beschafft werden müssen (§ 2155 BGB). So kann der Verstorbene angeordnet haben, dass der Erbe dem Vermächtnisnehmer ein Auto bestellen muss. Der Erbe muss dann den Kaufpreis bezahlen, ggf. sogar aus seinem Eigenvermögen.
- Bei dem **Verschaffungsvermächtnis** muss der Gegenstand erst noch von dem Beschwerten angeschafft werden (§ 2170 BGB). Das kommt bei Gegenständen in Betracht, die es nur einmal gibt wie ein ganz bestimmter Oldtimer. Wenn der Erbe dazu außer Stande ist, muss er dem Vermächtnisnehmer einen Betrag in Höhe des Wertes zahlen.
- Bei einem **Forderungsvermächtnis** wird eine genau bezeichnete Forderung auf Zahlung einer Geldsumme oder auf eine Leistung eines Gegenstandes des Verstorbenen vermacht. Wenn die Forderung vom Schuldner doch noch vor dem Erbfall beglichen wurde, kommt die Auslegungsregel des § 2173 BGB zum Zuge mit der Folge, dass die Geldsumme oder der Gegenstand als vermacht gilt.
- Mit einem **Nachvermächtnis** kann der Testierende einen Gegenstand einem Bedachten zuwenden, den zuvor ein anderer Bedachter erhalten hat (§ 2191 BGB; ähnlich Vor- und Nacherbfolge). Wenn der testamentarisch oder erbvertraglich angeordnete Zeitpunkt eingetreten ist, muss der Vorvermächtnisnehmer den

vermachten Gegenstand an den Nachvermächtnisnehmer herausgeben. Denkbar ist auch, dass der Nachvermächtnisnehmer zum Zuge kommt, nachdem ein bestimmtes Ereignis eingetreten ist.

• Das **Geld- und Leibrentenvermächtnis** kann mit einer speziellen Klausel an die Inflation angepasst werden, um der Geldentwertung zu entgehen.

• Bei dem **Zweckvermächtnis** verbindet der Verstorbene mit dem Vermächtnisgegenstand einen bestimmten Zweck, wie beispielsweise die Finanzierung eines Studiums für eine bestimmte Person (§ 2156 BGB). Der Bedachte kann dann insoweit Geldmittel von dem Erben verlangen, wie dies zur Erfüllung des Zwecks erforderlich ist, hier also sämtliche Studienkosten.

6. Im Erbfall fehlende Vermächtnisgegenstände

Es kann passieren, dass ein Gegenstand zwar im Testament oder Erbvertrag vermacht wurde, dieser aber im Zeitpunkt des Erbfalls nicht mehr dem Verstorbenen gehörte. Vielleicht hat der Verstorbene den Gegenstand verkauft, verschenkt oder dieser ist verloren gegangen oder zerstört worden. Dann muss das Testament oder der Erbvertrag ausgelegt werden, ob der Bedachte stattdessen eine Ersatzleistung erhalten soll, beispielsweise bei einem Verkauf der Kaufpreis oder bei Zerstörung die Versicherungssumme.

Wenn durch die individuelle, in diesem Fall ergänzende Auslegung kein eindeutiges Ergebnis ermittelt werden kann (S. 36 ff.), sind die gesetzliche Auslegungsregeln zu beachten. Im Regelfall ist ein Vermächtnis unwirksam, wenn der Gegenstand im Zeitpunkt des Erbfalls nicht mehr in das Vermögen des Verstorbenen fällt (§ 2169 Abs. 1 BGB). Etwas anderes kann gelten, wenn nach dem Willen des Verstorbenen der Erbe den Gegenstand dem Vermächtnisnehmer besorgen soll (Verschaffungsvermächtnis nach § 2170 BGB). Wenn dem Verstorbenen ein Ersatzanspruch wegen eines untergegangenen Vermächtnisanspruches zusteht, erhält der Vermächtnisnehmer statt des eigentlich vermachten Gegenstandes diesen Ersatzanspruch (§ 2169 Abs. 3 BGB).

Beispiel: Der Verstorbene ist durch einen Unfall mit seinem Auto tödlich verunglück. Dieses Auto hatte er seinem besten Freund vermacht. Statt des Autos kann der Freund jetzt die Versicherungsleistung für das verunfallte Auto beanspruchen.

Es kommt auch vor, dass der Verstorbene ein bestimmtes Sparbuch einer Person vermacht hat (oder eine andere Forderung wie ein einer anderen Person gewährtes Darlehen). Nach der Errichtung des Testamentes mit dem Vermächtnis hinsichtlich des Sparbuchs ist eben das Sparbuch aufgelöst worden. Dann kann der Vermächtnisnehmer von dem Erben den Betrag beanspruchen, der auf dem Sparbuch war, auch wenn dieser Betrag nicht im Nachlass ist (§ 2173 BGB).

7. Wegfall des Vermächtnisses

Ein Vermächtnis fällt weg, wenn der Bedachte

- vorher verstirbt (§ 2160 BGB) und kein Ersatzvermächtnisnehmer bestimmt ist (§ 2190 BGB);
- in einem Vertrag mit dem Verstorbenen darauf verzichtet hat (§ 2352 BGB);
- ausschlägt (§§ 2180 Abs. 3, 1953 Abs. 1 BGB);
- eine aufschiebende Bedingung nicht erlebt (§§ 2177, 2074 BGB) oder
- wegen Zeitablaufs von 30 Jahren (§§ 2162, 2163 BGB).

Nach Ablauf der dreijährigen Verjährung kann ebenfalls der Vermächtnisanspruch nicht mehr durchgesetzt werden.

8. Vorausvermächtnis

Der Verstorbene kann zwar mehrere Personen zu seinen Erben eingesetzt haben, aber einen Erben **zusätzlich zu seinem Erbteil** nach seiner Erbquote mit einem speziellen Gegenstand begünstigen wollen. Dann kann ein Erbe zusätzlich mit einem speziellen Vermächtnis, dem Vorausvermächtnis, bedacht worden sein (§ 2150 BGB). Dann erhält er den vermachten Gegenstand zusätzlich zu seinem Erbteil. In der Praxis kommt es unter den Erben häufig zu Streit, ob ein Erbe tatsächlich einen Gegenstand neben seinem Erbteil, dann als Vorausvermächtnis, bekommen soll oder den Gegenstand zwar erhält, aber den Wert auf seinen Erbteil anrechnen lassen muss.

Dann muss der Wille des Verstorbenen durch Auslegung festgestellt werden (S. 36 ff.).

Formulierungsmuster eines Testaments mit Vorausvermächtnis:
Ich setze meine Tochter und meinen Sohn zu Erben zu je $1/2$ ein. Meine Tochter erhält als Vorausvermächtnis mein Mietshaus in Düsseldorf, das sie daher nicht auf ihren Erbteil anrechnen lassen muss.

II. Teilungsanordnungen

Wenn den Verstorbenen mehrere Personen beerben, kann dieser schon in seinem Testament und Erbvertrag angeordnet haben, dass bestimmte Miterben bestimmte Gegenstände aus seinem Vermögen erhalten sollen. Er kann beispielsweise zwei Erben zu gleichen Teilen einsetzen und durch Teilungsanordnungen bestimmen, dass Erbe A sein Wohnhaus und Erbe B sein Wertpapierdepot erhalten soll.

Formulierungsmuster:
Im Wege der Teilungsanordnung bestimme ich: Meine Tochter Sabine erhält in Anrechnung auf ihren Erbteil mein Wohnhaus. Mein Sohn Andreas bekommt in Anrechnung auf seinen Erbteil das Wertpapierdepot bei der XY-Bank mit dem Bestand am Todestag.

Wenn der Wert des zugewiesenen Gegenstandes den Wert des Erbteils übersteigt, muss der Begünstigte aus seinem Privatvermögen einen Ausgleich an den anderen Miterben bezahlen.

Beispiel: Der Nachlass hat einen Wert von 100.000 €. A und B werden Erben zu jeweils $1/2$, wobei A durch eine Teilungsanordnung das Bankkonto mit einem Wert von 60.000 € zugewiesen wurde. Miterbe A erhält demnach 10.000 € mehr als rechnerisch sein Anteil aufgrund seiner Erbquote am Nachlass ausmacht. Daher hat er aus seinem Eigenvermögen 10.000 € an den Miterben B zu entrichten.

In Fällen, in denen der begünstigte Miterbe nicht bereit ist, einen Ausgleich aus seinem Eigenvermögen zu leisten, ist die angeordnete Teilungserklärung für die Erbauseinandersetzung unbeachtlich.

In der Praxis kommen die Fälle sehr häufig vor, in denen der Verstorbene testamentarisch oder erbvertraglich einzelnen Miterben einzelne Gegenstände zugewiesen hat. Juristische Fachbegriffe werden manchmal nicht oder in einer Weise verwandt, wie sie dem tatsächlichen Willen des Verstorbenen nicht entsprechen. Im Grundsatz kann es sich bei einer solchen Zuweisung entweder um eine Teilungsanordnung oder ein Vorausvermächtnis handeln. Wenn entweder die eindeutigen Bestimmungen im Testament oder Erbvertrag oder die Auslegung ergibt, dass ein Miterbe einen bestimmten Gegenstand im Wege eines Vorausvermächtnisses erhält, kann der Begünstigte diesen Gegenstand nehmen und damit zusätzlich zu seinem Erbanteil beanspruchen. Eine bloße Teilungsanordnung ist nur anzunehmen, wenn nach dem Willen des Verstorbenen die Zuweisung des betreffenden Gegenstandes den Wert der Beteiligung der einzelnen Miterben am Nachlass unberührt lassen soll. In diesem Fall wird der zugewiesene Gegenstand also voll auf den Erbteil entsprechend der Erbquote des betreffenden Miterben angerechnet.

Das maßgebliche Abgrenzungskriterium zwischen Teilungsanordnung und Vorausvermächtnis ist nach der Rechtsprechung des Bundesgerichtshofs, ob der Verstorbene einen Miterben gegenüber dem anderen begünstigen wollte. Für die Bewertung als Vorausvermächtnis muss der Verstorbene also einen Begünstigungswillen zugunsten desjenigen Miterben gehabt haben, dem er einen bestimmten Gegenstand zugewiesen hat.

Beispiel: Der Nachlass besteht aus 200.000 € Barvermögen und einer Wohnung im Wert von 100.000 €, mithin insgesamt 300.000 €. Laut Testament beerben A und B den Verstorbenen zu jeweils $1/2$. Weiter ist in dem Testament angeordnet: „A erhält meine Wohnung".

Im Wege der Auslegung ist festzustellen, ob es sich hier um eine Teilungsanordnung oder ein Vorausvermächtnis handelt:

Eine Teilungsanordnung führt dazu, dass Miterbe A zwar die Wohnung erhält, sich diesen Wert auf seinen Erbteil voll anzurechnen hat. Folglich kann er vom Barvermögen noch 50.000 € beanspruchen.

Wenn der Verstorbene A hingegen ein Vorausvermächtnis aussetzen wollte, kann Miterbe A zunächst aus dem Nachlass die Wohnung fordern. Das Barvermögen haben A und B hälftig, also nach ihrer Erbquote, unter sich aufzuteilen. Miterbe A erhält Vermögen im Gesamtwert von 200.000 €. Diese Rechtsfolge tritt ein, wenn der Verstorbene seinen Miterben A besonders begünstigen wollte.

Denkbar ist auch eine Kombination aus Teilungsanordnung und Vorausvermächtnis, und zwar wenn der zugewiesene Gegenstand einen höheren Wert ausmacht, als der rechnerische Erbteil des Begünstigten. Demjenigen, dem dieser besonders werthaltige Gegenstand zugewiesen wurde, hat sich zunächst den Wert des zugewiesenen Gegenstandes auf seinen Erbanteil anzurechnen. Den darüber hinausgehenden Wert erhält er im Wege eines Vorausvermächtnisses. In diesem Fall hat er keinen Ausgleich aus seinem Eigenvermögen an die Miterben zu leisten.

Beispiel: Der Nachlass besteht aus einem Barvermögen aus 100.000 € und einem Haus im Wert von 300.000 €. Der Verstorbene hat A und B zu seinen Erben jeweils zu $\frac{1}{2}$ eingesetzt und A das Haus zugewiesen. Rechnerisch können A und B aufgrund der Erbquote jeweils 150.000 € beanspruchen. Möglich ist, dass Miterbe A sich den Wert des Hauses zunächst auf seinen rechnerischen Erbteil von 150.000 € anrechnen lassen muss. Hinsichtlich des Mehrwertes in Höhe von 50.000 €, den A eigentlich dem B gegenüber aus seinem Privatvermögen auszugleichen hätte, kann dem A ein Vorausvermächtnis angeordnet worden sein. Wenn der Verstorbene einen entsprechenden Begünstigungswillen zugunsten von A hatte, erhält Miterbe B nur lediglich 100.000 €.

Bei der Auseinandersetzung der Erbengemeinschaft sind die Miterben und auch der Testamentsvollstrecker, sofern einer eingesetzt ist, an die Teilungsanordnungen gebunden. Die Miterben können sich jedoch darüber hinwegsetzen, wenn alle zustimmen.

Als eine andere Art der Teilungsanordnung kann der Verstorbene in seinem Testament oder Erbvertrag bestimmt haben, dass die Miterben die Erbengemeinschaft für eine bestimmte Zeit, längstens aber 30 Jahre nach dem Erbfall, nicht auseinandersetzen dürfen (§ 2044 BGB). Sind aber sämtliche Miterben einverstanden, können sie sich auch über diese Teilungsanordnung hinwegsetzen. Der Verstorbene kann nur durch einen Testamentsvollstrecker sicherstellen, dass sein Wille auch tatsächlich umfänglich später beachtet wird.

III. Auflage

Der Verstorbene kann in seinem Testament oder Erbvertrag seine Erben oder Vermächtnisnehmer mit Auflagen beschwert haben

(§§ 2192 ff. BGB). So kann er sie zu einer Leistung an Dritte oder zu einem bestimmten Tun oder Unterlassen verpflichtet haben, wie beispielsweise:

Mein Erbe hat meinen Hund zu pflegen.

Mein Vermächtnisnehmer A muss dem örtlichen Tierschutzverein 2.000 € spenden.

Mein Erbe hat mein Grab 20 Jahre lang zu pflegen.

Mein Erbe darf das geerbte Unternehmen fünf Jahre lang nach meinem Tod nicht veräußern.

Durch eine Auflage kann ein Erbe oder Vermächtnisnehmer sogar auch verpflichtet sein, einen Gegenstand aus seinem Eigenvermögen einer anderen Person herauszugeben. Wenn ein Erbe oder ein Vermächtnisnehmer die Auflage nicht befolgen möchte, muss er entweder die Erbschaft oder das Vermächtnis ausschlagen. Andernfalls ist er verpflichtet, die Auflage zu befolgen.

Zu einem Vermächtnis besteht bei der Auflage ein wesentlicher Unterschied: Ein Vermächtnisnehmer kann die Begünstigung von dem Erben beanspruchen und diese sogar beim Erben einklagen. Dem durch eine Auflage Begünstigten steht jedoch nicht ein solcher Anspruch zu. Allerdings kann jeder Erbe, auch ein testamentarisch oder erbvertraglich übergangener gesetzlicher Erbe, von dem mit der Auflage Beschwerten verlangen, dass dieser der Auflagenverpflichtung nachkommt (§ 2194 BGB). Dass die Auflage auch tatsächlich beachtet wird, sichert auch ein Testamentsvollstrecker.

Eine Auflage, die auf eine zur Zeit des Erbfalls unmögliche oder verbotene Leistung gerichtet ist, ist unwirksam. So muss jemand nicht eine Auflage befolgen, nach der er eine Straftat zu begehen hat. Auch kann ein Verstorbener seinen Erben nicht verpflichtet haben, nach seinen Vorstellungen ein Testament oder Erbvertrag zu errichten.

IV. Vor- und Nacherbschaft

Eine im internationalen Vergleich besondere Gestaltungsoption des deutschen Erbrechts ist die Vor- und Nacherbschaft (§ 2100 BGB). Jemand kann damit den Verbleib seines Vermögens über mehrere Generationen oder verschiedene Erben nacheinander steuern. **Zur Funktionsweise:** Der eingesetzte Vorerbe wird zunächst Erbe des Verstorbenen. Er ist aber nur Erbe auf Zeit. Nach einem bestimmten Ereignis – oftmals der Tod des Vorerben – oder Zeitpunkt geht die Erbschaft endgültig auf den Nacherben über. Durch folgende Formulierung kann die Vor- und Nacherbfolge testamentarisch oder erbvertraglich angeordnet werden:

Zu meinem Erben setze ich Bernhard ein. Der Erbe ist jedoch nur Vorerbe. Zum Nacherben bestimme ich Regina. Der Nacherbfall tritt
• mit dem Tod des Vorerben; oder alternativ
• 10 Jahre nach meinem Erbfall; oder alternativ
• mit Bestehen der Meisterprüfung des Nacherben
ein.

Vor- und Nacherbe beerben jeweils den Verstorbenen, bilden aber zusammen keine Erbengemeinschaft. Nach dem Erbfall verfügt der Vorerbe neben seinem Eigenvermögen über ein Sondervermögen, eben die Erbschaft. Mit dem Nacherbfall geht dieses geerbte Sondervermögen von selbst und unmittelbar auf den Nacherben über (§ 2139 BGB). Davor verfügt der Nacherbe über eine echte Anwartschaft.

Tod des Vorerben: Wenn der Vorerbe stirbt und damit die Nacherbfolge eintritt, kommt es zu zwei Erbfällen: Das Eigenvermögen des Vorerben fällt an dessen gesetzliche, testamentarische oder erbvertragliche Erben. Das der Nacherbschaft unterliegende Sondervermögen geht an die Nacherben.

1. Gründe für die Anordnung der Vor- und Nacherbschaft

Durch diese Gestaltungsoption kann der Verstorbene sein Vermögen lange an seine Familie binden und vorher bestimmen, wer sein Vermögen später einmal bekommt. Die Vorerben können nämlich die so geerbten Vermögensgegenstände nicht selber nach ihrer Wahl vererben oder verschenken. Die Vor- und Nacherbschaft kann sogar doppelt angeordnet werden: Der Nacherbe ist dann wieder nur Vorerbe, der nur bis zum zweiten Nacherbfall Erbe ist.

Weiterer Vorteil bei überschuldeten Erben: Durch die Vor- und Nacherbschaft kann die Erbschaft vor Gläubigern des Vorerben oder vor Zugriffen von Sozialhilfeträgern geschützt werden.

Auch bei **Ehegatten** ist die Vor- und Nacherbschaft manchmal beliebt: So ist der längerlebende Ehegatte zwar finanziell versorgt, aber kann das geerbte Vermögen etwa nicht nach einer Wiederheirat an den neuen Ehegatten vererben. Der längerlebende Ehegatte erhält dann nur die Erträge der Erbschaft. Die Erbschaft selbst darf er aber nicht verbrauchen – außer im Testament oder Erbvertrag ist etwas anderes bestimmt.

2. Zeitliche Beschränkung der Vorerbschaft

Das Gesetz sieht eine zeitliche Beschränkung für den Nacherbfall vor (§ 2109 BGB). So wird die Einsetzung eines Nacherben mit Ablauf von 30 Jahren nach dem Erbfall unwirksam. Der Vorerbe wird dann Vollerbe; die Nacherbschaft entfällt. Der Verstorbene kann also nicht anordnen, dass der Nacherbfall 35 Jahre nach seinem Erbfall eintritt. Ausnahmsweise bleibt die Einsetzung des Nacherben auch nach Ablauf von 30 Jahren wirksam (§ 2109 Abs. 1 BGB),

- wenn die Nacherbfolge durch ein bestimmtes Ereignis wie beispielsweise der Tod des Vorerben angeordnet ist, und derjenige, in dessen Person das Ereignis eintreten soll, zur Zeit des Erbfalls lebt oder
- einem Vorerben oder einem Nacherben für den Fall, dass ihm ein Bruder oder eine Schwester geboren wird, der Bruder oder die Schwester als Nacherbe bestimmt ist.

Beraterhinweis: Manchmal muss durch Auslegung festgestellt werden, ob der Verstorbene tatsächlich die Vor- und Nacherbschaft anordnen wollte. So kann Wille des Verstorbenen auch sein, dass jemand bereits sofort Vollerbe wird (statt Nacherbe) und der vermeintliche Vorerbe tatsächlich nur den Nießbrauch an der gesamten Erbschaft zugewiesen bekommen hat. Sofern trotz der Auslegung weiterhin Unklarheit besteht, sind die verschiedenen gesetzlichen Auslegungs- und Ergänzungsregeln heranzuziehen (§§ 2101–2106, 2107 und 2269 BGB).

---

3. Rechtsposition des Vorerben

Mit dem Erbfall gehen Vermögen und Verbindlichkeiten des Verstorbenen auf den Vorerben über. Der Vorerbe hat **alle Rechten und Pflichten eines „normalen" Erben** zu beachten, auch wenn er nur zeitlich beschränkter Erbe bis zum Nacherbfall ist. Er kann daher beispielsweise die geerbten Vermögensgegenstände verkaufen (§ 2112 BGB). Der Nacherbe wird in diesem Fall durch die **Surrogation** geschützt: Wenn der Vorerbe einen Gegenstand verkauft hat, tritt an dessen Stelle der Veräußerungserlös (§ 2111 Abs. 1 BGB). Dieser geht also nicht in das Eigenvermögen des Vorerben über, sondern fällt an Stelle des verkauften Gegenstandes in die Vorerbschaft. In die Vorerbschaft gelangt auch das, was der Vorerbe aufgrund eines zur Erbschaft gehörenden Rechts oder als Ersatz für Zerstörung, Beschädigung oder Entziehung eines Erbschaftsgegenstandes erhält (§ 2111 Abs. 1 BGB).

4. Verfügungsbeschränkungen

Das Gesetz schränkt den Vorerben wie folgt ein:
- Er darf keine Gegenstände verschenken (§ 2113 Abs. 2 BGB).
- Er darf über Grundstücke oder grundstücksgleiche Rechte wie etwa Grundschulden nicht verfügen, außer der Nacherbe stimmt zu (§ 2113 Abs. 1 BGB).
- Auf Verlangen des Nacherben hat er bestimmte **Wertpapiere** zu hinterlegen, und zwar Inhaberpapiere und die mit Blankoindossament versehenen Orderpapiere (§ 2116 BGB).
- **Geld** ist mündelsicher anzulegen, so dass ein Verlust verhindert wird (§ 2119 BGB; § 1807 BGB). Dem Vorerben ist es also mit Barvermögen aus dem Nachlass nicht gestattet, an der Börse zu spekulieren.

5. Ordnungsgemäße Verwaltung durch den Vorerben

Der Vorerbe ist verpflichtet, die Erbschaft ordnungsgemäß zu verwalten (§ 2130 BGB). Er hat das Erbschaftsinteresse des Nacherben zu beachten, das auf Substanzerhaltung und -vermehrung gerichtet ist. Zu den Verwaltungsmaßnahmen gehört es auch, **Nachlassver-**

bindlichkeiten zu begleichen. Wenn dafür nicht genügend Barvermögen im Nachlass vorhanden ist, darf der Vorerbe auch zu diesem Zweck Nachlassgegenstände veräußern. Dem Vorerbe ist es auch gestattet, neue Verbindlichkeiten einzugehen und so beispielsweise ein **Darlehen aufnehmen**. Bei bestimmten vom Vorerben vorzunehmenden Maßnahmen kann der Nacherbe verpflichtet sein, einzuwilligen (§ 2120 BGB).

6. Nutzungen und Kosten der Vorerbschaft

Nach dem gesetzlichen Bild der Vor- und Nacherbschaft darf der Vorerbe nicht die Substanz der Erbschaft verbrauchen. So ist es ihm versagt, das Barvermögen für sich zu verwenden, also beispielsweise davon zu leben. Ähnlich wie beim Nießbrauch stehen ihm die Nutzungen der Erbschaft zu, die in sein Eigenvermögen fallen und die er nach seinem Belieben verwenden und verbrauchen kann. Hierzu zählen beispielsweise **Zinsen, Miete, Früchte, Gewinne bei Unternehmen** etc. (§ 2111 Abs. 1, 100, 101 BGB). Im Gegenzug muss der Vorerbe die **gewöhnlichen Erhaltungskosten** wie übliche Ausbesserungs- und Reparaturkosten, auf Erbschaftsgegenstände anfallende Steuern und Versicherungsprämien sowie Zinsen für Nachlassverbindlichkeiten tragen (§ 2124 Abs. 1 BGB). Außergewöhnliche Aufwendungen kann der Vorerbe aus der Erbschaft bestreiten, so etwa die neue Heizungsanlage oder die Instandsetzung eines Daches des zum Nachlass zugehörigen Hauses.

7. Befreite Vorerbschaft

Von den meisten gesetzlichen Beschränkungen kann der **Vorerbe** im Testament oder Erbvertrag von dem Verstorbenen **befreit** worden sein. So kann es der Verstorbene dem Vorerben gestattet haben, auch das geerbte Vermögen als solches für sich zu verbrauchen oder auch Grundstücke zu verkaufen. Der Verstorbene kann in seinem Testament oder Erbvertrag angeordnet haben, dass der Vorerbe von sämtlichen Beschränkungen befreit ist, soweit dies gesetzlich möglich ist. Der Vorerbe kann nämlich von den folgenden Beschränkungen nicht befreit werden:

• vom Verbot von Schenkungen (§ 2113 Abs. 2 BGB);

- vom Surrogationsprinzip (§ 2111 BGB);
- von der Beschränkung der Eigengläubiger des Vorerben persönlich, dass diese nicht wegen Schulden des Vorerben in die Vorerbschaft vollstrecken können (§ 2115 BGB);
- von der Verpflichtung, ein Inventar über sämtliche Gegenstände und Verbindlichkeiten der Erbschaft zu erstellen und dies dem Nacherben zu geben (§ 2121 BGB);
- von der Verpflichtung, den Zustand der Erbschaft durch einen Sachverständigen feststellen zu lassen (§ 2122 Satz 2 BGB) und
- von der Verpflichtung des Vorerben, dem Nacherben später ggf. Schadensersatz zu leisten (§ 2138 Abs. 2 BGB).

8. Rechtsposition des Nacherben vor dem Nacherbfall

Der Nacherbe ist zwar mit dem Nacherbfall der Gesamtrechtsnachfolger des Verstorbenen (§ 2139 BGB). Zwischen dem ersten Erbfall und dem Nacherbfall hat er indes schon eine unentziehbare und gesicherte Rechtsposition inne, und zwar das **Anwartschaftsrecht** auf die Nacherbschaft. Dieses Recht ist vererblich und auch übertragbar. Der Nacherbe kann also schon vor dem Nacherbfall das Anwartschaftsrecht verkaufen und verpfänden (notarielle Beurkundung erforderlich).

Dem Nacherben stehen vor Eintritt des Nacherbfalls folgende **Auskunfts-, Prüfungs- und Mitbestimmungsrechte** zu:

- Er kann vom Vorerben ein Nachlassverzeichnis mit sämtlichen Gegenständen verlangen (§ 2121 Abs. 1 BGB).
- Er kann auf seine eigenen Kosten den Zustand der zur Erbschaft gehörenden Sachen durch Sachverständige feststellen lassen (§ 2122 BGB).
- Er kann vom Vorerben einen Wirtschaftsplan verlangen, wenn sich im Nachlass ein Wald, ein Bergwerk oder dergleichen befindet (§ 2123 BGB).
- Er kann jederzeit Auskunft über den gegenwärtigen Zustand der Erbschaft verlangen, wenn der Vorerbe durch seine Verwaltung die Rechte des Nacherben möglicherweise erheblich verletzt (§ 2127 BGB).
- Wenn durch das Verhalten des Vorerben oder seine ungünstige

Vermögenslage die Besorgnis einer erheblichen Verletzung der Rechte des Nacherben begründet wird, kann dieser vom Vorerben Sicherheitsleistung begehren (§ 2128 Abs. 1 BGB).

9. Rechtsposition des Nacherben nach dem Nacherbfall

Durch den Vonselbsterwerb erwirbt der Nacherbe mit dem Nacherbfall die gesamte Erbschaft direkt vom Verstorbenen. Der Nacherbe kann von dem Vorerben oder dessen Erben die Herausgabe von Sachen verlangen (§ 2130 Abs. 1 BGB). Bei gewissen Pflichtverletzungen des Vorerben kann der Nacherbe von ihm Schadensersatz verlangen. Dagegen kann der Vorerbe ein Zurückbehaltungsrecht geltend machen, wenn er vom Nacherben Ersatz seiner Aufwendungen verlangen kann (§§ 2124–2126 BGB). Hat der Vorerbe Gegenstände der Erbschaft für sich verwendet, muss er dem Nacherben Wertersatz leisten (§ 2134 Satz 1 BGB). Ferner kann der Nacherbe vom Vorerben Rechenschaft verlangen (§ 2130 Abs. 2 BGB) und ein Bestandsverzeichnis verlangen (§ 260 BGB).

10. Erbschaftsteuer

Häufig wirkt sich die Vor- und Nacherbschaft erbschaftsteuerlich nachteilig aus. Sowohl der Vorerbfall und auch der Nacherbfall müssen getrennt besteuert werden. So wird zunächst der Vorerbe als Vollerbe besteuert (§ 6 ErbStG); dieser darf die Steuer mit Mitteln der Erbschaft zahlen. Im Zeitpunkt des ersten Erbfalls ist der Nacherbe noch nicht steuerpflichtig. Das ist erst mit Eintritt der Nacherbfolge der Fall. Dann muss der Nacherbe den Erwerb der Erbschaft mit den zu diesem Zeitpunkt vorhandenen Werten versteuern. Weiter ordnet § 6 ErbStG an:

- Tritt die Nacherbfolge durch den Tod des Vorerben ein, ist der Erwerb als vom Vorerben zu versteuern. Auf Antrag ist das Verhältnis zum Verstorbenen maßgebend, so dass Freibeträge und Steuersatz komfortabler sein können.
- Tritt die Nacherbfolge aufgrund eines anderen Ereignisses ein (also nicht bei Tod des Vorerben), ist der Erwerb als vom Verstorbenen stammend zu versteuern (§ 6 Abs. 3 ErbStG). Dem Nacherben ist die vom Vorerben entrichtete Steuer anzurechnen, aber

abzüglich desjenigen Betrages, der der tatsächlichen Bereicherung des Vorerben entspricht.

V. Testamentsvollstreckung

Bei einer Erbengemeinschaft sind Konflikte oftmals schon vorprogrammiert. Wenn jemand Streit unter seinen Erben vermeiden möchte, sollte er durch sein Testament oder Erbvertrag einen Testamentsvollstrecker ernennen (§ 2197 BGB). Dem Testamentsvollstrecker obliegt dann alleine die **Abwicklung des Erbes** und Verteilung auf die einzelnen Miterben. Diese können hierbei selber nicht mitwirken, so dass sie das Gefühl haben können, dass der Verstorbene ihnen nicht die Auseinandersetzung zugetraut hat. Manchmal fühlen sie sich sogar entmündigt. Deswegen sollte jemand, der eine Testamentsvollstreckung anordnen möchte, vorher die Beweggründe seinen Erben erläutern, warum er sich für eine Testamentsvollstreckung entschieden hat. Schließlich profitieren die Miterben von einem Testamentsvollstreckung dadurch, dass bei Ernennung eines qualifizierten Testamentsvollstreckers das Erbe professionell von einer neutralen Person abgewickelt wird. Unter den erbenden Verwandten wird Streit vermieden. Auch bei Einsetzung eines Alleinerben kann sich die Testamentsvollstreckung anordnen: Es ist dann sichergestellt, dass Vermächtnisse ohne Schwierigkeiten erfüllt und Auflagen beachtet werden. Dem Alleinerben wird so die Last der Nachlassabwicklung erspart.

1. Einsetzung eines Testamentsvollstreckers

Im Testament oder Erbvertrag können ein oder mehrere Personen zu Testamentsvollstreckern namentlich bestimmt worden sein. Der Verstorbene kann auch nur grundsätzlich die Testamentsvollstreckung angeordnet haben und darüberhinaus, dass entweder eine bestimmte Person oder das Nachlassgericht jemanden zum Testamentsvollstrecker auswähen soll. Auch einem Miterben kann das Amt des Testamentsvollstreckers übertragen werden. Dies empfiehlt sich aber nicht, da er letztlich auch seine eigenen Interessen als Erbe vertritt und so mit einem Interessenkonflikt zu rechnen ist. Als Testamentsvollstrecker kann auch eine Bank oder Sparkasse ernannt werden.

Formulierungsmuster für Testament oder Erbvertrag:

Ich ordne für meinen gesamten Nachlass Testamentsvollstreckung an. Zum Testamentsvollstrecker ernenne ich Jürgen, ersatzweise Christian. Sofern auch Christian das Amt nicht ausführen kann, soll das Nachlassgericht eine Person bestimmen. Aufgabe des Testamentsvollstreckers ist die Auseinandersetzung des Nachlasses unter den Miterben. Ergänzend zu den gesetzlichen Bestimmungen ordne ich an, dass er die Auseinandersetzung nach billigem Ermessen vornehmen soll. In der Eingehung von Verbindlichkeiten für den Nachlass ist der Testamentsvollstrecker nicht beschränkt. Von den Beschränkungen des § 181 BGB ist er befreit, er darf mithin mit sich selbst Geschäfte machen.

Der Verstorbene kann dem Testamentsvollstrecker genaue und sehr spezifizierte Vorgaben gemacht haben, wie er den Nachlass zu verwalten hat. Man spricht von Verwaltungsanordnungen.

Gegenständliche Testamentsvollstreckung: Die Testamentsvollstreckung muss sich nicht zwingend auf den gesamten Nachlass beziehen. So kann der Verstorbene auch nur die Testamentsvollstreckung hinsichtlich der Erfüllung von Vermächtnissen oder nur hinsichtlich einzelner Gegenstände wie beispielsweise die Immobilien angeordnet haben. Er kann auch nur für einzelne Miterben die Testamentsvollstreckung anordnen, was sich bei minderjährigen Erben anbieten kann.

Auch wenn in einem Testament oder in einem Erbvertrag nicht das Wort Testamentsvollstrecker oder Testamentsvollstreckung verwandt wurde, kann die Auslegung ergeben, dass eine Testamentsvollstreckung angeordnet ist. In Betracht kann dies bei folgender Formulierung kommen:

Sebastian soll dafür sorgen, dass mein Vermögen unter meinen Erben gerecht verteilt wird.

2. Aufgaben und Befugnisse des Testamentsvollstreckers

Oftmals hat der Verstorbene in dem Testament oder Erbvertrag keine nähere Angabe zu dem Umfang der Testamentsvollstreckung gemacht, so dass der gesetzliche Regelfall der Abwicklungstesta-

mentsvollstreckung vorliegt (§§ 2203–2207 BGB). Der Testamentsvollstrecker ist dann wie folgt verpflichtet:

- Er hat die angeordneten **Aufgaben zu erfüllen** und Verwaltungsanordnungen umzusetzen (§ 2203 BGB).

- Er hat den **Nachlass zu verwalten** (§ 2216 BGB). Dazu zählt das
Barvermögen sinnvoll anzulegen, die Wohnung, Abos und Mitgliedschaften zu kündigen, den Grabstein zu bestellen etc.

- Er muss die **Schulden** des Verstorbenen **begleichen**. Gleiches gilt
auch für die Kosten der Beerdigung. Sofern hierfür das Barvermögen im Nachlass nicht ausreicht, darf der Testamentsvollstrecker sogar zu Lasten des Nachlasses Schulden aufnehmen –
soweit dies zur ordnungsgemäßen Verwaltung erforderlich ist
(§§ 2206, 2207 BGB).

- Zu den wichtigen Pflichten eines Testamentsvollstreckers gehört
es auch, die **Erbschaftsteuererklärung abzugeben** (§ 149 AO, § 31
Abs. 5 Satz 1 ErbStG). Der Steuerbescheid wird zwar dem Testamentsvollstrecker bekannt gemacht, er ist aber nicht befugt, dagegen Einspruch einzulegen. Dazu müsste er erst von den Erben bevollmächtigt sein. Die Erbschaftsteuer kann er mit Mitteln aus
dem Nachlass bezahlen (§ 32 Abs. 1 ErbStG).

Der Testamentsvollstrecker kann bei Rechtsstreitigkeiten im Zusammenhang mit dem Nachlass Personen verklagen (§ 2212 BGB).
Falls jemand den Nachlass verklagen möchte, kann er seine Klage
wahlweise gegen den Testamentsvollstrecker oder gegen die Erben
richten (§ 2213 BGB).

Am Ende hat der Testamentsvollstrecker die verbleibenden Vermögensgegenstände unter den Miterben aufzuteilen. Dabei hat er
die Erbquoten und auch Teilungsanordnungen zu beachten. Ebenfalls kann er Ausgleichspflichten und auch Vorschenkungen des
Verstorbenen an einzelne Miterben zu berücksichtigen haben
(S. 146 ff.). Auf dieser Basis hat der Testamentsvollstrecker den Teilungsplan zu erstellen. Bevor er danach das verbleibende Vermögen
verteilt, muss er die Erben hierzu anhören. Auch wenn es nicht erforderlich ist, dass die Erben diesem Teilungsplan zustimmen, sollte der Testamentsvollstrecker im eigenen Interesse darauf hinwir-
ken. Dadurch reduziert er erheblich sein Risiko, später von den Mit-

erben wegen einer eventuellen Pflichtverletzung in die Haftung genommen zu werden.

3. Beschränkungen des Testamentsvollstreckers

Die Befugnisse des Testamentsvollstreckers sind außerordentlich weitreichend. Er darf aber nicht Vermögensgegenstände aus dem Nachlass anderen Personen schenken, außer es entspricht einer sittlichen Pflicht oder wird aus Rücksicht auf den „Anstand" vorgenommen (§ 2205 BGB). Ein solches Anstandsgeschenk kann bei Zuwendungen vielleicht an die langjährige Haushälterin oder Pflegekraft in Betracht kommen.

> **Beraterhinweis:** Sicherheitshalber sollte der Testamentsvollstrecker sich aber auch bei solchen Schenkungen die Zustimmung der Erben einholen. Soweit die Erben einverstanden sind, darf der Testamentsvollstrecker auch außerhalb dieser Anstandsschenkungen Geschenke aus dem Nachlass machen.

Eine weitere Beschränkung des Testamentsvollstreckers besteht darin, dass dieser mit sich selbst keine Geschäfte machen darf (§ 181 BGB). So ist dem Testamentsvollstrecker verwehrt, an sich selbst als Privatperson einen Gegenstand aus dem Nachlass wie beispielsweise das Auto zu verkaufen. Ein solcher Vertrag ist unwirksam; die Erben können den Kaufgegenstand zurückverlangen. Soll der Testamentsvollstrecker aber auch solche Geschäfte tätigen dürfen, kann ihm das bereits im Testament oder Erbvertrag gestattet werden.

4. Zusätzliche Aufgaben bei der Dauertestamentsvollstreckung

Es kommt häufiger vor, dass jemand nicht möchte, dass seine Erben mehr oder weniger sofort nach dem Erbfall über den gesamten Erbteil verfügen können. Auch bei der zuvor beschriebenen Abwicklungstestamentsvollstreckung erhalten die Erben – je nach Umfang des Nachlasses – ihren Erbteil vielleicht nach 6 bis 24 Monaten nach dem Erbfall. Gerade wenn die Erben dann noch jung sind, besteht die Gefahr, dass sie verschwenderisch mit dem plötzlichen

Vermögenszuwachs umgehen. Wenn jemand diese Gefahr sieht, sollte er die Testamentsvollstreckung über einen längeren Zeitraum anordnen. Man spricht von der Dauertestamentsvollstreckung (§ 2209 BGB). Der Verstorbene kann dann genau innerhalb einer Verwaltungsanordnung festgelegt haben, ob und wenn ja, in welchem Umfang der Erbe jährlich bereits Vermögen und/oder Erträge aus dem Nachlass erhalten soll.

Bei der Dauertestamentsvollstreckung hat der Testamentsvollstrecker grundsätzlich zunächst die gleichen Aufgaben zu erledigen, wie sie ihm bei der Abwicklungstestamentsvollstreckung obliegen. Er hat lediglich den Nachlass nicht sofort unter den Erben auseinanderzusetzen und an diese herauszugeben. Das ist erst bei der Beendigung der Dauertestamentsvollstreckung erforderlich, deren Zeitpunkt sich aus dem Testament oder Erbvertrag ergibt.

5. Haftung des Testamentsvollstreckers

Hat ein Testamentsvollstrecker seine Pflichten verletzt, ist er dem Erben zu Schadensersatz verpflichtet (§ 2219 BGB). Der Testamentsvollstrecker kann beispielsweise seine Pflichten verletzt haben,

- wenn er spekulative Wertpapiergeschäfte betreibt oder
- er einen Vermögensgegenstand weit unter Wert verkauft hat.

Erben können aber nur dann Schadensersatz durchsetzen, wenn der Testamentsvollstrecker vorsätzlich oder fahrlässig gehandelt hat.

Beraterhinweis: Bei Rechtsgeschäften, die riskant sein können, ist dem Testamentsvollstrecker zu empfehlen, sich zuvor die Zustimmung der Erben einzuholen. Dann sind die Erben später gehindert, ihn in Regress zu nehmen.

---

6. Rechte der Erben

Wenn ein Erbe mit der Testamentsvollstreckung beschwert ist, ist er in seinen Rechten erheblich beschränkt. Er darf die Nachlassgegenstände weder verkaufen noch verbrauchen. Ihm ist es sogar verwehrt, selber Auskünfte bei Banken und anderen Vertragspartnern des Verstorbenen einzuholen. Damit ein Erbe dem Testamentsvollstrecker nicht vollkommen ausgeliefert ist, sieht das Gesetz für ihn einige wenige Rechte gegenüber dem Testamentsvollstrecker vor.

Zu den ersten Pflichten des Testamentsvollstreckers nach Annahme des Amtes gehört es, dem Erben baldmöglichst ein **Verzeichnis** der zum Nachlass gehörenden Vermögensgegenstände und Verbindlichkeiten zukommen lassen (§ 2215 BGB). Hierzu ist der Testamentsvollstrecker auch dann verpflichtet, wenn er von den Erben nicht entsprechend aufgefordert wird. Wenn der Testamentsvollstrecker dieser Pflicht nicht von selbst nachkommt, sollten die Erben ihn hierzu auffordern. Bleibt der Testamentsvollstrecker nach wie vor untätig, können die Erben ihn verklagen, dass er ein Nachlassverzeichnis aufstellt und dieses ihnen gibt.

Frühzeitige Herausgabe einiger Nachlassgegenstände an die Erben: Soweit ein Testamentsvollstrecker Gegenstände aus dem Nachlass nicht mehr benötigt, um die ihm aufgetragenen Aufgaben zu erfüllen, hat er diese dem Erben schon herauszugeben, bevor er die gesamte Testamentsvollstreckung beenden kann (§ 2217 BGB). Wenn der Testamentsvollstrecker beispielsweise einen Prozess führt, der nur einen kleinen Teil des Nachlasses betrifft, kann er verpflichtet sein, bereits einen Teil des Vermögens an die Erben herauszugeben. Die Erben können dem Testamentsvollstrecker sogar entsprechend verklagen.

Über das Nachlassverzeichnis hinaus kann der Erbe vom Testamentsvollstrecker Auskünfte über dessen Tätigkeit, seine Verwaltungsmaßnahmen und über den Stand der Abwicklung verlangen (§§ 2218, 666 BGB).

Bei einer länger dauernden Testamentsvollstreckung kann der Erbe jährlich verlangen, dass der Testamentsvollstrecker ihm Rechenschaft leistet. Dieser hat dann einen Überblick über die einzelnen Ein- und Ausgaben zu geben (§ 2218 Abs. 2 BGB).

7. Beginn und Ende des Amtes

Derjenige, der von dem Verstorbenen zum Testamentsvollstrecker bestimmt ist, ist nicht automatisch ab dem Todestag Testamentsvollstrecker. Vielmehr muss er die Annahme des Amtes ausdrücklich gegenüber dem Nachlassgericht erklären (§ 2206 BGB). Keiner ist aber verpflichtet, dass Amt anzunehmen. Er kann auch ablehnen, was er dem Nachlassgericht mitteilen muss. Wenn jemand das Amt angenommen hat, endet dies:

- mit seinem Tod, da das Amt nicht vererblich ist (§ 2225 BGB);
- mit erfolgter Auseinandersetzung der Erbengemeinschaft;
- mit Ablauf einer vom Verstorbenen gesetzten Frist oder gesetzten Bedingung;
- mit der Kündigung des Testamentsvollstreckers, wozu er jederzeit berechtigt ist. Diese hat der Testamentsvollstrecker gegenüber dem Nachlassgericht zu erklären (§ 2226 BGB);
- mit **Entlassung durch das Nachlassgericht**, nachdem die Erben oder Vermächtnisnehmer bei Gericht einen Entlassungsantrag gestellt haben. Der ist erfolgreich, wenn ein wichtiger Grund vorliegt (§ 2227 BGB). Dazu erforderliche Pflichtverletzungen können vorliegen, wenn der Testamentsvollstrecker nicht tätig wird, er das Nachlassverzeichnis nicht oder nur fehlerhaft errichtet hat oder er den Erben nicht gesetzlich vorgeschriebene Auskünfte erteilt. Mit der erfolgten Entlassung ist aber nicht gesagt, dass die Testamentsvollstreckung als solche beendet ist. Es muss dann geklärt werden, ob das Testament oder der Erbvertrag für diesen Fall bereits Vorkehrungen getroffen hat oder ob es dem Willen des Verstorbenen entspricht, dass das Nachlassgericht einen Nachfolger benennt.

8. Vergütung

Neben Auslagenersatz steht dem Testamentsvollstrecker eine – so heißt es im Gesetz – „angemessene Vergütung" zu (§ 2221 BGB). Da die Berechnung der Höhe der Vergütung des Testamentsvollstreckers mithin gesetzlich nicht vorgeschrieben ist, empfiehlt es sich, bereits im Testament oder Erbvertrag zu fixieren, wie sich die Vergütung des Testamentsvollstreckers berechnet. Es kann auch der Vergütungsanspruch ausgeschlossen sein. Dies erhöht sicherlich nicht die Motivation einer Person, das oftmals zeitaufwändige und nervenaufreibende Testamentsvollstreckeramt zu übernehmen.

Beraterhinweis: Zu empfehlen ist die Aufnahme einer Vergütungsregelung, die sich nach dem Zeitaufwand bemisst. Ferner sollte es dem Testamentsvollstrecker gestattet sein, eine Haftpflichtversicherung zulasten des Nachlasses abzuschließen.

Wenn aber im Testament oder Erbvertrag nicht solche Vorkehrungen getroffen wurden, ist die Höhe der Vergütung anderweitig zu ermitteln. Hierfür sind der Umfang, die Dauer, die Schwierigkeit und auch der Wert des Nachlasses ausschlaggebend. Recht beliebt sind die sogenannten Vergütungsempfehlungen des deutschen Notarvereins, die auch als „neue Rheinische Tabelle" bezeichnet werden. Die Höhe der Vergütung richtet sich nach dem Bruttonachlasswert, so dass Schulden nicht abzuziehen sind.

Nachlasswert	Vergütung in Prozent
bis 250.000,00 €	4 %.
bis 500.000,00 €	3 %.
bis 2,5 Mio.	2,5 %.
bis 5 Mio.	2 %.
über 5 Mio.	1,5 %.

Mindestens aber der höchste Betrag der Vorstufe.

Je nach Aufgaben und Umfang können Zuschläge verlangt werden, wobei die Gesamtvergütung nicht das Dreifache des Vergütungsgrundbetrages überschreiten soll.

Bei einer **Dauertestamentsvollstreckung** kann der Testamentsvollstrecker jährlich nach diesen Vergütungsempfehlungen $1/3$ bis $1/2$ % in dem jeweiligen Jahr vorhandenen Nachlassbruttowertes oder – wenn höher – 2 bis 4 % des jährlichen Nachlassbruttoertrages verlangen. Da ein Unternehmen im Nachlass einen höheren Aufwand mit sich bringt, kann der Testamentsvollstrecker für seine Vergütung 10 % des jährlichen Reingewinns beanspruchen.

Der Testamentsvollstrecker kann diese Vergütung als Nachlassverbindlichkeit selbst am Ende dem Nachlass entnehmen. Daneben kann der Testamentsvollstrecker mit Nachlassmitteln auch von ihm für etwaig zu führende Prozesse beauftragte Rechtsanwälte oder für die Erstellung der Steuererklärungen beauftragte Steuerberater bezahlen.

9. Nachlassgericht

Der Testamentsvollstrecker muss die Annahme, Kündigung und auch die Beendigung des Testamentsvollstreckeramtes dem Nachlassgericht gegenüber erklären. Bei dem Nachlassgericht kann er auch ein Testamentsvollstreckerzeugnis beantragen. Mit diesem kann er sich dann etwa Banken und weiteren Vertragspartnern des Verstorbenen gegenüber als Testamentsvollstrecker legitimieren. Das Verfahren des Testamentsvollstreckerzeugnisses ist ähnlich wie das des Erbscheins (S. 62 ff.). Die Erteilung des Testamentsvollstreckerzeugnisses löst eine Gebühr von $\frac{1}{1}$ nach der Kostenordnung aus (§ 109 Abs. 1 Nr. 2 KostO, S. 205) sowie zusätzlich zumeist eine weitere Gebühr von $\frac{1}{1}$ für die eidesstattliche Versicherung (§ 49 KostO).

Beraterhinweis: In manchen Fällen können Aufwand und Kosten eines Testamentsvollstreckerzeugnisses dadurch gespart werden, dass die Person des Testamentsvollstreckers bereits innerhalb einer Vorsorgevollmacht oder Generalvollmacht von dem Verstorbenen bevollmächtigt wurde. Dann kann dieser sich mit Hilfe der Vollmacht legitimieren. Auch die Ernennung eines Testamentsvollstreckers in einem notariellen Testament oder Erbvertrag erübrigt in vielen Fällen die Notwendigkeit eines Testamentsvollstreckerzeugnisses.

Dem Nachlassgericht steht gegenüber dem Testamentsvollstrecker weder ein Aufsichtsrecht noch eine Weisungsbefugnis zu. Der Testamentsvollstrecker muss dem Gericht auch keinen Bericht erstatten. Wenn der Erbe unzufrieden mit dem Testamentsvollstrecker ist und ein Entlassungsgrund vorliegt, kann der Erbe beim Nachlassgericht einen Entlassungsantrag stellen (§ 2227 BGB).

Wenn mehrere Testamentsvollstrecker sich das Amt teilen und unterschiedlicher Meinung hinsichtlich einer zu treffenden Maßnahme sind, entscheidet hierüber das Nachlassgericht (§ 2224 BGB).

Kapitel 7.
Erbengemeinschaft

Immer, wenn den Verstorbenen zwei und mehr Personen beerben, entsteht eine Erbengemeinschaft. Dabei ist es gleichgültig, ob die Miterben aufgrund des Gesetzes, eines Testamentes oder eines Erbvertrages zu Erben berufen sind.

Die Erbengemeinschaft ist eine sogenannte Gesamthandsgemeinschaft. Der Nachlass geht ungeteilt auf die Miterben über und wird so **gemeinschaftliches Sondervermögen** der Erben (§ 2032 BGB). Jedem Erben gehören also zwei Vermögensmassen, und zwar sein (bisheriges) Eigenvermögen und seine Beteiligung am Nachlass in Höhe seiner Erbquote als Sondervermögen.

Beispiel: Die Erbengemeinschaft lässt sich gut mit einem Unternehmen vergleichen. Das Unternehmen entspricht der Erbengemeinschaft und die Gesellschafter entsprechen den Miterben, die aber – anders als bei einem Unternehmen – nicht ihre Miterben aussuchen konnten. Aufgrund dieser Zufallsgemeinschaft aus Personen mit durchaus sehr unterschiedlichen Vorstellungen ist eine Erbengemeinschaft besonders konfliktträchtig.

Die einzelnen Gegenstände der Erbengemeinschaft stehen nicht im Eigentum einzelner Miterben. Einem einzelnen Miterben gehört auch nicht ein Anteil an den einzelnen Gegenständen aus dem Nachlass in Höhe seiner Erbquote. Ein Miterbe darf demnach nicht alleine einen Nachlassgegenstand oder seinen Anteil daran ohne Abstimmung mit den Miterben verkaufen oder alleine nutzen (§ 2033 Abs. 2 BGB).

Da die Erbengemeinschaft nicht rechtsfähig und **keine juristische Person** ist, kann sie weder Klagen beim Gericht einreichen noch verklagt werden. Vertrags- und Prozesspartei sind daher die einzelnen Miterben zusammen.

Im Grundbuch werden die Namen der einzelnen Miterben mit dem Zusatz „in Erbengemeinschaft" eingetragen, und zwar ohne jeweils die einzelnen Erbquoten (§ 47 Grundbuchordnung).

Formulierungsmuster zur Grundbuchberichtigung:

An das Amtsgericht – Grundbuchamt ...

Sehr geehrte Damen und Herren,

im Grundbuch von ... war unsere verstorbene Mutter als Alleineigentümerin nachfolgenden Grundbesitzes eingetragen ... Ausweislich des in Kopie beiliegenden Erbscheins haben wir unsere Mutter beerbt. Wir beantragen hiermit die Berichtigung des Grundbuchs durch unsere Eintragung in Erbengemeinschaft.

Mit freundlichen Grüßen

Ein Erbe

> **Beraterhinweis:** Die Grundbuchberichtigung ist bis zum Ablauf von 2 Jahren nach dem Todesfall gebührenfrei. Antragsberechtigt ist jeder einzelne Miterbe.

Auf den Anteil eines jeden Erben finden die Vorschriften für den Alleinerben Anwendung, etwa für die Regeln des Vonselbsterwerbs, Ausschlagung, Annahme etc. (§ 1922 Abs. 2 BGB). Das bedeutet, dass jeder einzelne Miterbe für sich entscheiden kann, ob er seinen Erbteil annimmt oder diesen ausschlägt.

I. Wichtige Begriffe innerhalb der Erbengemeinschaft

Immer wieder kommen im Recht der Erbengemeinschaft folgende Begriffe vor:

- Die Erbengemeinschaft stellt ein **Sondervermögen** dar, in dem sämtliche Vermögensgegenstände und Verbindlichkeiten des Verstorbenen aufgehen. Die Miterben halten einen Anteil an diesem Sondervermögen in Höhe ihrer Erbquote. Daher sind einzelne Miterben nicht berechtigt, einzelne Vermögensgegenstände etwa an sich zu nehmen oder diese zu verkaufen. So etwas dürfen sie nur gemeinsam tun. Allen gehört alles, beschränkt aber durch die Rechte der anderen Miterben. Von diesem Sondervermögen ist das **Eigenvermögen** der Miterben abzugrenzen, bei dem es sich um die Vermögensgegenstände und Verbindlichkeiten handelt, die dem Miterben bereits vor dem Erbfall gehörten.
- Die Miterben haben bis zur Auflösung der Erbengemeinschaft den Nachlass zu verwalten. Je nach Art der **Nachlassverwaltung** müs-

sen sie solche Entscheidungen einstimmig oder mit einfacher Mehrheit treffen. Spezielle Maßnahmen dürfen sie auch alleine durchführen.

- Fällt in den Nachlass ein Grundstück oder eine Immobilie, so kann jeder Miterbe alleine die **Teilungsversteigerung** über dieses Objekt bei dem Amtsgericht beantragen. Das Gericht lässt dann von einem Sachverständigen den Wert schätzen und führt die Versteigerung durch. Vom Antrag bis zur Versteigerung vergehen schnell 12 Monate.

- **Vorempfänge**, die ein Miterbe von dem Verstorbenen erhalten hat, können seinen Erbanspruch reduzieren. Zu solchen Vorempfängen zählen **Geschenke**, Ausstattungen wie eine Aussteuer (Mitgift) oder der Zuschuss zur Gründung eines eigenen Unternehmens und übermäßige Zuschüsse zu Unterhalt oder zur Ausbildung.

- Jede Erbengemeinschaft ist irgendwann von den Miterben aufzulösen. Man spricht von der **Auseinandersetzung**. Nachdem die Verbindlichkeiten beglichen wurden, sind die noch verbleibenden Vermögensgegenstände unter den Miterben anhand deren Erbquote aufzuteilen. Jeder Miterbe hat das Recht, die anderen Miterben darauf zu verklagen, den von ihm erstellten Teilungsplan zur Auseinandersetzung der Erbengemeinschaft zuzustimmen. Solche Klagen sind sehr riskant; zumeist kommen sie nicht durch. Besser ist es, wenn die Miterben sich gemeinsam und einvernehmlich einigen. Sie müssen dann einen **Auseinandersetzungsvertrag** aufsetzen.

II. Verfügung über den Erbanteil

Zwar kann ein einzelner Miterbe nicht über einzelne Nachlassgegenstände verfügen, also einen solchen verkaufen oder verschenken – auch nicht hinsichtlich seines Anteils. Stattdessen kann er über seinen Anteil an der Erbengemeinschaft ganz oder teilweise verfügen, also an einen Dritten übertragen oder diesen belasten (§ 2033 Abs. 1 BGB). Ein solcher Vertrag bedarf der notariellen Form (§ 2033 Abs. 1 BGB). Der Erwerber tritt in die Rechtsposition des veräußernden Miterben ein.

Beispiel: Ein Miterbe mit einer Erbquote von 50 % kann entweder seinen gesamten hälftigen Anteil verkaufen oder beispielsweise nur die Hälfte davon. Danach wären er und der erwerbende Dritte jeweils zu 25 % an der Erbengemeinschaft beteiligt.

Bei einem Verkauf steht **den anderen Miterben ein Vorkaufsrecht** zu (§ 2034 BGB; zusätzliche Regelungen in den §§ 2371 ff. BGB). Dadurch gibt das Gesetz den anderen Miterben die Möglichkeit zu verhindern, dass eine fremde, unerwünschte Person in die Erbengemeinschaft eintritt. Der veräußernde Miterbe hat seine Miterben über den Verkauf zu informieren; diese Pflicht wird durch die Mitteilung des Käufers ersetzt. Die Miterben können dann innerhalb von 2 Monaten ihr Vorkaufsrecht gegenüber dem verkaufenden Miterben erklären. Sofern der Erbanteil bereits auf den Käufer übertragen wurde, ist das Vorkaufsrecht gegenüber dem Käufer zu erklären. Vorkaufsberechtigt sind die übrigen Miterben gemeinsam. Erst nachdem die übrigen Erben auf ihr Vorkaufsrecht verzichtet haben, kann ein einzelner Miterbe dieses Recht für sich alleine ausüben.

Als Verfügung kommt nicht nur ein Verkauf oder eine Schenkung in Betracht, sondern auch eine **Pfandrechtsbestellung**, beispielsweise zugunsten einer finanzierenden Bank (§ 1273 BGB) oder die Einräumung eines Nießbrauchs (§ 1068 BGB). Mit der Verpfändung erwirbt der Pfandrechtsgläubiger das Recht auf Mitverwaltung und -verfügung sowie auf Mitwirkung bei der Auseinandersetzung.

Beraterhinweis für verschuldete Miterben und Sozialhilfeempfänger:
Gläubiger eines Miterben können dessen Anteil an einer Erbengemeinschaft (teilweise) pfänden.

Wenn ein Sozialhilfeempfänger geerbt hat, können die Voraussetzungen für den Bezug von Sozialhilfe nicht mehr vorliegen. Er muss sich in jedem Fall mit dem Sozialamt verständigen.

III. Nachlassverwaltung

In der Zeit bis zur Auflösung der Erbengemeinschaft verwalten die Miterben den Nachlass gemeinschaftlich (§ 2038 Abs. 1 BGB). Jeder Miterbe ist verpflichtet, bei den zur Erhaltung des Nachlasses erforderlichen Maßnahmen mitzuwirken. Die Verwaltung umfasst alle tatsächlichen und rechtlichen Maßnahmen, die zur Verwahrung, Sicherung und Vermehrung sowie zur Gewinnung der Nutzung und Begleichung der Verbindlichkeiten des Nachlasses erforderlich oder geeignet ist. Bei der Verwaltung ist zwischen dem Innen- und dem Außenverhältnis zu unterscheiden, also zwischen der internen Entscheidungsfindung und der anschließenden Umsetzung.

1. Die Entscheidungsfindung (Innenverhältnis)

Die Anforderung an die Entscheidungsfindung unter den Miterben hängt von der Art der Verwaltungsmaßnahme ab. Es ist zwischen folgenden Arten zu unterscheiden (§ 2038 BGB):
- Maßnahmen der laufenden Verwaltung,
- Maßnahmen der außerordentlichen Verwaltung, also grundlegende Angelegenheiten sowie
- Notverwaltungsmaßnahmen bei besonderer Dringlichkeit.

a) Maßnahmen der laufenden Verwaltung

Zu den laufenden Verwaltungsmaßnahmen (sogenannte ordnungsgemäße Verwaltung) zählen beispielsweise
- Vertragsschlüsse mit Handwerkern wegen Reparaturen und Instandhaltungsmaßnahmen von Gegenständen aus dem Nachlass,
- Forderungs- und Mietzinseinziehung,
- Anfechtung beispielsweise eines Wohnungseigentümerbeschlusses,
- Widerruf einer von dem Verstorbenen erteilten Vollmacht,
- Verbindlichkeiten der Erbengemeinschaft zu bezahlen,
- Wohnungen zu vermieten,
- Barvermögen und Wertpapiere anzulegen,
- Regelung zur Benutzung von Nachlassgegenständen vereinzubaren sowie
- Pflichtteilsansprüche zu beziffern und auszuzahlen.

Eine solche **Maßnahme** der laufenden Verwaltung muss nach objektiver vernünftiger Betrachtung der Art und Zweckbestimmung des Gegenstandes entsprechen, **zur ordnungsgemäßen Verwaltung**

erforderlich sein und das Interesse aller Miterben berücksichtigen (§ 2038 Abs. 1 Satz 2 Halbsatz 1 BGB). Dadurch darf keine wesentliche Veränderung eintreten, da ansonsten eine Maßnahme der außerordentlichen Verwaltung vorliegt (S. 137). Ob eine Maßnahme zur laufenden oder zur außerordentlichen Verwaltung zählt, ist jeweils eine Einzelfallentscheidung.

Für eine wirksame Entscheidung ist der Beschluss **der Mehrheit der Miterben** erforderlich (§§ 2038 Abs. 2 Satz 1, 745 BGB). Die Stimmenmehrheit richtet sich nicht nach Köpfen, sondern nach den jeweiligen **Erbquoten**. Beschlüsse der Erbengemeinschaft sind sogar mündlich möglich; es empfiehlt sich aber die Schriftform. Im Idealfall werden von Zeit zu Zeit die Miterben zu einer gemeinsamen Versammlung eingeladen, bei der die anstehenden Verwaltungsmaßnahmen besprochen und beschlossen werden.

Formulierungsmuster eines Protokolls der Erbenversammlung:
Sämtliche Miterben waren anwesend, und zwar …
Im Einverständnis sämtlicher Miterben hat Miterbe A den Vorsitz übernommen.
Miterbe B führte zu TOP 1 aus: … Daraufhin beschlossen die Miterben einstimmig, dass das Mietverhältnis gekündigt werden soll. Herr X wird beauftragt und bevollmächtigt, alle erforderlichen Schritte zu unternehmen.
Miterbe B führte zu TOP 2 aus: … Die Miterben beschlossen mit einer Mehrheit von 75 %, dass die Heizung im Gebäude … erneuert werden soll. Miterbe B wird beauftragt, entsprechende Angebote einzuholen.

Jeder Miterbe ist verpflichtet, an den Entscheidungen mitzuwirken. Ist er überstimmt, muss er bei der Umsetzung mitwirken, soweit dies erforderlich ist. Anderenfalls kann er sich schadensersatzpflichtig machen. Ein Miterbe, der gegen einen Beschluss stimmt, kann ggf. von den anderen Miterben auf Zustimmung verklagt werden.

Ein Miterbe kann bei der Beschlussfassung ausgeschlossen sein, wenn ein **Interessenwiderstreit** zwischen ihm und der Erbengemeinschaft vorliegt. Das kann der Fall sein, wenn er der Erbengemeinschaft Geld schuldet und die Entscheidung ansteht, diese Forderung gegen ihn – ggf. auch gerichtlich – durchzusetzen. Oder wenn er mit der Erbengemeinschaft einen Mietvertrag abgeschlossen hat, den einige Erben kündigen möchten.

b) Maßnahmen der außerordentlichen Verwaltung

Außerordentliche Verwaltungsmaßnahmen haben für den Nachlass eine **erhebliche wirtschaftliche Bedeutung**, wie beispielsweise

- zumeist die Veräußerung einer Immobilie oder
- die Umwandlung eines geerbten Unternehmens in eine andere Branche.

Ein solcher Beschluss muss unter den Miterben einstimmig gefasst werden (§ 2038 Abs. 1 Satz 1, § 745 Abs. 3 BGB).

c) Notverwaltungsmaßnahmen

Wenn ein Rohr eines Hauses gebrochen ist oder das Dach brennt, kann ein Miterbe selbstverständlich sofort tätig werden, ohne dass die anderen Miterben zustimmen müssen. Bei diesen Notverwaltungsmaßnahmen handelt es sich um Dringlichkeitsfälle im Rahmen der ordnungsgemäßen Verwaltung. Jeder Miterbe kann dann alleine entscheiden (§ 2038 Abs. 1 BGB).

2. Umsetzung der Entscheidung (Außenverhältnis)

Hat eine Erbengemeinschaft einen Mehrheitsbeschluss hinsichtlich einer laufenden Verwaltungsmaßnahme gefasst, kann die Mehrheit den Beschluss auch umsetzen. Beispielsweise können sie einen Vertrag mit einem Handwerker über Renovierungsarbeiten schließen, Überweisungen durch die Bank veranlassen oder einen Rechtsanwalt beauftragen, vielleicht eine Forderung einzutreiben. Ein überstimmter Miterbe muss also nicht erst auf Unterschriftsleistung verklagt werden, wenn er sich weigert mitzuwirken.

> **Beraterhinweis:** Oftmals werden aber Vertragspartner der Erbengemeinschaft die Unterschrift von allen Miterben fordern. Banken möchten, dass sämtliche Miterben Überweisungsformulare unterschreiben. In der Praxis ist es daher einfacher, wenn sämtliche Miterben eine Entscheidung mittragen und ausführen. In einer Erbengemeinschaft sollten die Miterben daher – soweit irgendwie möglich – einvernehmliche Entscheidungen treffen.

3. Aufwendungsersatzansprüche

Wird ein Miterbe aufgrund eines wirksamen Beschlusses der Erbengemeinschaft oder wegen einer Notverwaltungsmaßnahme tätig, kann er für die entstehenden Aufwendungen einen Vorschuss (§ 669 BGB) oder nachträglich Aufwendungsersatz (§ 670) verlangen. Kosten und Lasten der Verwaltung werden nach dem Verhältnis der Erbteile verteilt (§§ 2038 Abs. 2, 748 BGB). Grundsätzlich hat die Erbengemeinschaft dem Miterben, der Geld verauslagt hat, aus ihren liquiden Mitteln Ersatz zu leisten. Ist das Barvermögen aufgebraucht, kann der Miterbe spätestens bei der Auseinandersetzung der Erbengemeinschaft Ersatz verlangen. Unter Umständen braucht er aber solange nicht zu warten und kann sogar direkt von den einzelnen Miterben Zahlung verlangen. Sie müssen dann aus ihrem Eigenvermögen Zahlung leisten.

Der Fall aus der Praxis: Die Erbengemeinschaft besteht aus der Witwe und den vier Töchtern des Verstorbenen aus erster Ehe. Die Witwe wohnt weiterhin in dem Nachlass zugehörigen Wohnhaus und bezahlt zunächst Grundsteuer und die Prämien der Gebäudeversicherung. Ihre Aufwendungen kann sie nicht von der Erbengemeinschaft sich ersetzen lassen, da die Konten leer sind. In diesem Fall hat das Amtsgericht Neuss die Töchter verurteilt, der Witwe ihre Aufwendungen in Höhe ihrer jeweiligen Erbquote zu ersetzen (Urteil vom 5. Februar 2008 – Az. 75 C 4850/07).

4. Verfügungen über Nachlassgegenstände

Verfügen dürfen Erben nur gemeinschaftlich (§ 2040 Abs. 1 BGB). Hierfür einige Beispiele:
- Übereignung eines verkauften Nachlassgegenstandes,
- Kündigung eines Mietvertrages,
- Aufrechnung mit einer zum Nachlass gehörenden Forderung gegen eine Nachlassverbindlichkeit,
- Erlass oder Abtretung einer Forderung oder
- Rücktritt oder Anfechtung von Verträgen.

Im Regelfall müssen sämtliche Miterben vor dieser Verfügung einwilligen; eine nachträgliche Genehmigung ist in einigen Fällen möglich (§§ 182 ff. BGB). Wenn aber eine solche Verfügung einen Mehrheitsbeschluss der Erbengemeinschaft über eine Maßnahme der laufenden Verwaltung umsetzen soll, wird vertreten, dass dann nicht sämtliche Miterben bei dieser Verfügung mitwirken müssen.

Verfügungen gegenüber der Erbengemeinschaft: Wenn ein Mieter der Erbengemeinschaft gegenüber kündigen möchte, muss er sämtlichen Miterben die Kündigung zugehen lassen. Das gleiche gilt auch bei einem Rücktritt von einem Vertrag, gegebenenfalls auch bei einer Anfechtung.

5. Nutzung der Nachlassgegenstände

Der Gebrauch der Nachlassgegenstände steht allen Miterben anteilig und gemeinschaftlich zu. Ein Nachlass zugehöriges Wohnhaus oder Auto dürfen so alle Miterben im Hinblick auf ihre Erbquote nutzen, soweit der Mitgebrauch durch die anderen Miterben hierdurch nicht beeinträchtigt wird (§ 2038 Abs. 2, 743 Abs. 2 BGB). Die Festlegung der Art und Weise des Gebrauchs unterliegt als Maßnahme der laufenden Verwaltung der Mehrheitsentscheidung der Erbengemeinschaft.

6. Erträge der Nachlassgegenstände

Die Erträge der Nachlassgegenstände fallen in den Nachlass, so Dividenden von Aktien oder Mietzinsen von vermieteten Wohnungen. Diese Einnahmen werden grundsätzlich auf die einzelnen Miterben erst bei der Auseinandersetzung der Erbengemeinschaft verteilt. Wenn jedoch die Auseinandersetzung länger als ein Jahr ausgeschlossen ist, kann jeder Miterbe am Jahresende die Teilung des Reinertrages verlangen (§ 2038 Abs. 2 BGB).

7. Kosten der Nachlassgegenstände

Sämtliche Kosten und Lasten der Erbengemeinschaft sind aus den Mitteln der Erbengemeinschaft zu begleichen. Letztlich trägt jeder Miterbe diese Verbindlichkeiten in Höhe seiner jeweiligen Erbquote. Das betrifft auch die Aufwendungen eines Miterben, die aufgrund eines wirksamen Beschlusses der Erbengemeinschaft ausgelöst wurden (§§ 669, 670 BGB).

IV. Üblicher Streitfall: Die Nutzung des Hauses des Verstorbenen

Ein typischer Fall: Der Verstorbene hinterlässt seiner Ehefrau und seinen Kindern im Wesentlichen sein Wohnhaus und etwas Barvermögen. Zwischen der Witwe und den Kindern entbrennt Streit über die Frage, ob die Witwe das Wohnhaus weiterhin nutzen darf, ob sie „Miete" zu entrichten hat und wer die Lasten und Kosten des Wohnhauses zu übernehmen hat.

1. Ohne eine Vereinbarung

Solange die Miterben keine Regelung über die Benutzung und die Lastentragung getroffen haben, dürfen sie grundsätzlich alle dieses Wohnhaus nutzen. Solange die miterbenden Kinder aber ihr Recht auf Mitgebrauch nicht geltend gemacht haben, ist der Alleingebrauch durch die Witwe zulässig. Viele glauben, dass die nutzende Witwe „automatisch" „Miete" zu bezahlen hat und die Lasten des Hauses zu übernehmen hat. Das ist falsch.

Vielmehr müssen die Lasten des Hauses, wie Gebäudeversicherung und Grundsteuer, aus Mitteln der Erbengemeinschaft bezahlt werden. Erst wenn ein Kind geltend gemacht hat, dass es das Wohnhaus auch nutzen möchte und die nutzende Witwe sich weigert, dies zuzulassen, kann das ausgeschlossene Kind Schadensersatz verlangen (BGH, Urteil vom 29. Juni 1966 – Az. V ZR 163/63).

Beraterhinweis: Der nichtnutzende Miterbe sollte baldmöglichst nach dem Erbfall geltend machen, dass er das Wohnhaus mitbenutzen möchte – zumindest aus taktischen Gründen.

Daraufhin sollte der nutzende Miterbe mitteilen, dass der Anspruchsteller jederzeit in das Haus einziehen kann. Anderenfalls kann der ausgeschlossene Miterbe „Miete" von dem nutzenden Miterben als Schadensersatz verlangen, da er die Mitbenutzung nicht gewährt hat.

---

2. Vereinbarung über individuelle Nutzung

Oftmals entspricht es nicht dem Willen der einzelnen Miterben, wenn nur die Witwe das Wohnhaus nutzt und die Lasten dieses

Wohnhauses mittelbar über die Erbengemeinschaft von sämtlichen Miterben in Höhe ihrer jeweiligen Erbquote getragen werden. Die Erbengemeinschaft kann dann einen Beschluss über die Nutzung und über die Lastentragung des Wohnhauses fassen; es handelt sich um einen Beschluss der laufenden Verwaltung (§ 2038 Abs. 1 Satz 2 Halbsatz 1 BGB). Der örtliche Mietspiegel – soweit vorhanden – kann Anhaltspunkte für die Zahlungen bieten, die die nutzende Witwe an die Kinder zu leisten hat.

Formulierungsmuster für einen Beschluss:
Die Witwe bewohnt das Gebäude … alleine. Im Gegenzug obliegt ihr, die üblichen Lasten wie Versicherung, Grundsteuer, Strom, Müllabfuhr etc. zu tragen. Sie hat ferner monatlich je 200 € an die Miterben A und B für die Nutzung zu entrichten. Soweit Renovierungsmaßnahmen erforderlich sind, treffen die Miterben gemeinsam eine Entscheidung.

3. Anspruch auf individuelle Nutzungsvereinbarung

Unter ganz besonderen Umständen kann ein Miterbe eine Regelung zur Nutzung und Lastentragung von den übrigen Miterben verlangen – und dies sogar einklagen, und zwar

- wenn die Erbengemeinschaft hierzu keinen Beschluss oder keine Vereinbarung getroffen hat;
- wenn die bestehende Regelung lückenhaft ist oder
- wenn eine nachträgliche wesentliche Änderung der tatsächlichen Verhältnisse eingetreten ist.

Die verlangte Regelung muss **vernünftiger Interessenabwägung** unter den Miterben und **billigem Ermessen** entsprechen (§ 745 Abs. 2 BGB). Hat die Witwe bereits zu Lebzeiten mit ihrem verstorbenen Ehemann in dem Nachlass zugehörigem Wohnhaus gewohnt, steht ihr weiterhin das Recht zum alleinigen Gebrauch zu. Wenn die anderen Miterben fordern, ins Haus einzuziehen, verstieße diese Forderung gegen billiges Ermessen. Es würde den Interessen sämtlicher Beteiligten entsprechen, wenn die Witwe eine Nutzungsentschädigung an die nichtnutzenden Miterben zahlt. Dazu sollten die nichtnutzenden Miterben die Witwe zur Zahlung einer Nutzungsentschädigung auffordern, die den örtlichen Gegebenheiten entspricht. Der örtliche Mietspiegel bietet eine gute Argumentationsgrundlage.

Formulierungsmuster für Schreiben an die nutzende Witwe:
Liebe Stiefmutter,
seit dem Erbfall bewohnst Du das Haus, das Teil der Erbengemeinschaft ist. Dadurch schließt Du mich von meinem Recht der Nutzung aus. Deiner alleinigen Nutzung widerspreche ich. Gleichwohl bin ich mit Deiner Weiternutzung einverstanden, wenn Du neben den laufenden Kosten der Erbengemeinschaft eine angemessene Nutzungsentschädigung bezahlst. Die ortsübliche, monatliche Miete für eine vergleichbare Immobilie in dieser Lage beträgt 1.200 €. Ich bitte Dich, ab dem 1. November 2009 diesen Betrag auf das Konto der Erbengemeinschaft anzuweisen.
Schöne Grüße
Die Stieftochter

Reagiert die Witwe auf eine solche Forderung nicht, kann sie von den anderen Miterben **verklagt werden** – entweder auf Zustimmung zu der Benutzungsregelung oder direkt auf Zahlung. Das Gericht entscheidet dann, in welcher Höhe eine Nutzungsentschädigung angemessen ist.

Beraterhinweis: Der Erbengemeinschaft ist dringend zu empfehlen, sich am „runden Tisch" über eine Regelung hinsichtlich der Nutzung und der Lastentragung des Wohnhauses zu einigen. Klagen auf Zustimmung zu solchen Regelungen oder direkt auf Zahlung sind durchaus riskant – und verderben die Stimmung unter den Miterben. Eine baldige, einvernehmliche Auseinandersetzung der Erbengemeinschaft rückt in weite Ferne.

V. Einziehung von Nachlassforderungen

Stehen der Erbengemeinschaft gegen Dritte oder gegen Miterben Forderungen zu, so ist jeder Miterbe alleine berechtigt, diese Ansprüche des Nachlasses außergerichtlich und sogar gerichtlich geltend zu machen (§ 2039 Satz 1 BGB). Es ist nicht erforderlich, dass zuvor ein entsprechender Beschluss der Erbengemeinschaft getroffen wurde. Der einzelne Miterbe klagt im eigenen Namen. Er kann aber die Zahlung nur an die Erbengemeinschaft verlangen, nicht hingegen auf sein Privatkonto. So scheitert die Geltendmachung von Nachlassforderungen nicht an der Gleichgültigkeit von Miterben und stellt sicher, dass auch Ansprüche gegen einzelne Miterben durchgesetzt werden können.

Formulierungsmuster für den Einzug einer Forderung:

Sehr geehrte Frau …,

ich habe meinen Vater zu $^1/_4$ beerbt. Der Anlage können Sie eine beglaubigte Kopie des Erbscheins entnehmen. Ich habe festgestellt, dass meinem verstorbenen Vater gegen Sie eine Forderung in Höhe von 10.000 € zusteht, die mittlerweile fällig ist. Ich fordere Sie auf, diesen Betrag spätestens bis zum … auf das Konto der Erbengemeinschaft bei der Sparkasse …, BLZ …, Konto-Nr. …, anzuweisen.

Mit freundlichen Grüßen

Ein Erbe

Der Fall aus der Praxis: Die Erbengemeinschaft hat einer Miterbin eine Wohnung aus dem Nachlass vermietet. Eines Tages stellt sie die Mietzinszahlungen ein, obwohl ihr das Sozialamt weiterhin Wohngeld gewährt. Ein Miterbe konnte so eine Miterben, in diesem Fall seine Schwester, erfolgreich verklagen, so dass sie die säumigen Mietzinsen auf das Konto der Erbengemeinschaft bezahlen musste (AG Euskirchen, Urteil vom 8. Oktober 2007 – Az. 41 C 314/07).

VI. Die Haftung der Miterben

Für sämtliche Nachlassverbindlichkeiten haften die Miterben als Gesamtschuldner (§§ 2058, 421 BGB). Daher steht es jedem Nachlassgläubiger frei, von einem Miterben nach seiner Wahl den vollen Betrag zu fordern oder einzuklagen. Der Miterbe, der die gesamte Forderung gezahlt hat, kann danach die anderen Miterben in Regress nehmen (§ 426 BGB). Die Haftung von Miterben für Nachlassverbindlichkeiten richtet sich nach folgenden drei Phasen:

- **Vor der Annahme der Erbschaft** kann ein Miterbe von einem Gläubiger nicht gerichtlich in Anspruch genommen werden (§ 2058 BGB).

- **Bis die Erbengemeinschaft noch nicht auseinandergesetzt** und aufgelöst ist, bildet der Nachlass gesamthänderisches Sondervermögen der Miterben. Der Miterbe ist in dieser Zeit berechtigt, die Leistung aus seinem Eigenvermögen zu verweigern (§ 2059 Abs. 1 Satz 1 BGB). Ein Nachlassgläubiger kann sich aussuchen,

– ob er einen oder mehrere Miterben für die gesamte Schuld verklagt (Gesamtschuldklage, § 2058 BGB) oder
– alle sich widersetzenden Miterben auf Duldung der Zwangsvollstreckung in den Nachlass verklagt (§ 2059 Abs. 2 BGB).
• **Ist die Erbengemeinschaft aufgeteilt**, kann ein Nachlassgläubiger einen Miterben nach seiner Wahl in Anspruch nehmen. Ein in Anspruch genommener Miterbe kann die anderen Miterben in Höhe ihrer jeweiligen Erbquote in Anspruch nehmen.

VII. Auskunftspflichten

Grundsätzlich stehen Miterben untereinander keine Auskunftsansprüche hinsichtlich des Bestandes des Nachlasses zu. Ein Miterbe kann also von einem anderen Miterben nicht verlangen, dass dieser ein Verzeichnis über sämtliche Nachlassgegenstände und – verbindlichkeiten erstellt. Schließlich kann sich jeder Miterbe selbst Auskunft einholen, beispielsweise unter Vorlage eines Erbscheins bei der Bank über die Konten des Verstorbenen. Im engen Rahmen besteht unter den Erben eine Auskunftspflicht aus Treu und Glauben (§ 242 BGB), der Umfang ist aber sehr umstritten.

> **Beraterhinweis:** Zu empfehlen ist zur friedlichen Erbauseinandersetzung, dass die Miterben sich nicht darüber streiten, wer zu welchen Auskünften verpflichtet ist. Vielmehr ist es effektiver, wenn der informierte Miterbe ein Nachlassverzeichnis erstellt. Das ist dann die Grundlage für die Erbauseinandersetzung.

Ein Miterbe kann jedoch anderen zur Auskunft verpflichtet sein, wenn er beispielsweise für den Verstorbenen als Bevollmächtigter für diesen Geschäfte vorgenommen hat oder mit ihm in einer Wohnung – auch nur zeitweise – zusammengelebt hat (§ 2028 BGB). Haben Kinder als Miterben von dem Verstorbenen **Vorschenkungen** erhalten, die nunmehr Auswirkungen auf ihren Erbteil haben, so sind sie untereinander diesbezüglich auskunftspflichtig (§ 2057 BGB). Wenn die Erbengemeinschaft einen einzelnen Miterben **beauftragt** hat, für die Erbengemeinschaft Geschäfte vorzunehmen, so hat der beauftragte Miterbe den anderen Miterben Auskunft und Rechenschaft zu leisten (§ 666 BGB).

VIII. Vorbereitungen zur Erbauseinandersetzung

Das Gesetz sieht vor, dass die Miterben die Erbengemeinschaft auseinanderzusetzen und mithin die Vermögensgegenstände unter sich aufzuteilen haben. Um dieses Ziel zu erreichen, sind Vorbereitungsmaßnahmen erforderlich.

1. Aufschub oder Ausschluss der Erbauseinandersetzung

Die Auseinandersetzung der Erbengemeinschaft ist aufgeschoben oder ausgeschlossen, wenn die Erbteile der Miterben beispielsweise durch eine anstehende Geburt noch unbestimmt sind, die Miterben eine entsprechende Regelung durch Vertrag getroffen haben oder der Verstorbene den Ausschluss im Testament angeordnet hat (§ 2044 BGB, maximal 30 Jahre). Über eine solche Anordnung können die Erben sich einstimmig hinwegsetzen.

2. Fahrplan der Auseinandersetzung

Bevor die Erbengemeinschaft auseinandergesetzt werden kann, ist Folgendes zu veranlassen:
- Sämtliche Aktiva und Passiva sollten in ein **Verzeichnis** aufgenommen sein.
- Die **Verbindlichkeiten** der Erbengemeinschaft müssen beglichen werden (§ 2046 BGB). Wenn hierzu die Kontenguthaben des Nachlasses nicht ausreichen, müssen entweder die Miterben Geld aus ihrem Eigenvermögen vorschießen oder es müssen einzelne Nachlassgegenstände verkauft werden.
- Die Ansprüche der **Vermächtnisnehmer** (S. 105 ff.) sowie der **Pflichtteilsberechtigten** (S. 153) müssen erfüllt werden. Gleiches gilt auch für etwaige Vorausvermächtnisse zugunsten von einzelnen Miterben.
- Hat der Verstorbene einzelne Nachlassgegenstände bestimmten Miterben durch **Teilungsanordnungen** in seinem Testament oder

Erbvertrag zugewiesen (S. 112 ff.), so sind diese Anordnungen von der Erbengemeinschaft zu beachten. Einvernehmlich können die Miterben sich darüber aber hinwegsetzen.

- Soweit danach noch Nachlassgegenstände vorhanden sind, sind diese im Grundsatz in Natur zu teilen. Barvermögen kann so auf die einzelnen Miterben in Höhe ihrer jeweiligen Erbquote verteilt werden. Weiteres **Beispiel:** Von 10 gleichen Tellern erhalten beide Miterben jeweils fünf Stück.

- Sofern eine Teilung in Natur nicht möglich ist oder eine einvernehmliche Regelung nicht getroffen werden kann, müssen die Nachlassgegenstände „versilbert" werden. Die Miterben sollten einvernehmlich versuchen, dass diese Gegenstände verkauft werden oder dass einzelne Miterben diese Gegenstände unter Anrechnung auf ihren Erbteil erhalten. Schwierig ist häufig die Wertbestimmung. Dann sollten Sachverständige den Wert schätzen. Einigen die Miterben sich nicht, müssen diese Gegenstände versteigert werden. Grundstücke werden im Wege der Teilungsversteigerung verwertet (§ 180 ZVG). Jeder Miterbe ist alleine berechtigt, einen entsprechenden Antrag beim Amtsgericht zu stellen. Bewegliche Gegenstände werden über die Vorschriften über den Pfandverkauf verwertet (§§ 1228 ff. BGB), zumeist durch öffentliche Versteigerung.

- Persönliche und familiäre Urkunden bleiben Gesamteigentum, wenn die Miterben sich über die Zuteilung nicht einigen können (§ 2047 Abs. 2 BGB).

IX. Die Auswirkungen von Vorempfängen des Verstorbenen an seine Kinder

Hat der Verstorbene einzelnen Kindern aus verschiedenen Gründen Vorempfänge gewährt, können sich diese Begünstigungen im Rahmen der Erbauseinandersetzung für die begünstigten Miterben reduzierend auswirken. Diese Ausgleichspflichten kommen aber nur unter Kindern des Verstorbenen in Betracht (§§ 2050, 2052 BGB). Folgende Vorempfänge können im Rahmen der Erbauseinandersetzung zu beachten sein:

- Die Tochter kann eine Aussteuer/Mitgift erhalten haben oder der Sohn eine Anschubfinanzierung zum Aufbau seines Unternehmens. Als **Ausstattungen** gelten die Zuwendungen, die Kinder mit Rücksicht auf ihre Heirat oder auf eine selbstständige Lebensstellung von ihren Eltern erhalten (§ 1624 BGB). Diese wirken sich bei der Erbauseinandersetzung aber nur dann aus, soweit der Verstorbene bei der Zuwendung nichts anderes angeordnet hat (§ 2050 Abs. 1 BGB).

- Auszugleichen sind Zuschüsse zum Lebensunterhalt und Aufwendungen für die Berufsausbildung, soweit sie über das Maß hinausgegangen sind, das nach den Lebensverhältnissen des Verstorbenen üblich ist (§ 2050 Abs. 2 BGB). Ausgleichspflichtig können so die Zuschüsse zu einem Promotionsstudium sein, wenn die Eltern in eher ärmlichen Verhältnissen leben. Die Erfüllung der gesetzlichen Unterhaltspflichten schließt eine Ausgleichungspflicht aus (§§ 1601 ff. BGB).

- **Schenkungen**, soweit der Verstorbene bei der Schenkung die **Ausgleichung angeordnet** hat (§ 2050 Abs. 3 BGB). Eine solche Anordnung kann nicht später nachgeholt werden. In der in Schenkungsverträgen von Immobilien durchaus üblichen Formulierung „im Wege der vorweggenommenen Erbfolge" ist eine solche Ausgleichung zu sehen. Bei einer Schenkung kann der Schenker auch gesagt haben: „Die Schenkung erfolgt unter Anordnung der Ausgleichung auf den Erbteil."

Kinder haben sich diese Vorempfänge ihres verstorbenen Elternteils dann später bei der Erbauseinandersetzung anrechnen zu lassen, sofern die gesetzliche Erbfolge eintritt (§ 2050 BGB). Das Gleiche gilt im Zweifel nach der Auslegungsregel des § 2052 BGB, wenn der Verstorbene die Erben genau nach der gesetzlichen Erbfolge eingesetzt hat oder die Erbteile der bedachten Kinder dem gesetzlichen Verhältnis entsprechen.

Beraterhinweis: Vorempfänge des Vaters an die Kinder finden bei der Erbauseinandersetzung nach der nachverstorbenen Mutter grundsätzlich keine Berücksichtigung und umgekehrt.

---

1. Methode zur Berechnung der Auswirkungen von Vorschenkungen

Nach folgender Methode fließen Vorempfänge in die Ermittlung der Höhe der jeweiligen Erbteile der Kinder ein:

- **Ermittlung des Nettonachlasses:** Da der überlebende Ehegatte nicht ausgleichspflichtig ist, erhält er seinen Erbteil vorweg. Dieser wird bei der weiteren Berechnung nicht mehr berücksichtigt.

- **Bildung des Ausgleichungsnachlasses:** Alle auszugleichenden Zuwendungen werden zum Stichtag ihrer Vornahme bewertet (§ 2055 Abs. 1 BGB) und um den Kaufpreisschwund bis zum Tag des Erbfalls bereinigt. Die indexierten Zuwendungen werden dem Nettonachlass hinzugerechnet.

- **Berechnung des Ausgleichungserbteils:** Aus dem Ausgleichungsnachlass wird über die Erbquoten der jeweilige Erbteil der Abkömmlinge in Geld berechnet. Von diesem Betrag sind die indexierten Vorempfänge abzuziehen. Der so ermittelte Wert steht dem einzelnen Kind als Ausgleichungserbteil zu.

- Sofern ein Kind Vorempfänge erhalten hat, die den Wert seines Ausgleichungserbteils übersteigen, so erhält es nichts mehr aus dem Nachlass, muss aber weder etwas an die übrigen Miterben herausgeben noch in den Nachlass nachschießen.

Beispiel: Der Nachlasswert des E beträgt 200.000 €. Gesetzliche Erben sind seine Witwe zu $^1/_2$ und die 3 Kinder A, B und C zu je $^1/_{12}$. A hat von E eine Mitgift von 20.000 € und B anlässlich seiner Geschäftsgründung 30.000 € erhalten (bereits indexierte Werte). Da die Ausgleichung nur unter Abkömmlingen erfolgt, erhält W vorab 100.000 €. Nunmehr werden dem auf die Kinder entfallenen Nachlassrest von 100.000 € die Ausstattungen in Höhe von 20.000 € und 30.000 € hinzugerechnet. Jedes Kind erhält also unter Einbeziehung der ihm gemachten Zuwendungen 150.000 € : 3 = 50.000 €, so dass dem A aus dem Nachlass 50.000 € – 20.000 € = 30.000 €, dem B 50.000 € – 30.000 € = 20.000 € und dem C 50.000 € auszuzahlen sind.

2. Auswirkungen von Pflegeleistungen zugunsten des Verstorbenen

Hat ein Kind im Haushalt oder Geschäft des Verstorbenen besonders geholfen oder besondere Pflegeleistungen dem Verstorbenen gegenüber erbracht, ohne eine angemessene Entschädigung dafür erhalten zu haben, erhöht sich innerhalb der Ausgleichung dessen Erbteil. Zum Ausgleich kann das betreffende Kind einen angemessenen Geldbetrag beanspruchen (§ 2057a BGB). Wenn ein Kind vorverstorben ist und ein Enkel den Verstorbenen gepflegt oder geholfen hat, kann das Enkelkind einen Bonus beanspringen.

> **Beispiel:** Der Nachlasswert beträgt 100.000 €. Gesetzliche Erben sind die Kinder A und B zu je 1/2. B kann wegen seiner Mitarbeit im Geschäft des Verstorbenen 10.000 € verlangen. Zur Berechnung sind die auszugleichenden 10.000 € vom Nachlasswert abzuziehen, sodass 90.000 € verbleiben. Davon erhält jeder Miterbe 1/2, also 45.000 €. Zum Anteil von B sind noch die 10.000 € hinzurechnen, sodass B 55.000 € und A nur 45.000 € bekommt.

Rechtslage für Erbfälle vor dem 1. Januar 2010:
Früher war bei den Pflegeleistungen zusätzlich erforderlich, dass das pflegende Kind auf berufliches Einkommen wegen der Pflege verzichtet hat.

X. Optionen der Beendigung

Jeder Miterbe kann jederzeit die Auseinandersetzung verlangen (§ 2042 Abs. 1 BGB). Dies ist natürlich nicht der Fall, wenn eine Testamentsvollstreckung angeordnet ist. Dieser Auseinandersetzungsanspruch verjährt nicht. Es bestehen verschiedene Möglichkeiten, die Erbengemeinschaft auseinanderzusetzen.

1. Abschichtung

Bevor die gesamte Erbengemeinschaft auseinandergesetzt wird, kann ein einzelner Miterbe Interesse daran haben, frühzeitig auszuscheiden. Im Gegenzug kann er eine Abfindung von den anderen Miterben erhalten. Sein Anteil an der Erbengemeinschaft wächst den verbleibenden Miterben an. Sind beispielsweise vier Miterben zu jeweils $1/4$ an der Erbengemeinschaft beteiligt und scheidet einer aus, steht den verbleibenden Miterben jeweils ein Anteil von $1/3$ an der Erbengemeinschaft zu.

Einen gesetzlichen Anspruch auf Abschichtung gibt es nicht; diese Lösung muss also unter den Miterben ausgehandelt werden. Ein solcher Abschichtungsvertrag muss sogar dann nicht von einem Notar beurkundet werden, wenn Grundstücke in den Nachlass fallen. Dennoch ist der Gang zum Notar empfehlenswert. Die Abfindung kann sowohl aus dem Nachlass als auch aus dem Eigenvermögen der verbleibenden Miterben geleistet werden. Bleibt nach der Abschichtung nur ein Miterbe, so wird dadurch die Erbengemeinschaft beendet.

2. Auseinandersetzungsvertrag

Wenn die Miterben einig sind, können sie untereinander einen Auseinandersetzungsvertrag abschließen. Diesen Vertrag können sie formfrei abschließen, wobei sich zumindest die einfache Schriftform empfiehlt. Die Beurkundung durch einen Notar ist aber dann erforderlich, wenn in den Nachlass auch Immobilien oder GmbH-Anteile fallen.

Es ist auch möglich, einen solchen Vertrag zunächst erst über einen Teil des Nachlasses abzuschließen. Da Barvermögen bei Banken und Sparkassen recht einfach unter den Miterben geteilt werden kann, kann so bereits kurz nach dem Erbfall der Nachlass zunächst teilweise auseinandergesetzt werden. Die Miterben profitieren davon, da sie recht frühzeitig bereits in den Genuss von Nachlassteilen kommen.

3. Vermittlung durch das Nachlassgericht

Auf Antrag eines Miterben kann das Nachlassgericht die Auseinandersetzung vermitteln (§ 363 Abs. 1 FamFG). Diese Aufgabe wird in einigen Ländern von den staatlichen Notariaten wahrgenommen. Das Nachlassgericht oder die Notariate dürfen aber keine Entscheidungen über Streitpunkte treffen. Hiervon wird in der Praxis nur selten Gebrauch gemacht.

4. Erbauseinandersetzungsklage

Wenn die Miterben sich nicht einigen können, kann jeder Miterbe eine Erbauseinandersetzungsklage bei Gericht einreichen. Zuvor muss dazu der Miterbe einen genauen Teilungsplan ausgearbeitet haben, wie sämtliche Vermögensgegenstände unter den Miterben aufgeteilt werden sollen. Dann hat der Miterbe einen anderen Miterben auf Zustimmung zu verklagen. Solche Klagen haben aber nur selten Aussicht auf Erfolg, da sämtliche Gegenstände und Verbindlichkeiten der Erbengemeinschaft aufgeführt sein müssen. Wird eine Position vergessen, ist die Klage bereits abzuweisen.

Beraterhinweis: Im Hinblick auf das hohe Klagerisiko einer Erbauseinandersetzungsklage sollten einzelne Streitpunkte durch eine Feststellungsklage geklärt werden. Sind die Miterben beispielsweise unterschiedlicher Auffassung, ob der Verstorbene ein Vorausvermächtnis oder eine Teilungsanordnung in seinem Testament oder Erbvertrag angeordnet hat, kann ein Miterbe den anderen Miterben auf die Feststellung verklagen, dass es sich um eine Teilungsanordnung handelt. Nach der gerichtlichen Entscheidung über diese Streitfrage einigen die Miterben sich über die Auseinandersetzung häufig ohne eine gerichtliche Entscheidung.

Kapitel 8.
Pflichtteil

Wenn der Verstorbene einen sehr nahen Angehörigen testamentarisch oder erbvertraglich enterbt hat, steht diesem sein Pflichtteilsanspruch zu. Dabei ist es gleichgültig,

- ob der Verstorbene in seinem Testament oder Erbvertrag angeordnet hat, dass dieser Angehörige nichts erbt oder
- den Angehörigen nur konkludent enterbt hat, indem er andere Personen zu seinen Erben eingesetzt hat und daher dieser Angehörige leer ausgeht.

Dem Enterbten steht ein reiner **Geldzahlungsanspruch** zu; Gegenstände aus dem Nachlass kann er nicht beanspruchen. Nur im Wege eines Vergleichs können sich Erbe und Pflichtteilsberechtigter auf die Übertragung von Gegenständen einigen. Die Berechnung der konkreten Höhe des Pflichtteilsanspruchs erfolgt in drei Schritten:

- Die Pflichtteilsquote wird als Bruchteil bestimmt.
- Der Wert des pflichtteilsrelevanten Nachlasses wird ermittelt (Aktiva abzüglich Passiva). Vorempfänge wie Schenkungen sind zu berücksichtigen (S. 146 ff.).
- Die Pflichtteilsquote von dem modifizierten Nachlasswert ergibt die Höhe des Geldzahlungsanspruchs.

Ob das Pflichtteilsrecht „gerecht" ist, wird seit langem kontrovers diskutiert. Es ist durchaus schwierig nachzuvollziehen, dass Kinder aus dem Nachlass ihrer Eltern auch dann einen Teil fordern können, wenn seit langem kein Kontakt besteht und sie sich entfremdet haben. Doch das Bundesverfassungsgericht stellte das Pflichtteilsrecht noch 2005 unter Verfassungsschutz (Beschluss vom 19. April 2005 – Az. 1 BvR 1644/00 und 1 BvR 188/03); eine Mindestteilhabe am Nachlass des Verstorbenen müsse aufgrund der Grundrechte gesichert sein. Deswegen fiel die Reform des Pflichtteilsrechts sehr moderat aus, die am 1. Januar 2010 in Kraft trat.

I. Wichtige Begriffe des Pflichtteilsrechts

Immer wieder kommen im Pflichtteilsrecht folgende Begriffe vor:
- Mit seiner **Pflichtteilsquote** partizipiert der enterbte Angehörige an dem Vermögen des Verstorben. Diese beläuft sich auf die Hälfte der gesetzlichen Erbquote.
- **Pflichtteilsberechtigt** ist derjenige, der enterbt ist und bei dem weitere verschiedene Voraussetzungen vorliegen; er kann seinen Pflichtteil fordern.
- Der **ordentliche Pflichtteil** bezieht sich auf das Vermögen des Verstorbenen, das im Erbfall vorhanden ist (§ 2303 BGB, S. 158 ff.). Das Vermögen wird als **realer Nachlass** bezeichnet.
- Aufgrund des **Pflichtteilsergänzungsanspruchs** kann ein Pflichtteilsberechtigter mit seiner Pflichtteilsquote an lebzeitigen Schenkungen des Verstorbenen an andere Personen partizipieren (§§ 2325 ff. BGB, S. 175 ff.). Sämtliche Schenkungen werden unter dem Begriff **fiktiver Nachlass** zusammengefasst.
- Je nach Konstellation kann ein Ehegatte, der entweder enterbt ist oder der die testamentarische bzw. erbvertragliche Begünstigung ausgeschlagen hat, den **kleinen Pflichtteil** und den tatsächlichen Zugewinnausgleichsanspruch oder alternativ nur den **großen Pflichtteil** verlangen.
- Wem testamentarisch oder erbvertraglich eine zu niedrige Erbquote oder ein Vermächtnis ausgesetzt wurde, kann ggf. eine Ergänzung verlangen. Diese wird als **Pflichtteilsrestanspruch** bezeichnet (§§ 2305, 2307 BGB, S. 174 ff.). Damit hat der Gesetzgeber sichergestellt, dass Pflichtteilsberechtigte tatsächlich vom Wert her mindestens ihren Pflichtteil erhalten.

II. Wer kann den Pflichtteil fordern?

Nur sehr nahe, enterbte Angehörige des Verstorbenen sind berechtigt, den Pflichtteil zu fordern:
- **Kinder** und ggf. Enkel (§ 2303 Abs. 1 BGB). Ein lebendes Kind schließt den Anspruch des Enkels aus (§ 2309 BGB). **Beispiel:** Wenn der Sohn enterbt ist und beim Erbfall seines Vaters noch

lebt, kann dessen Sohn, also der Enkelsohn vom Verstorbenen, nicht den Pflichtteil verlangen. Ist der Vater vorverstorben, ist sein Sohn als Enkel des Verstorbenen pflichtteilsberechtigt;

- der **Ehegatte**, außer die Ehe bestand im Zeitpunkt des Erbfalls infolge Scheidung (§§ 1564 ff. BGB) nicht mehr oder wenn zur Zeit des Todes des Verstorbenen die Voraussetzungen für die Scheidung der Ehe gegeben waren und der Verstorbene die Scheidung beantragt oder ihr zugestimmt hatte (§ 1933 BGB, S. 16 f.);
- **eingetragene, gleichgeschlechtliche Lebenspartner** werden wie Ehegatten behandelt (§ 10 Abs. 6 LPartG);
- die **Eltern**, wenn der Verstorbene keine Kinder hatte (§ 2303 Abs. 2, § 2309 BGB).

Sie können aber nur dann den Pflichtteil beanspruchen, wenn sie nach dem Gesetz erben würden. **Kein Pflichtteilsrecht** steht nicht adoptierten Stiefkindern, Stiefeltern, Geschwistern, Großeltern, Onkeln, Tanten, Nichten, Neffen und nicht ehelichen Lebensgefährten des Verstorbenen zu. **Beispiel:** Wenn der Sohn enterbt ist und beim Erbfall seines Vaters noch lebt, kann dessen Sohn, also der Enkelsohn vom Verstorbenen, nicht den Pflichtteil verlangen.

Beraterhinweis: Nicht eheliche Kinder und adoptierte Kinder sind in den meisten Fällen auch pflichtteilsberechtigt. In einigen Fällen sind Besonderheiten zu beachten (S. 11 ff.).

Enterbung erforderlich: Den pflichtteilsberechtigten Personen steht ihr Pflichtteilsanspruch nur dann zu, wenn sie infolge eines Testaments oder eines Erbvertrags von der Erbfolge ausgeschlossen sind (Ausnahmen zu beachten). Auch wenn einem Pflichtteilsberechtigten testamentarisch der Pflichtteil zugewandt wurde, ist er pflichtteilsberechtigt und nicht Erbe (Auslegungsregel nach § 2304 BGB).

Formulierungsmuster:
Meinen Sohn Andreas setze ich auf den Pflichtteil.
Ich enterbe meinen Sohn Andreas.

Ausschluss des Pflichtteilsanspruchs möglich: Bei folgenden Konstellationen kann ein eigentlich Pflichtteilsberechtigter nicht seinen Pflichtteil fordern:

- bei **Erbunwürdigkeit** (§§ 2339, 2345 Abs. 2 BGB, S. 44 f.);
- bei einem zu Lebzeiten des Verstorbenen abgeschlossenen **Erb- oder Pflichtteilsverzicht** (§ 2346 BGB);
- der Pflichtteil kann testamentarisch „**in guter Absicht**" entzogen werden (§ 2338 BGB). So kann der Verstorbene den Pflichtteil eines Abkömmlings, der in gefährlicher Weise verschwenderisch lebt oder sich hoch verschuldet hat, beschränken, indem er ihn den Verfügungsbeschränkungen des Vorerbens unterwirft (S. 115 ff.) oder die Verwaltung des Pflichtteils durch einen Testamentsvollstrecker anordnet (S. 122 ff.).
- bei **Ausschlagung** der Erbschaft durch den Erben. Wichtige Ausnahmen hiervon gelten für die Zugewinngemeinschaft (§ 1371 BGB) sowie für die Konstellationen nach § 2306 BGB (S. 178 f.) sowie nach § 2307 BGB (S. 175).

Der Fall aus der Praxis: Ein Verzicht auf den Pflichtteil bleibt auch dann bestehen, wenn der Erblasser danach weiteres Vermögen hinzu erwirbt. 1972 hatte die Mutter ihrer Tochter und ihrem Sohn jeweils eine Immobilie geschenkt, die jeweils beide Kinder als Abfindung für ihre Pflichtteilsverzichte erhielten. Damals stellten diese beiden Immobilien das wesentliche Vermögen der Mutter dar. In den nächsten Jahrzehnten erwarb die Mutter ein weiteres Haus, das sie ihrem Sohn im Jahr 2000 schenkte. Nachdem ihre Mutter gestorben war, verklagte die Tochter ihren Bruder als Alleinerben der gemeinsamen Mutter auf Zahlung ihres Pflichtteilsanspruchs. Der Verzicht von 1972 beziehe sich nur auf das damalige Vermögen und sie war nicht darüber im Klaren, dass die Mutter nach 1972 tatsächlich weiteres Vermögen erwerben könnte. Das Landgericht Coburg wies die Klage vollends ab, der Pflichtteilsverzicht von 1972 beziehe sich schließlich auch auf das zukünftige Vermögen der Mutter (Urteil vom 3. September 2008 – Az. 21 O 295/08). Auch die Anfechtung wegen Irrtums drang bei dem Gericht ebenfalls nicht durch. Bei einem Pflichtteilsverzicht bestehe schließlich das Risiko, dass sich das Vermögen der Mutter bis zu deren Tod positiv entwickelt. Deswegen erhöhte das Landgericht Coburg auch nicht die damalige Abfindung.

Ein eigentlich Pflichtteilsberechtigter kann den Pflichtteil dann nicht fordern, wenn der Verstorbene ihm den Pflichtteil per Testament oder Erbvertrag entzogen hat. Die **Entziehung des Pflichtteils** ist nach § 2333 BGB möglich, wenn der Pflichtteilsberechtigte

- dem Verstorbenen, dem Ehegatten des Erblassers, einem anderen

Abkömmling oder einer dem Verstorbenen ähnlich nahe stehenden Person **nach dem Leben trachtet**;

- sich eines Verbrechens oder eines schweren vorsätzlichen Vergehens gegen eine der oben bezeichneten Personen schuldig macht;
- die ihm dem Verstorbenen gegenüber gesetzlich obliegende Unterhaltspflicht böswillig verletzt; oder
- wegen einer **vorsätzlichen Straftat** zu einer Freiheitsstrafe von mindestens einem Jahr ohne Bewährung rechtskräftig verurteilt wird und die Teilhabe des Abkömmlings am Nachlass deshalb **für den Verstorbenen unzumutbar** ist. Gleiches gilt, wenn die Unterbringung des Abkömmlings in einem psychiatrischen Krankenhaus oder in einer Entziehungsanstalt wegen einer ähnlich schwerwiegenden vorsätzlichen Tat rechtskräftig angeordnet wird.

Rechtslage für Erbfälle vor dem 1. Januar 2010:
Die Anforderungen an die Voraussetzungen für die Entziehung des Pflichtteils waren unterschiedlich hoch, je nachdem ob es ein Kind, den Ehegatten oder ein Elternteil betraf. Ein „ehrloser und unsittlicher Lebenswandel" des Pflichtteilsberechtigten berechtigte zum Pflichtteilsentzug, war aber schon lange nicht mehr praxisrelevant. Auch sonst waren die Gründe etwas anders formuliert.

Beraterhinweis bei überschuldeten Pflichtteilsberechtigten oder Sozialhilfeempfängern: Ist ein Überschuldeter enterbt, kann er von seinen Gläubigern nicht gezwungen werden, seinen Pflichtteilsanspruch einzufordern. Erst dann könnten die Gläubiger in den Pflichtteilsanspruch vollstrecken. Eine vorsorgliche Pfändung ist aber möglich (§ 852 ZPO).

Träger der Sozialhilfe sind übrigens nicht darauf angewiesen, dass der Sozialhilfeempfänger seinen Pflichtteilsanspruch geltend macht. Sie können sich den Pflichtteilsanspruch auch gegen den Willen durch Bescheid überleiten lassen und dann von den Erben Zahlung verlangen (§ 93 Abs. 1 SGB XII).

III. Wer muss den Pflichtteilsanspruch bezahlen?

Der Pflichtteilsberechtigte muss seinen Pflichtteilsanspruch von dem Alleinerben oder von den Miterben fordern. Auch bei einer Testamentsvollstreckung ist der Pflichtteilsanspruch gegen den Erben geltend zu machen (§ 2213 Abs. 1 Satz 3 BGB). Je nach Ausgangslage ist es möglich, dass vom Verstorbenen Beschenkte an Pflichtteilsberechtigte zu zahlen haben (§ 2329 BGB, S. 176). **Miterben** tragen die Pflichtteilslast grundsätzlich nach dem **Verhältnis ihrer Erbteile** (zu den Ausnahmen: § 2320 Abs. 1 BGB). Erfreulich für die Erben: Durch ihre Verbindlichkeiten aufgrund des Pflichtteilsrechts müssen sie weniger Erbschaftsteuer bezahlen (S. 193 ff.). Die Einreden aus § 2319 BGB und aus § 2328 BGB stellen sicher, dass den Erben aus dem Nachlass zumindest ihr eigener ordentlicher Pflichtteils- und ihr eigener Pflichtteilsergänzungsanspruch verbleibt.

IV. Pflichtteilsquote und ordentlicher Pflichtteil

Die Pflichtteilsquote beträgt die Hälfte der gesetzlichen Erbquote (§ 2303 Abs. 1 Satz 2 BGB). Der anteilige Nachlasswert in Höhe der Pflichtteilsquote von dem realen Nachlass stellt den **ordentlichen Pflichtteil** dar.

Beispiel: Eine Witwe mit einem Vermögen von 100.000 € hinterlässt Sohn und Tochter. Ihren Sohn hat sie zu ihrem Alleinerben eingesetzt und damit ihre Tochter enterbt. Beide Kinder wären nach dem Gesetz zu Erben zu je $\frac{1}{2}$ berufen. Der Tochter steht daher eine Pflichtteilsquote von $\frac{1}{4}$ zu, die sie von dem Nachlasswert von 100.000 € verlangen kann. Ihr Bruder hat ihr also 25.000 € zu zahlen.

Es ist demnach stets die **fiktive gesetzliche Erbquote** eines Pflichtteilsberechtigten zu ermitteln. Hierbei sind einige Besonderheiten des Pflichtteilsrechts zu beachten. So werden folgende Personen mitgezählt:
- die enterbt sind,
- die die Erbschaft ausgeschlagen haben,
- die für erbunwürdig erklärt wurden (§ 2310 Satz 1 BGB) und
- die einen lebzeitigen, notariellen Pflichtteilsverzicht erklärt haben (§ 2346 Abs. 2 BGB).

Dagegen werden folgende Personen nicht mitgezählt:
- die vor dem Verstorbenen gestorben sind,
- die einen lebzeitigen, notariellen Erbverzicht erklärt haben

(§ 2310 Satz 2 BGB; Achtung: anders bei nur notariellem Pflichtteilsverzicht) und

- die als nichteheliche Kinder mit ihrem verstorbenen Vater einen lebzeitigen Erbausgleich durchgeführt haben (nur bei Altfällen, S. 13).

Darüberhinaus wirkt sich der **Güterstand des Verstorbenen** auf die Pflichtteilsquote der Beteiligten aus, wenn der andere Ehegatte länger lebt.

1. Auswirkungen der Zugewinngemeinschaft

Der Verstorbene hat kein Testament oder Erbvertrag hinterlassen und lebte ohne Ehevertrag mit seinem Ehegatten, also in der Zugewinngemeinschaft. **Beispiel:** Die Ehegatten haben zwei gemeinsame Kinder. Dann steht dem längerlebenden Ehegatten ein Wahlrecht zu: Entweder er belässt es bei der gesetzlichen Erbfolge, wonach er zu $\frac{1}{2}$ und die Kinder jeweils zu $\frac{1}{4}$ erben, oder er schlägt die Erbschaft aus. Aufgrund einer Besonderheit bei der Zugewinngemeinschaft kann er dennoch seinen Pflichtteil beanspruchen (§ 1371 Abs. 3 BGB). Man spricht in diesem Fall von dem **kleinen Pflichtteil**. Dieser beläuft sich auf $\frac{1}{8}$, wenn es Kinder oder Enkel gibt, ansonsten auf $\frac{1}{4}$. Daneben kann der längerlebende Ehegatte den konkreten Zugewinnausgleichsanspruch fordern – wie bei einer Scheidung. Nur wenn dem längerlebenden Ehegatten ein hoher Zugewinnausgleichsanspruch zusteht, kann es sich für ihn rechnen, auszuschlagen („taktische Ausschlagung"). Hat der Verstorbene hingegen seinen Ehegatten per Testament oder Erbvertrag bereits enterbt, steht er nicht vor der Wahl: Er kann dann von den Erben des vorverstorbenen Ehegatten den tatsächlichen Zugewinn und daneben den kleinen Pflichtteil, also $\frac{1}{8}$ bei Kindern und $\frac{1}{4}$ bei keinen Kindern, fordern.

Beraterhinweis: Immer, wenn der längerlebende Ehegatte den tatsächlichen Zugewinn beanspruchen kann, ist diese Forderung als erstes von dem Nachlass abzuziehen. Erst von dem verbleibenden Restvermögen errechnet sich der kleine Pflichtteilsanspruch.

Beispiel für die Berechnung des Zugewinnausgleichsanspruchs:
Ehemann und Ehefrau starten in ihre Ehe jeweils mit einem Anfangsvermögen von null. Am Ende hat die Ehefrau während der Ehe 500.000 € und der Ehemann 100.000 € erwirtschaftet. Die beiden „Zugewinne" ergeben zusammen 600.000 €, davon die Hälfte 300.000 €. Damit beide jeweils hälftig an dem Zugewinn des anderen Ehegatten partizipieren, erhält der Ehemann zu seinen bisherigen 100.000 € als Zugewinnausgleich noch von seiner Ehefrau 200.000 €. Nachdem der Zugewinnausgleich durchgeführt wurde, haben beide jeweils 300.000 €.

Wenn die Pflichtteilsquote beispielsweise der Kinder festzustellen ist, muss der längerlebende Ehegatte zuvor sich entschieden haben, ob er die Erbschaft ausschlägt oder annimmt. Schlägt er aus, erhöht sich die Pflichtteilsquote der Kinder. Dann kann sich aber auch das Nachlassvermögen durch den abgezogenen Zugewinnausgleichsanspruch vermindert haben.

Beispiel: Der Verstorbene hinterlässt seine Ehefrau (Zugewinngemeinschaft), zwei Kinder und kein Testament oder Erbvertrag. Gesetzlich erben die Ehefrau $1/2$ und die Kinder je $1/4$. Schlägt die Ehefrau aus, erben die Kinder zu je $1/2$. Sie müssen aber ihrer Mutter den tatsächlichen Zugewinnausgleich und den kleinen Pflichtteilsanspruch von $1/8$ aus dem Nachlass zahlen.

> **Beraterhinweis:** Der längerlebende Ehegatte muss sich zügig nach dem Erbfall entscheiden, ob er ausschlagen soll. Ihm steht hierfür nur die 6-wöchige Frist zur Verfügung (S. 56).

Großer Pflichtteil: Wenn dem längerlebenden Ehegatten ein Erbteil oder Vermächtnis zugewandt wurde, der vom Wert her niedriger ist als der sogenannten „große Pflichtteil", kann er die Aufstockung auf den großen Pflichtteil verlangen (§ 2305 i. V. mit § 1371 Abs. 2 BGB). Der „große Pflichtteil" errechnet sich nach der Hälfte der Erbquote: Sind Kinder vorhanden, steht dem längerlebenden Ehegatten gesetzlich die Hälfte der Erbschaft zu ($1/4$ als gesetzliche Erbquote gem. § 1931 Abs. 1 S. 1 1. Fall BGB und $1/4$ für den pauschalen Zugewinnausgleich gem. § 1931 Abs. 3 i.V.m. 1371 Abs. 1 BGB). Der große Pflichtteil beträgt in diesem Fall $1/4$. Wenn keine Kinder oder Enkel vorhanden sind, beträgt der große Pflichtteil $3/8$ (die Hälfte von $3/4$).

Beispiel: Der Verstorbene, der seine Ehefrau und zwei Kinder hinterlässt, hat in seinem Testament angeordnet, dass ihn die Kinder zu je $1/2$ beerben und die Ehefrau das Barvermögen von 50.000 € als Vermächtnis erhält. Die Ehefrau kann dann zum einen die 50.000 € verlangen und zum anderen die Aufstockung auf ihren großen Pflichtteil von $1/4$. Bei einem Nachlasswert von 500.000 € steht ihr als großer Pflichtteil 125.000 € zu. Neben dem Vermächtnis bekommt sie weitere 75.000 €.

Alternativ kann der unzureichend als Erbe oder Vermächtnisnehmer bedachte Ehegatte die Erbschaft oder das Vermächtnis ausschlagen (§ 1371 BGB). Dann stehen ihm der kleine Pflichtteil und der tatsächliche Zugewinn zu.

2. Auswirkungen der Gütertrennung und der Gütergemeinschaft

Bei den Güterständen der **Gütertrennung** und **Gütergemeinschaft** ist der Pflichtteilsanspruch des pflichtteilsberechtigten Abkömmlings von einer Enterbung des Ehegatten und der Ausschlagung durch den Ehegatten unabhängig. Bei der Gütertrennung und auch der Gütergemeinschaft steht dem überlebenden Ehegatten kein Zugewinnausgleichsanspruch zu.

Beispiel: Die Ehegatten haben die Gütertrennung vereinbart. Der Ehemann stirbt; Ehefrau und zwei Kinder verbleiben. Ein Kind ist enterbt. Gesetzlich würden Ehefrau und Kinder jeweils zu $1/3$ erben. Die Pflichtteilsquote eines Kindes beträgt $1/6$.

3. Überblick der Pflichtteilsquoten in Abhängigkeit der Güterstände

Die Tabelle geht in der Zeile Zugewinngemeinschaft bei den Pflichtteilsquoten der Kinder davon aus, dass der längerlebende Ehegatte erbt. Schlägt hingegen dieser aus oder ist enterbt, beläuft sich der Pflichtteil eines Kindes bei einem Kind auf $3/8$, bei zwei Kindern auf $3/16$ und bei 3 Kindern auf $1/8$. Der Pflichtteil des Zugewinn-Ehegatten neben Kindern beläuft sich nur dann auf $1/4$, wenn er entweder eine geringe Erbquote erbt oder ein kleines Vermächtnis erhält. Ist er hingegen enterbt oder schlägt aus, erhält er nur den kleinen Pflichtteil von $1/8$ und seinen konkreten Zugewinnausgleich.

Güterstand	Pflichtteil je Kind (wenn der Verstorbene im Erbfall noch verheiratet war)			Pflichtteil des Ehegatten (neben Abkömmlingen)		
	bei 1 Kind	bei 2 Kindern	bei 3 Kindern			
Gesetzlicher Güterstand (= Zugewinngemeinschaft)	$^1/_4$	$^1/_8$	$^1/_{12}$	$^1/_4$		
				bei 1 Kind	bei 2 Kindern	bei 3 und mehr Kindern
Gütertrennung	$^1/_4$	$^1/_6$	$^1/_8$	$^1/_4$	$^1/_6$	$^1/_8$
Gütergemeinschaft	$^3/_8$	$^3/_{16}$	$^3/_{24}$	$^1/_8$		

V. Das dem ordentlichen Pflichtteil unterliegende Vermögen

Als **realer Nachlass** wird die Zusammensetzung des Vermögens des Verstorbenen im Zeitpunkt des Erbfalls bezeichnet. Der Pflichtteilsanspruch berechnet sich in Höhe der Pflichtteilsquote auf Basis des Gesamtwertes, und zwar Aktiva abzüglich der Passiva.

• Zu den **Aktiva** zählen beispielsweise Immobilien, Kontenguthaben, Wertpapierdepots, Möbel, Autos, Schmuck und Edelmetalle. Wird der längerlebende Ehegatte gesetzlicher Erbe, stehen ihm vorab Möbel und sonstige Haushaltsgegenstände zu (§ 1932 BGB). Die Werte unterliegen dann nicht dem Pflichtteilsanspruch.

• Bei den **Passiva** sind sämtliche Verbindlichkeiten anzusetzen, die entweder am Todestag schon bestanden (wie ein Darlehen), die mit dem Erbfall entstehen oder zumindest deren Wurzel der Verstorbene gesetzt hat (wie etwa die Beerdigungskosten, spezielle Gebühren des Nachlassgerichts sowie etwaig ausstehende, noch nicht festgesetzte Einkommensteuer). Nicht zu den Passiva gehören Verbindlichkeiten aufgrund Vermächtnisse, aufgrund zu zahlender Erbschaftsteuer, aufgrund des „Dreizigsten" (§ 1969 BGB, S. 21) oder die Pflichtteilsansprüche selbst.

VI. Bewertung der Vermögensgegenstände

Für die Bewertung jedes einzelnen Vermögensgegenstandes ist jeweils der Verkehrswert im Zeitpunkt des Erbfalls maßgeblich (§ 2311 Abs. 1 BGB). Der Verkehrswert entspricht dem Erlös, der bei einem fiktiven Verkauf erzielt würde, und wird auch als gemeiner Wert bezeichnet. Wertsteigerungen und Wertminderungen nach dem Erbfall bleiben unberücksichtigt. Unerheblich sind Wertbestimmungen, die der Verstorbene getroffen hat.

Barvermögen, Wertpapiere und Aktien sind mit dem Wert im Zeitpunkt des Erbfalls anzusetzen.

> **Beraterhinweis:** Die Beträge können im Regelfall den Mitteilungen an die Erbschaftsteuerstellen entnommen werden, zu denen die Kreditinstitute verpflichtet sind (S. 203). Der Erbe kann das jeweilige Kreditinstitut um eine Kopie bitten.

Wenn ein Gegenstand nicht veräußert werden soll, ist der Wert durch Sachverständige zu schätzen (§ 2311 Abs. 2 Satz 1 BGB). Bei **Hausrat, Möbel, Schmuck** etc. ist zu empfehlen, zunächst im Nachlassverzeichnis überschlägige Pauschalbeträge anzusetzen. Verlangt aber der Pflichtteilsberechtigte eine Wertermittlung durch einen Sachverständigen, muss der Erbe ein solches Verkehrswertgutachten einholen.

Sachverständige ermitteln den Verkehrswert von **Grundstücken** unter folgenden Maßgaben:

- Der Wert **unbebauter Grundstücke** wird durch den Vergleichswert nach den Bodenrichtwerten ermittelt.
- Für eigen genutzte **Ein- und Zweifamilienhäuser** sowie Eigentumswohnungen ist der Sachwert heranzuziehen, der sich aus dem Bodenwert des Grundstücks und dem Herstellungswert der Gebäude und Außenanlagen zum Stichtag berechnet.
- Der Wert von **fremd vermieteten Immobilien** wird nach dem Ertragswert geschätzt. Der Ertragswert setzt sich aus dem Bodenwert und aus dem Ertragswert für die Gebäude und Außenanlagen zusammen, deren jährlicher Reinertrag über eine Rentenformel zum Rentenbarwert kapitalisiert wird.

Ein **Landgut** kann mit dem niedrigen Ertragswert zu bewerten sein (§ 2312 BGB). Bei **mittleren und größeren Unternehmen** erfolgt die Unternehmensbewertung zumeist durch das Ertragswertverfahren, ggf. korrigiert durch den Substanzwert. **Kleine Unternehmen**, die von der Person des Inhabers abhängig sind, werden zumeist durch Addition des Substanzwertes und des Goodwills bewertet. Bei Unternehmen, die aufgelöst werden, wird der Liquidationswert herangezogen. Der **Abfindungsanspruch** des Verstorbenen ist nur dann maßgebend, wenn er seine Gesellschafterstellung vor dem Stichtag gekündigt hat.

> **Beraterhinweis:** Sofern Nachlassgegenstände zeitnah nach dem Erbfall veräußert werden, richtet sich der anzusetzende Wert nach dem erzielten **Kaufpreis**. Bei einem Grundstücksverkauf kann dieser Wert noch bei einem Verkauf von mindestens zwölf Monaten nach dem Erbfall anzusetzen sein. Vom Kaufpreis sind unvermeidbare **Veräußerungskosten** wie ggf. Maklercourtage **abzusetzen**.

Besonderheiten bestehen bei ungewissen oder noch nicht fälligen Vermögensgegenständen oder Verbindlichkeiten. Diese werden zunächst nicht bei der Wertermittlung berücksichtigt (§ 2313 BGB). Erst später ist ein Ausgleich vorzunehmen, entweder der Erbe hat noch etwas zu zahlen oder der Pflichtteilsberechtigte hat erhaltenes Geld dem Erben zurückzuerstatten.

VII. Wie setzt der Pflichtteilsberechtigte seine Ansprüche gegen die Erben durch? – Auskunftsansprüche

Damit der Pflichtteilsberechtigte sich über die Zusammensetzung des Nachlasses ein Bild machen kann und damit die Höhe seines Zahlungsanspruches berechnen kann, stehen ihm gegen den Erben oder gegen die Erbengemeinschaft der Auskunfts- und der Wertermittlungsanspruch zu (§ 2314 Abs. 1 BGB). Erhält er ein nicht sorgfältig erstelltes Nachlassverzeichnis, kann er von dem Erben verlangen, dass dieser die Vollständigkeit des Nachlassverzeichnisses per Eides Statt versichert.

1. Der Auskunftsanspruch

Der Erbe muss dem Pflichtteilsberechtigten Auskunft über sämtliche **Aktiva** und **Passiva** des realen Nachlasses im Zeitpunkt des Erbfalls geben (§ 2314 Abs. 1 S. 1 BGB). Damit der Pflichtteilsberechtigte zudem die Höhe des Pflichtteilsergänzungsanspruchs (S. 175 ff.) berechnen kann, muss der Erbe ihm auch die **Schenkungen** des Verstorbenen **aus den letzten zehn Jahren** vor dem Erbfall sowie gewisse Vorempfänge nach §§ 2315 ff. BGB mitteilen (fiktiver Nachlass). Soweit bei Lebensversicherungen die Versicherungssumme nicht in den Nachlass fällt, da ein Bezugsberechtigter bestimmt ist, handelt es sich um eine in der Praxis häufig vorkommende Schenkung (S. 100 ff.). Behält sich der Verstorbene bei einer Schenkung den Nießbrauch oder ein Wohnrecht vor oder hat er etwas an seinen Ehegatten verschenkt, sind diese Schenkungen unabhängig von der 10-Jahresfrist anzugeben. Bei den Vorempfängen nach §§ 2315 ff. BGB handelt es sich unter anderem um Ausstattungen wie die Aussteuer/Mitgift oder Zuschüsse zur Existenzgründung an die Kinder des Verstorbenen und auch um Schenkungen.

Formulierungsmuster, um sein Auskunftsrecht geltend zu machen:
Sehr geehrte Frau Stiefmutter,
aufgrund des Erbvertrages bin ich von meinem Vater enterbt worden. Mir stehen daher der Pflichtteils- und der Pflichtteilsergänzungsanspruch zu. Ich mache meinen Auskunftsanspruch gemäß § 2314 BGB geltend. Ich darf Sie daher bitten, über den Bestand des Nachlasses meines vaters umfassend Auskunft zu erteilen und mir ein Bestandsverzeichnis vorzulegen, das insbesondere die folgenden Angaben umfasst:

- alle beim Erbfall vorhandenen Aktiva, also bewegliche und unbewegliche Vermögensgegenstände sowie Forderungen;
- alle beim Erbfall vorhandenen Nachlassverbindlichkeiten (Erblasser- und Erbfallschulden);
- alle lebzeitigen Zuwendungen des Erblassers, die in den Anwendungsbereich des § 2325 BGB fallen könnten, also insbesondere Schenkungen;
- alle unter Abkömmlingen ausgleichspflichtigen Zuwendungen im Sinne des § 2050 ff. BGB, die der Erblasser zu seinen Lebzeiten einem seiner Abkömmlinge gewährt hat; und
- alle Lebensversicherungen und sonstigen Verträge zugunsten Dritter.

Alle Nachlassgegenstände bitte ich mit Wertangaben zu versehen und wenn möglich Quittungen und Belege vorzulegen. Den Wertermittlungsanspruch mache ich ggf. noch gesondert geltend. Ich bitte Sie, mir das vorstehend näher spezifizierte Bestandsverzeichnis umgehend, spätestens aber bis zum 16. März 2010 zuzuleiten. Innerhalb der gleichen Frist bitte ich mitzuteilen, ob der Güterstand der Zugewinngemeinschaft im Zeitpunkt des Erbfalls bestand. Grundsätzlich bin ich berechtigt, bei der Erstellung des Nachlassverzeichnisses hinzugezogen zu werden. Hiervon mache ich zunächst keinen Gebrauch. Darüber hinaus behalte ich mir zum jetzigen Zeitpunkt das Recht vor, ein notarielles Nachlassverzeichnis zu verlangen.

Mit freundlichen Grüßen
Der Pflichtteilsberechtigte

Die zu erteilende Auskunft bezieht sich auf alle Tatsachen und Rechtsverhältnisse, die die Höhe des Pflichtteils einschließlich einer etwaigen Pflichtteilsergänzung beeinflussen. Dabei muss der Erbe sich fehlende Kenntnisse soweit wie möglich verschaffen.

Formulierungsmuster für die Erteilung von Auskünften:
Verzeichnis über den Nachlass von Otto Normalerblasser
gestorben am 12. Juni 2009 – verwitwet

I. Aktiva

1. Einfamilienhaus Rosenweg 50 in Musterdorf
   120 qm Wohnfläche, 600 qm Grundstück, Baujahr 1960
   (sowie weitere Angaben)
2. Oldenburgische Landesbank AG
   Girokonto Nr …   22.000 €
   Depot
       50 Aktien Volkswagen (…)   5.111 €
       10 Aktien Telekom (…)   500 €
3. Schmuck
   Manschettenknöpfe, Gold, Armbanduhr Rolex (…)
   Taschenuhr (…)
4. Hausrat und persönliche Gegenstände (….)
5. PKW Mercedes Benz, Modell …, Baujahr, …

II. Passiva

1. Hausdarlehen (…)   75.000 €
2. Beerdigungskosten (genaue Auflistung)   3.000 €
3. Handwerkerrechnung (…)   2.550 €

III. Fiktiver Nachlass (Schenkungen)

1. Schenkung am 24. Oktober 2000 an Enkelkind	10.000 €
2. Spende an den Tierschutzverein am 2. November 1999	1.500 €
3. Geburtstagsgeschenke (…)	

Zur Form des Nachlassverzeichnisses: Der Pflichtteilsberechtigte kann ein einfaches **privatschriftliches** und/oder ein **amtliches** Verzeichnis verlangen. Das privatschriftliche Verzeichnis erstellt der Erbe allein, und zwar zweckmäßigerweise in Tabellenform. Das amtliche Verzeichnis wird durch einen Notar oder durch ein Amtsgericht aufgenommen. Zudem kann der Pflichtteilsberechtige verlangen, wenn der Erbe das Verzeichnis erstellt, anwesend zu sein (§ 2314 Abs. 1 BGB). Den Auskunftsanspruch kann der Pflichtteilsberechtigte auch gegen einen Beschenkten direkt geltend machen, der nicht auch Erbe ist.

Beraterhinweis: Hat der Pflichtteilsberechtigte wie in dem obigen Formulierungsmuster nur den Auskunftsanspruch und (noch) nicht den Wertermittlungsanspruch (siehe nachfolgend) geltend gemacht, muss das Verzeichnis zwar keine **Wertangaben** enthalten. Soweit aber dem Erben ungefähre Angaben von Werten bekannt sind, sollte er diese bereits zur effektiven Abwicklung mitteilen.

---

2. Ergänzende Informationsbeschaffung

Auch wenn im Grundsatz der Pflichtteilsberechtigte nur über den Erben Auskünfte einholen kann, so bestehen zwei Ausnahmen:
- Bei Immobilien kann er Einsicht in das Grundbuch nehmen und sogar Abschriften verlangen (§§ 12, 12a Grundbuchordnung) sowie
- bei Unternehmen kann er Einsicht in das Handels- und Unternehmensregister nehmen (§ 9 HGB).

3. Wertermittlungsanspruch

Dem Pflichtteilsberechtigten steht gegen den Erben der Anspruch auf Wertermittlung der Gegenstände aus dem Nachlassverzeichnis zu (§ 2314 Abs. 1 Satz 2 BGB). Zu diesem Zweck muss er alle Unterlagen und Informationen vorlegen, die für die konkrete Wertermittlung der Nachlassgegenstände bedeutsam sind.

Darüberhinaus kann der Pflichtteilsberechtigte verlangen, dass der Erbe für einzelne oder sämtliche Gegenstände Sachverständige beauftragt, die den Wert der Gegenstände zu ermitteln haben. Der von dem Erben ausgewählte **Sachverständige** muss qualifiziert und unabhängig sein, nicht aber unbedingt öffentlich bestellt und vereidigt. Maßgebender Wert ist derjenige am Todestag (§ 2311 BGB).

Formulierungsmuster für den Wertermittlungsanspruch:
Sehr geehrter Herr Erbe,
den Eingang des Nachlassverzeichnisses darf ich dankend bestätigen. Wegen der Immobilie und des Schmuckes mache ich meinen Wertermittlungsanspruch geltend. Bitte holen Sie Wertgutachten ein und übersenden mir diese innerhalb eines Monats.
Mit freundlichen Grüßen
Der Pflichtteilsberechtigte

> **Beraterhinweis:** Damit der Pflichtteilsberechtigte das Ergebnis des Gutachtens anerkennt, sollten die Parteien sich vorher über den zu beauftragenden Gutachter einigen. Zudem sollten sie vereinbaren, sich dem Ergebnis des Gutachters zu unterwerfen. Sofern es doch zu einem gerichtlichen Verfahren kommt, kann so vermieden werden, dass ein weiteres, weitere Kosten auslösendes Gutachten vom Gericht eingeholt werden muss.

Bei der **Bewertung von Schenkungen** des Verstorbenen ist der Wert sowohl vom Tag der Schenkung als auch vom Todestag zu bestimmen. Der jeweils niedrigere Wert ist maßgebend (§ 2325 Abs. 2 Satz 2 BGB). Eine Ausnahme besteht bei verbrauchbaren Sachen, wozu Geld zählt. Hier ist der Wert vom Tag der Schenkung ausschlaggebend, der noch an die Inflation anzupassen ist. Durch diese Indexierung erhöht sich der Wert, der für die Berechnung des Pflichtteilsergänzungsanspruchs heranzuziehen ist.

4. Eidesstattliche Versicherung

Der Pflichtteilsberechtigte kann bezüglich des Auskunftsanspruchs die eidesstattliche Versicherung des Erben verlangen, wenn anzunehmen ist, dass die Auskunft nicht mit der erforderlichen Sorgfalt vorgenommen worden ist (§ 2314 Abs. 1 Satz 2, § 260 Abs. 2 BGB). Das kann der Fall sein, wenn die Angaben widersprüchlich sind, wiederholt korrigiert werden oder schleppend erteilt werden.

Bevor der Erbe die eidesstattliche Versicherung abgibt, kann er etwaige **falsche oder unvollständige Angaben berichtigen**. Nach Abgabe der eidesstattlichen Versicherung kann der Pflichtteilsberechtigte keinen Anspruch auf weitere Auskunft geltend machen. Vor dem Verlangen nach Abgabe der eidesstattlichen Versicherung sollte daher immer der Anspruch auf **Auskunftsergänzung** in Erwägung gezogen werden.

5. Kosten

Die Kosten der Erstellung der Verzeichnisse und der Wertermittlung, also vor allem der der Sachverständigen, werden als Nachlassverbindlichkeiten in den Passiva des Nachlassverzeichnisses berücksichtigt (§ 2314 Abs. 2 BGB). Damit hat der Pflichtteilsberechtigte sich an diesen Kosten in Höhe seiner Pflichtteilsquote zu beteiligen. Die Kosten der Abgabe der eidesstattlichen Versicherung hingegen trägt der Pflichtteilsberechtigte allein (§ 261 Abs. 3 BGB).

VIII. Reduzierung des Pflichtteilsanspruchs aufgrund von Vorempfängen – Anrechnung und Ausgleichung

Gewisse Vorempfänge, die der Pflichtteilsberechtigte von dem Verstorbenen erhalten hat, reduzieren seinen Pflichtteilsanspruch. Auch wenn ein Kind des Verstorbenen diesen gepflegt hat, kann das den Pflichtteilsanspruch beeinflussen.

1. Anrechnung auf den Pflichtteil

Hat der Verstorbene dem Pflichtteilsberechtigten etwas geschenkt, kann der Wert dieses Geschenkes in voller Höhe den Pflichtteilsanspruch reduzieren. Das ist dann der Fall, wenn der Verstorbene vor oder bei der Schenkung gegenüber dem Beschenkten erklärt hat, dass dieser sich das Geschenk auf seinen Pflichtteil später anzurechnen hat (§ 2315 BGB).

Formulierungsmuster:
Der Wert der Schenkung ist auf den Pflichtteil anzurechnen.

> **Beraterhinweis:** Nach der Zuwendung kann eine – auch teilweise – Anrechnung nur noch in einem notariell beurkundeten Vertrag mit dem Beschenkten angeordnet werden (§§ 2346 ff. BGB).

Maßgebend ist der Wert des Geschenks im Zeitpunkt der Schenkung. Durch die Anpassung an die Geldentwertung ist beispielsweise bei einer Geldschenkung nicht nur der geschenkte Betrag anzusetzen, sondern zudem ein Zuschlag.

Berechnungsmethode: Die Anrechnung wird für jeden Pflichtteilsberechtigten separat berechnet. Im ersten Schritt ist zu ermitteln, auf welche Höhe sich der Pflichtteilsanspruch des betroffenen Pflichtteilsberechtigten beläuft (ordentlicher Pflichtteilsanspruch und Pflichtteilsergänzungsanspruch). Im zweiten Schritt ist der indexierte Wert der Schenkung von dem im ersten Schritt berechneten Pflichtteilsanspruch abgezogen. Ein eventueller negativer Betrag muss der beschenkte Pflichtteilsberechtigte nicht herausgeben.

Beispiel: Der verwitwete Vater von A, B und C verstirbt. Seiner Geliebten hinterlässt er als Alleinerbin einen Nachlass im Wert von 50.000 €. A muss sich 10.000 € und B 4.000 € anrechnen lassen. Diese Beträge waren den Kindern mit dem Hinweis geschenkt worden, dass sie sich diese auf ihren Pflichtteil anrechnen lassen müssen (Der Kaufpreisschwund wird zur Vereinfachung des Beispiels nicht berücksichtigt).
Lösung: Die gesetzliche Erbquote der Kinder beträgt $1/3$, so dass deren Pflichtteilsquote jeweils $1/6$ beträgt. Für jeden Pflichtteilsberechtigten muss separat ein fiktiver Nachlasswert durch Addition des tatsächlichen Nachlasswertes mit dem Anrechnungsbetrag errechnet werden. Davon erhält der Pflichtteilsberechtigte seine Pflichtteilsquote, jedoch wird der Anrechnungsbetrag noch abgezogen. Im Einzelnen:
Pflichtteil von A: (50.000 € + 10.000 €) : 6 – 10.000 € = 0 €
Pflichtteil von B: (50.000 € + 4.000 €) : 6 – 4.000 € = 5.000 €
Pflichtteil von C: 50.000 € : 6 = 8.333,33 €

2. Pflichtteil nach auszugleichenden Vorempfängen

Bestimmte Vorempfänge des Verstorbenen **an seine Kinder** beeinflussen die Höhe der Pflichtteilsansprüche etwaiger einzelner enterbter Kinder, indem diese zur **Ausgleichung** führen. Dafür müssen im Zeitpunkt des Erbfalls noch mindestens zwei Kinder oder bei deren Vorversterben Enkel vorhanden sein (§ 2316 Abs. 1, §§ 2050 ff. BGB). Für den Pflichtteil des Ehegatten oder der Eltern des Verstorbenen sind diese Vorschriften nicht relevant, da die Ausgleichung nur unter den Abkömmlingen, also Kinder und ersatzweise Enkel, stattfindet. Folgende Zuwendungen sind **ohne Eingreifen einer Zeitgrenze** ausgleichungspflichtig:

- **Ausstattungen** (§ 2050 Abs. 1, § 1624 BGB). Hierzu zählen beispielsweise die Aussteuer oder die Mitgift, Zuschüsse zur Existenzgründung wie für ein Geschäft. Die Ausgleichung von Ausstattungen ist im Pflichtteilsrecht zwingend und kann nicht ausgeschlossen werden (§ 2316 Abs. 3 BGB).
- **Übermaßzuschüsse** zu den Einkünften und Aufwendungen für die Vorbildung zu einem Beruf an die Abkömmlinge, soweit diese die Vermögensverhältnisse des Erblassers über das entsprechende Maß übersteigen (§ 2050 Abs. 2 BGB). Je nach den Vermögensverhältnissen des Verstorbenen können dazu die Kosten eines Studiums oder einer Promotion zählen.
- **Schenkungen**, bei denen der Verstorbene vor oder bei der Zuwendung an sein Kind **erklärt hat**, dass diese auf den Erbteil später **auszugleichen** sind (§ 2050 Abs. 3 BGB). Diese Ausgleichungsbestimmung kann sich auch aus den Umständen ergeben. So wird bei der Formulierung von „im Wege der vorweggenommenen Erbfolge" im Schenkungsvertrag angenommen, dass damit die Schenkung auszugleichen ist.

Berechnungsmethode:

- Schritt 1: Ist ein längerlebender Ehegatte des Verstorbenen vorhanden, sind vom Nachlasswert die Erbansprüche dieses Ehegatten abzuziehen. Das ergibt den gekürzten Nachlass.
- Schritt 2: Von dem ggf. im ersten Schritt gekürzten Nachlasswert sind sämtliche ausgleichungspflichtigen Zuwendungen mit dem

Wert hinzuzurechnen, den sie im Zeitpunkt der Zuwendung hatten.

- Schritt 3: Der so ermittelte, also dann wieder erhöhte Nachlasswert wird durch die Zahl der Abkömmlinge dividiert.
- Schritt 4: Von diesem Wert muss sich jeder Pflichtteilsberechtigte seine auszugleichenden Zuwendungen anrechnen lassen.
- Schritt 5: Davon die Hälfte ergibt die jeweilige Pflichtteilsforderung eines jeden Pflichtteilsberechtigten.

Beispiel: Die Mutter hinterlässt ihren alleinerbenden Ehemann und ihre enterbten Kinder A, B und C. Der Nachlasswert beträgt 100.000 €. A muss eine Ausstattung von 10.000 € und B eine auszugleichende Geldschenkung von 6.000 € (§ 2050 Abs. 3 BGB) ausgleichen. (Der Kaufpreisschwund wird zur Vereinfachung des Beispiels nicht berücksichtigt).

Lösung:
Schritt 1: Die 100.000 € sind um die Erbansprüche des Vaters in Höhe der Hälfte des Nachlasswertes zu kürzen; es verbleiben 50.000 € (gekürzter Nachlass).

Schritt 2: Sämtliche auszugleichenden Zuwendungen sind dem gekürzten Nachlass hinzuzurechnen, so dass zu dem gekürzten Nachlasswert von 50.000 € noch 10.000 € und 6.000 € hinzuzuschlagen sind. Das ergibt einen erhöhten Nachlasswert von 66.000 €.

Schritt 3: Auf dieser Grundlage ergibt sich für A, B und C ein fiktiver gesetzlicher Erbteil von 66.000 € : 3 = 22.000 €.

Schritt 4: Unter Berücksichtigung der ausgleichungspflichtigen Zuwendungen stünde

A ein Erbteil von 22.000 € – 10.000 € = 12.000 €,

B von 22.000 € – 6.000 € = 16.000 € und

C von 22.000 € zu (sogenannter Ausgleichungserbteil).

Schritt 5: Da der Pflichtteil die Hälfte des Wertes des Ausgleichungserbteils beträgt, erhält

A 12.000 € : 2 = 6.000 €,

B 16.000 € : 2 = 8.000 € und

C 22.000 € : 2 = 11000 €.

Ein Abkömmling, der durch lcbzcitigc Zuwendungen mehr erhalten hat als ihm nach dem Pflichtteilsrecht zusteht, ist nicht zur Herausgabe des Mehrbetrags verpflichtet (§ 2316 Abs. 1 Satz 1, § 2056 Satz 1 BGB). Wenn der Verstorbene bei einer Schenkung **sowohl** die **Ausgleichung** auf den Erbteil **als auch** die **Anrechnung** auf den

Pflichtteil angeordnet hat, sind beide Berechnungsmethoden zu kombinieren (§ 2316 Abs. 4 BGB). Die Gesetzesregelung vermeidet einen ungerechten doppelten Abzug.

3. Ausgleichungspflichten bei besonderer Mitarbeit oder Pflegetätigkeit

Hatte ein Kind dem verstorbenen Elternteil besondere Leistungen zugewandt, ohne dafür ein (angemessenes) Entgelt erhalten zu haben, kann er von den Geschwistern nach dem Erbfall einen Ausgleich verlangen. Die Leistungen des Kindes müssen im besonderen Maße dazu beigetragen haben, das Vermögen des Verstorbenen zu erhalten oder zu vermehren. Das kann bei einer **Mitarbeit im Haushalt**, bei **Pflegediensten**, bei Unterstützung im **Geschäft** des Verstorbenen sowie durch erhebliche Geldleistungen geschehen. Die Höhe des Ausgleichsbetrags ist nach Billigkeitsgesichtspunkten nach der Dauer sowie Umfang der Leistung und dem Wert des Nachlasses zu bemessen (§ 2057a Abs. 3 BGB) und im Streitfall vom Gericht festzusetzen. Dieser Betrag ist auch bei der Pflichtteilsberechnung zu berücksichtigen (§ 2316 Abs. 1 BGB).

Rechtslage für Erbfälle vor dem 1. Januar 2010:
Früher war bei den Pflegeleistungen zusätzlich erforderlich, dass das pflegende Kind auf berufliches Einkommen wegen der Pflege verzichtet hat.

Berechnungsmethode:

- Schritt 1: Ist ein längerlebender Ehegatte des Verstorbenen vorhanden, sind vom Nachlasswert die Erbansprüche dieses Ehegatten abzuziehen. Das ergibt den gekürzten Nachlass.
- Schritt 2: Von dem ggf. im ersten Schritt gekürzten Nachlasswert ist der Wert der Hilfe dem Verstorbenen gegenüber abzuziehen.
- Schritt 3: Der so ermittelte, also dann nochmals reduzierte Nachlasswert wird durch die Zahl der Abkömmlinge geteilt.
- Schritt 4: Davon die Hälfte ergibt die jeweilige Pflichtteilsforderung eines jeden Pflichtteilsberechtigten.

Beispiel: Die verwitwete Mutter aus dem Rheinland war schwer an Krebs erkrankt und die Tochter pflegte sie liebevoll. Der Sohn wohnte seit Jahren in Bayern und unterhielt nur einen zurückhaltenden Kontakt zu seiner Mutter. Die testamentarisch zur Alleinerbin eingesetzte Tochter erbt

100.000 €. Ihre Pflegeleistungen sind mit 10.000 € anzusetzen. Der Sohn macht Pflichtteilsansprüche geltend.

Lösung:
Schritt 1: Nicht erforderlich, da kein längerlebender Ehegatte vorhanden.
Schritt 2: Der Nachlasswert von 100.000 € wird um den Wert der Pflegeleistung – 10.000 € – reduziert. Es verbleiben 90.000 €.
Schritt 3: 90.000 € durch zwei Kinder ergibt einen fiktiven Erbteil von jeweils 45.000 €.
Schritt 4: Die Hälfte des fiktiven Erbteils des Sohnes ergibt dessen Pflichtteil, mithin 22.500 €.

IX. Pflichtteil trotz Erbteil oder Vermächtnis zugunsten des Pflichtteilsberechtigten

Das Pflichtteilsrecht setzt voraus, dass der betreffende Angehörige **enterbt** wurde. Der Verstorbene könnte die Mindestbeteiligung des Angehörigen durch das Pflichtteilsrecht dadurch umgehen, dass er diesen als Erben (oder als Vermächtnisnehmer) einsetzt, wobei er den Wert aber unterhalb des Pflichtteilsanspruchs anordnen würde. Hier hat das Gesetz mit dem Pflichtteilsrestanspruch Vorkehrungen getroffen.

1. Pflichtteilsrestanspruch des Erben

Der Pflichtteilsberechtigte kann mit einer zu niedrigen Erbquote eingesetzt sein. Dann kann er neben seinem Erbteil die „Auffüllung" bis zu seinem Pflichtteilsanspruch verlangen. Der Pflichtteilsberechtigte kann seinen **Pflichtteilsrestanspruch** immer dann verlangen, wenn ihm ein Erbteil hinterlassen ist, der unter seinem Pflichtteil liegt (§ 2305 BGB). Der Anspruch besteht in der Höhe der **Differenz** zwischen dem ihm hinterlassenen Erbteil und dem ordentlichen Pflichtteil. Bei der Berechnung des Wertes des hinterlassenen Erbteils werden Belastungen wie Vermächtnisse oder aus Auflagen nicht berücksichtigt (§ 2305 Abs. 2 BGB – gilt für Erbfälle ab dem 1. Januar 2010).

Beispiel: Die Tochter des Verstorbenen ist als Erbin in Höhe von $1/6$ eingesetzt. Wenn ihre Pflichtteilsquote $1/4$ beträgt, kann sie zu dem Sechstel noch den Wert von $1/12$ des Nachlasses verlangen ($1/12 + 1/4 = 1/6$).

> **Beraterhinweis:** Der Pflichtteilsberechtigte kann nicht seine kleine Erbschaft ausschlagen und dann den vollen Pflichtteil geltend machen. Das ist nur in den Fällen des § 2306 BGB (S. 178 f.) und ggf. bei Ehegatten möglich, die in der Zugewinngemeinschaft gelebt haben (S. 159 ff.).

2. Pflichtteilsrestanspruch des Vermächtnisnehmers

Wenn der Verstorbene den Pflichtteilsberechtigten nur mit einem Vermächtnis bedacht hat, stehen diesem zwei Möglichkeiten zur Verfügung (§ 2307 BGB):

- Er kann das Vermächtnis ausschlagen und den vollen Pflichtteil verlangen.
- Er kann das Vermächtnis annehmen und, wenn dessen Wert hinter dem Wert des Pflichtteils zurückbleibt, die Differenz zwischen dem Wert des Vermächtnisses und dem Pflichtteil verlangen. So erhält er rechnerisch seinen Pflichtteilsanspruch in voller Höhe.

Die Ausschlagung eines Vermächtnisses wird gegenüber dem Erben erklärt (§ 2180 Abs. 2 BGB), was auch durch schlüssiges Verhalten erfolgen kann. Für Vermächtnisse besteht keine Ausschlagungsfrist.

Formulierungsmuster:
Sehr geehrte Frau Erbin,
Otto Normalerblasser hat mir sein Auto in seinem Testament vom 12. März 2004 vermacht. Hiermit schlage ich das mir hinterlassene Vermächtnis aus, um meinen Pflichtteil geltend zu machen.
Mit freundlichen Grüßen
Der Pflichtteilsberechtigte

X. Pflichtteilsergänzungsansprüche

Der **Pflichtteilsberechtigte partizipiert** nicht nur an dem Nachlassvermögen, sondern auch **an lebzeitigen Schenkungen** des Verstorbenen. Diese Schenkungen werden als fiktiver Nachlass bezeichnet und zusammengefasst. Hintergrund des sogenannten Pflichtteilsergänzungsanspruchs gem. § 2325 BGB ist, dass der Pflichtteilsanspruch eines enterbten nahen Angehörigen nicht dadurch umgangen können werden soll, indem der Erblasser sein Vermögen durch vorherige Schenkungen reduziert.

Schenkungen bleiben nur dann unberücksichtigt, wenn sie **mehr als zehn Jahre vor dem Erbfall** gemacht wurden (§ 2325 Abs. 3 BGB) oder wenn es sich um Pflicht- und Anstandsschenkungen (§ 2330 BGB) handelt, wie beispielsweise Geburtstagsgeschenke. Unter Ehegatten gilt die Zehnjahresfrist nur im Fall der Scheidung; sie läuft ab dem Zeitpunkt der Rechtskraft der Scheidung. Hat der Schenker sich etwa den Nießbrauch bei einer Schenkung vorbehalten, beginnt die Frist ebenfalls nicht anzulaufen.

Die Erbrechtsreform 2009 entschärfte den Pflichtteilsergänzungsanspruch – aus Sicht des Erben und führte eine **Abschmelzung** ein. Schenkungen aus dem ersten Jahr vor dem Tod werden mit 100 %, aus dem zweiten Jahr mit 90 %, aus dem dritten Jahr mit 80 % etc. angesetzt (§ 2325 Abs. 3 BGB). So reduziert sich der Pflichtteilsergänzungsanspruch stetig.

Rechtslage bei Erbfällen vor dem 1. Januar 2010

Schenkungen aus den letzten 10 Jahren vor dem Erbfall sind immer zu 100 % anzusetzen. Ein Geschenk, das der Verstorbene beispielsweise 9 Jahre und 8 Monate vor seinem Tod gemacht hat, wird genauso behandelt, als wenn er es erst einige Tage vor seinem Tod gemacht hat.

Die Besonderheiten der Bewertung dieser Geschenke werden auf S. 168 erläutert.

Der Erbe muss dem Pflichtteilsberechtigten seinen Pflichtteilsergänzungsanspruch **bezahlen**. Der Erbe, der selbst zu dem pflichtteilsberechtigten Personenkreis gehört, braucht aber nur soviel zu zahlen, dass ihm von seinem Erbteil wertmäßig mindestens das verbleibt, was er auch als Pflichtteil und als Pflichtteilsergänzung fiktiv beanspruchen könnte (§ 2328 BGB). Wenn dem Erben ein solches Verweigerungsrecht zusteht und der Pflichtteilsergänzungsanspruch noch nicht in voller Höhe aus dem Nachlass bezahlt wird, kann der Pflichtteilsberechtigte die offene Differenz bei dem zuletzt Beschenkten einfordern (§ 2329 BGB).

Vereinfachte Berechnungsmethode: Jede einzelne (indexierte) Schenkung wird abhängig von dem Schenkungsjahr mit einem Teilwert angesetzt. Diese einzelnen Teilwerte werden zusammenaddiert. Von Gesamtwert der Teile der indexierten und ergänzungspflichtigen Schenkungen (= fiktiver Nachlass) kann der Pflichtteilsberechtigte in Höhe seiner Pflichtteilsquote Zahlung beanspruchen.

Beispiel: Der verwitwete Verstorbene hat 6 Monate vor seinem Tod einer Stiftung 10.000 € und 6,5 Jahre vor seinem Tod einer Freundin ebenfalls 10.000 € geschenkt (die Werte sind bereits indexiert). Sein einziges Kind hat er enterbt, so dass ihm eine Pflichtteilsquote von 50 % zusteht.
Lösung: Die erste Schenkung ist mit 100 % und die zweite mit 30 % (im 7. Jahr vor dem Tod) zu berücksichtigen. Von dem Gesamtwert von 13.000 € erhält das Kind wegen seiner Pflichtteilsquote 6.500 €.

Ist der Nachlass überschuldet, führt die vereinfachte Berechnung zu falschen Ergebnissen. Dann sind zunächst der Wert des realen Nachlasses für den ordentlichen Pflichtteilsanspruch und der Wert des fiktiven Pflichtteilsanspruchs zu berechnen. Beide Werte sind zu addieren. Davon partizipiert der Pflichtteilsberechtigte in Höhe seiner Pflichtteilsquote. Es handelt sich dann um seinen gesamten Pflichtteilsanspruch. Davon der ordentliche Pflichtteil abgezogen ergibt die Höhe des Pflichtteilsergänzungsanspruchs.

Beispiel: Sachverhalt wie vor, nur der Verstorbene hat Schulden von 5.000 € hinterlassen. Der Gesamtwert der Schenkungen von 13.000 € reduziert sich um die Verbindlichkeiten von 5.000 €. Von dem verbleibenden Betrag von 8.000 € erhält das enterbte Kind 4.000 €. Davon ist der ordentliche Pflichtteil abzuziehen, der hier aufgrund der Überschuldung null beträgt. Das Kind erhält also lediglich 4.000 €.

Wenn der Pflichtteilsberechtigte selbst ein Geschenk von dem Verstorbenen erhalten hat (**Eigengeschenk**), hat er sich dieses auf seinen Pflichtteilsergänzungsanspruch anrechnen zu lassen (§ 2327 BGB). Hierzu bedarf es keiner Anordnung des Verstorbenen und es besteht nicht die sonst übliche Zehnjahresfrist.

Beispiel: Die verwitwete Mutter setzt ihren Geliebten zu ihrem Alleinerben ein und enterbt so ihre Tochter und ihren Sohn. 12 Jahre vor ihrem Tod hatte sie ihrem Sohn 1.000 € und zwei Monate vor ihrem Tod hatte sie ihrem Geliebten von 10.000 € geschenkt.
Lösung: Den Kindern steht jeweils eine Pflichtteilsquote von 25 % zu. Für die Berechnung ihrer Pflichtteilsergänzungsansprüche werden beide Schenkungen addiert, so dass der Wert des fiktiven Nachlasses

11.000 € beträgt. Die Tochter erhält wegen Ihrer Pflichtteilsquote von 25 % 2.750 €. Der Sohn hat sich jedoch von „seinen" 2.750 € das Geschenk von 1.000 € anzurechnen, so dass er 1.750 € erhält.

Auch dem Erben kann ein Pflichtteilsergänzungsanspruch zustehen (§ 2326 BGB). Dazu muss dem pflichtteilsberechtigten Erben die Hälfte oder weniger des gesetzlichen Erbteils als Erbteil oder Vermächtnis hinterlassen worden sein. Der Anspruch richtet sich regelmäßig gegen die Miterben bzw. subsidiär gegen den Beschenkten (§ 2329 Abs. 1 Satz 2 BGB). Da dieser Pflichtteilsergänzungsanspruch keine Enterbung voraussetzt, kann dieser auch nach Ausschlagung der Erbschaft verlangt werden.

XI. Pflichtteilsanspruch des beschränkten Erben

Grundsätzlich kann ein Pflichtteilsberechtigter nur dann seinen Pflichtteil verlangen, wenn er nicht Erbe wird (Ausnahmen bei Ehegatten in Zugewinngemeinschaft). Hat der Verstorbenen den pflichtteilsberechtigten Erben aber beschränkt, dann kann dieser die Erbschaft ausschlagen und seinen Pflichtteil verlangen (§ 2306 BGB). Dazu muss er mit folgenden testamentarischen oder erbvertraglichen Anordnungen belastet sein:

- mit einem Vermächtnis;
- mit einer Auflage;
- mit einer Teilungsanordnung;
- mit einer Testamentsvollstreckung;
- mit einer Nacherbschaft (er ist nur Vorerbe) oder
- mit einer Vorerbschaft (er ist nur Nacherbe).

Rechtslage für Erbfälle vor dem 1. Januar 2010:

Die Regelung des früheren § 2306 BGB galt früher zu Recht als die „gefährlichste Norm des Erbrechts", da die Rechtsfolgen von der Größe des Erbteils abhängig waren:

- War der Erbteil gleich oder **kleiner als die Pflichtteilsquote**, galten die Beschränkungen als nicht angeordnet. Daneben konnte der pflichtteilsberechtigte Erbe Auffüllung durch den Pflichtteilsrestanspruch verlangen (§ 2305 BGB). Das Gefährliche aber: Eine Ausschlagung dieses Erbteils führt zum Verlust des Pflichtteils.

- War der Erbteil **größer als die Pflichtteilsquote**, konnte der pflichtteilsberechtigte etwaige Erbe zum einen die Erbschaft ausschlagen und den vollen Pflichtteil fordern. Zum anderen konnte er aber auch die Erbschaft (konkludent) mitsamt den Belastungen annehmen. Da in diesem Fall die Belastungen wie Vermächtnisse, Auflagen etc. bestehen bleiben, kann es passieren, dass der Wert des Erbteils unter den Wert des Pflichtteils sinkt.

Für die Berechnung, ob der hinterlassene Erbteil die Hälfte des gesetzlichen Erbteils (= Pflichtteil) übersteigt, wurden je nach Ausgangssituation zwei Theorien herangezogen. Die Belastungen des hinterlassenen Erbteils blieben in jedem Fall unberücksichtigt:

- Grundsätzlich ist die Bruchteilsgröße (Quote) maßgebend (**Quotentheorie**). Es findet ein Vergleich zwischen der Pflichtteilsquote und der testamentarisch angeordneten Erbquote des hinterlassenen Erbteils am Nachlass statt.
- Wenn bei der Berechnung des Pflichtteilsanspruchs Anrechnungs- und Ausgleichungspflichten zu berücksichtigen sind, kommt die **Werttheorie** zum Zuge. Dabei ist zu prüfen, ob der Wert des nach den Ausgleichungsbestimmungen berechneten konkreten Pflichtteils hinter dem Wert des testamentarisch hinterlassenen Erbteils ohne Abzug der Belastungen zurückbleibt. Ein zusätzlich zum Erbteil zugewendetes Vorausvermächtnis wird wertmäßig auf den Erbteil hinzugerechnet, wenn es angenommen wird.

Das hohe Risiko bestand früher darin, dass der pflichtteilsberechtigte Erbe falsche Berechnungen durchgeführt hat. Das konnte dazu führen, dass er nach einer Ausschlagung leer ausging. Durch die Neuregelung sind nicht nur die Erben entspannter, sondern auch die sie beratenden Rechtsanwälte und Notare: Wenn diese Fehler machten, drohten Schadensersatzansprüche durch den Mandanten.

XII. Stundung

Da es sich bei dem Pflichtteilsanspruch um einen Geldzahlungsanspruch handelt, der sofort fällig ist, besteht die Gefahr, dass der Erbe überschnell Nachlassgegenstände verkaufen muss, um den Pflichtteilsanspruch zu erfüllen. Unter bestimmten Umständen kann **der Erb**e von dem Pflichtteilsberechtigten **Stundung verlangen** (§ 2331a BGB). Dazu muss für ihn die sofortige Erfüllung des Pflichtteilsanspruchs wegen der Art der Nachlassgegenstände eine **„unbillige Härte"** sein. Dies liegt insbesondere vor, wenn der Erbe zur Erfüllung des Pflichtteilsanspruchs die Familienwohnung aufgeben oder ein Wirtschaftsgut veräußern müsste, das für ihn und seine Familie die wirtschaftliche Lebensgrundlage darstellt. Andererseits muss die Stundung dem Pflichtteilsberechtigten zugemutet werden können.

Rechtslage für Erbfälle vor dem 1. Januar 2010:
Stundung konnte nur ein Erbe verlangen, der selbst pflichtteilsberechtigt war. Die Erfüllung des Pflichtteilsanspruchs müsste ihn „ungewöhnlich hart treffen".

XIII. Verjährung

Der Pflichtteilsanspruch **verjährt nach drei Jahren** und beginnt erst am Ende des Jahres, in dem der Erbfall sich ereignet hat (§§ 195, 199 BGB).

Beispiel: Der Verstorbene ist am 2. Februar 2008 gestorben. Da die Frist am 31. Dezember 2009 beginnt, kann der Pflichtteilsanspruch bis zum 31. Dezember 2012 gegen den Erben geltend gemacht werden.

Rechtslage für Erbfälle vor dem 1. Januar 2010
Die Frist begann nicht am Ende des Jahres, sondern in dem Zeitpunkt, als der Pflichtteilsberechtigte von dem Erbfall und seiner Enterbung erfuhr.

Zu beachten ist, dass die Frist erst dann an zu laufen anfängt, wenn der Pflichtteilsberechtigte von den den Umständen begründenden Umständen und dem Erben Kenntnis erlangt oder Kenntnis hätte erlangen müssen (§ 199 Abs. 1 Nr. 2 BGB, Höchstfrist gem. § 199 Abs. 3a BGB ist 30 Jahre). Nur bei dem Pflichtteilsergänzungsanspruch direkt gegen den Beschenkten aus § 2329 BGB – wenn der Nachlass nicht ausreicht – beginnt die Frist am Todestag (§ 2332 BGB).

Beraterhinweis: Wenn ausreichend Zeit vorhanden ist: Aus Gründen größter Vorsicht sollte der Pflichtteilsberechtigte aber immer vom Fristbeginn am Ende des Jahres ausgehen, in dem sich der Todesfall ereignet hat, auch wenn er vielleicht erst im darauf folgendem Jahr von dem Erbfall erfahren hat (Ausnahme bei § 2329 BGB).

XIV. Durchsetzung des Pflichtteilsanspruchs vor Gericht

Soll ein Pflichtteilsanspruch vor Gericht durchgesetzt werden und sind noch keine Auskünfte erteilt worden, empfiehlt sich die **Stufenklage**, die im Gegensatz zur reinen Auskunftsklage die Verjährung auch des Zahlungsanspruchs hemmt. Mit der Stufenklage nach § 254 ZPO wird

- Auskunft und Wertermittlung (Stufe 1),
- ggf. Abgabe der eidesstattlichen Versicherung (Stufe 2) und
- Zahlung des sich aus dem Nachlasswert und der Pflichtteilsquote ergebenden Betrages (Stufe 3)

verfolgt. Eine sofortige Zahlungsklage ist zu erwägen, wenn der Pflichtteilsberechtigte den Wert des Nachlasses relativ verlässlich einschätzen kann und der Erbe die Pflichtteilsregulierung verzögert.

Auch bei Anordnung einer Testamentsvollstreckung ist die Klage gegen den Erben zu richten (§ 2213 Abs. 1 S. 3 BGB). In der Zwangsvollstreckung ist ggf. ein **Duldungstitel gegen den Testamentsvollstrecker** zu erwirken (§ 748 Abs. 3 ZPO).

Kapitel 9
Alternative Verfahren

Wenn die Erben sich nicht einigen können und Hilfe von einem neutralen Dritten benötigen, müssen sie nicht unbedingt gleich eine Klage vor einem Amts- oder Landgericht erheben. Stattdessen können sie ihren Konflikt von einem Schiedsrichter entscheiden lassen oder den Konflikt selber mit Begleitung eines Mediators lösen.

I. Schiedsverfahren

Ein Schiedsgericht arbeitet im Gegensatz zu den staatlichen Gerichten wie das Amts- oder Landgericht vom Verfahren her freier, da dieses im Wesentlichen von den Parteien selbst bestimmt werden kann. Um einen Streit vor ein Schiedsgericht zu bringen, müssen die am Streit Beteiligten eine entsprechende Schiedsvereinbarung treffen. Diese kann verschiedene Verfahrensordnungen wie beispielsweise die der ZPO gem. §§ 1025 ff. ZPO zugrunde legen: Jeder vermögensrechtliche Gegenstand kann zum Inhalt einer Schiedsvereinbarung werden, in der die Parteien unter anderem die Anzahl und die Qualifikation der Schiedsrichter gemeinsam festlegen (§ 1030 ZPO). Danach bestimmen die Parteien ihre Schiedsrichter, welche Juristen sein können, aber nicht müssen. Zudem sollte in der Schiedsvereinbarung eine Regelung hinsichtlich der Honorare der Schiedsrichter getroffen werden.

Das Schiedsverfahren beginnt mit der Zustellung einer Benachrichtigung der einen Partei an die andere, die unter anderem Angaben zum Streitgegenstand durch Schilderung des Lebenssachverhaltes sowie einen Antrag enthalten muss, der das verfolgte Ziel fokussiert. Die davon in Kenntnis gesetzten Schiedsrichter fordern zur Einreichung der Schiedsklage und zur Erwiderung derselben auf. In der Schiedssitzung wird die Angelegenheit sowohl im Hinblick auf die vereinbarte Schiedsverfahrensordnung als auch im Hinblick auf die materiell-rechtliche Lage eingehend erörtert. Bei Bedarf werden Zeugen und Sachverständige geladen und gehört. Das Schiedsgericht muss die Gleichbehandlung der Parteien und den Grundsatz des rechtlichen Gehörs wahren (vgl. § 1042 ZPO). Grundsätzlich sind die Schiedsrichter an das aus dem Gesetz sich ergebende Erbrecht gebunden. Im Gegensatz zum staatlichen Gericht sind die Schiedsrichter nicht an eine gesetzlich normierte Verfahrensordnung gebunden und können des Weiteren Entscheidungen unter Berücksichtigung weit reichender Gesichtspunkte treffen („Billigkeitsentscheidungen"; vgl. § 1051 Abs. 1 ZPO). Nach Entscheidungsreife ergeht der Schiedsspruch, der wie ein rechtskräftiges Urteil eines staatlichen Gerichts gilt. Der Schiedsspruch kann innerhalb einer dreimonatigen Ausschlussfrist von einem Oberlandesgericht aufgehoben werden, und zwar dann, wenn die Schiedsvereinbarung unwirksam, der Streitgegenstand nicht schiedsfähig, das Schiedsgericht unzuständig war oder zwingende Verfahrensvorschriften verletzt wurden. Nach einer ggf. zu beantragenden Vollstreckbarkeitserklärung durch ein staatliches Gericht kann der Schiedsgerichtsspruch vollstreckt werden.

II. Mediation

Das Mediationsverfahren ist eine Methode zur alternativen Konfliktlösung im Verhandlungswege. Die Parteien können mit Hilfe des Mediators freiwillig ihren Streit selbst zur Zufriedenheit aller rechtsverbindlich beilegen. Die Parteien bleiben „Herren" über den Streitgegenstand. Kein Richter entscheidet gegen ihren Willen. Der Mediator führt lediglich durch die Phasen des Verfahrens, trifft selbst aber keine Entscheidung. Auch Verträge können mittels eines Mediationsverfahrens ausgehandelt werden.

1. Von Positionen zu Interessen

Bei einem gerichtlichen Verfahren stehen Positionen im Vordergrund („Ich will das Haus."). Die Mediation berücksichtigt für die Konfliktlösung vornehmlich die „eigentlichen Interessen" der Parteien („Mein Lebenswerk soll erfolgreich nach meinem Tod weitergeführt werden." / „Meine Erben sollen sich nach meinem Tod nicht zerstreiten."). Diese Interessen liegen hinter den Positionen oftmals tiefgründig und bleiben zumeist unausgesprochen, da diese in einem gerichtlichen Verfahren nicht relevant sind.

Diese Fokussierung von Positionen weg zu den Interessen bei Verhandlungen wird als Harvard-Konzept bezeichnet. Es geht davon aus, dass die Interessen der Parteien häufig von den öffentlich eingenommenen Positionen abweichen und daher von den Konfliktlösern zunächst freigelegt werden müssen. Ziel ist die interessengerechte Beilegung des Rechtsstreits mit einer win-win-Lösung für alle Parteien. Charakteristisch ist zudem die Trennung von Verhandlungspartner und Verhandlungsgegenstand. Die Parteien sollen das zu verhandelnde Problem von ihrer persönlichen Einstellung gegenüber dem Gegner trennen.

2. Prinzipien

Der Charakter einer Mediation wird von bestimmten Prinzipien geprägt. Oberstes Gebot ist die uneingeschränkte **Neutralität** des Mediators gegenüber allen Parteien. Ein Näheverhältnis zu einer Partei ist mit dem Neutralitätsgebot nicht zu vereinbaren. Unabdingbar ist die **Freiwilligkeit**, mit der sich die Beteiligten zu dem Verfahren entschließen. Ebenfalls freiwillig müssen sie ihre Interessen offen legen. Auch die Abschlussvereinbarung muss frei von Zwängen abgeschlossen werden. Die Selbstverantwortlichkeit der Parteien gilt sowohl für die aktive Mitwirkung im Verfahren wie auch in Bezug auf Themen und Ergebnis, denn sie sind Experten ihres Konflikts. Die Parteien sind für die Inhalte des Verfahrens selbst verantwortlich.

Die Inhalte eines Mediationsverfahrens unterliegen einem strengen **Vertraulichkeitsgebot**. In dem Mediationsvertrag verpflichten sich die Parteien, in der Mediation Offenbartes nicht gegen die andere Partei zu verwenden. Eine selbstbestimmte Entscheidung ist nur möglich, wenn die Parteien umfassend über alle relevanten Daten, Fakten und vor allem auch Interessen – ihre eigenen wie auch über die fremden – informiert sind. Daher haben sie sich über den Streitgegenstand selber zu informieren, wobei sie auch ihre Nichteinigungsalternative kennen sollten. Damit ist die Alternative gemeint, die ihnen nach Scheitern der Mediation verbleibt.

3. Ablauf des Mediationsverfahrens

Üblicherweise läuft jedes Mediationsverfahren nach der gleichen Struktur ab:

- In der Phase 1 **„Vorbereitung und Mediationsvertrag"** erläutert der Mediator den Parteien Ablauf und Prinzipien des Mediationsverfahrens. Danach schließen die Parteien mit ihm den Mediationsvertrag, in dem sie Verhandlungsgegenstand, Kosten und weiteres vereinbaren.

- Ziel der Phase 2 ist eine **Themensammlung** jeder Partei. Den Parteien wird Gelegenheit gegeben, ihre eigene – bewusst subjektive – Sichtweise des Konfliktes zu schildern. Aufgabe des Mediators ist neben dem Verstehen der Sichtweisen der Parteien die Positionen der jeweiligen Gegenpartei näher zu bringen.

- Der Mediator unterstützt die Parteien in der 3. Phase bei der **Interessenklärung**, ihre eigenen Interessen, Wünsche und Bedürfnisse in Bezug auf den Konflikt für die Zukunft herauszufinden und offen zu legen. Zudem bringt er diese der jeweiligen Gegenseite näher. Dies bildet die Grundlage für die spätere Einigung.

- Es beginnt in Phase 4 die **kreative Suche nach Lösungsoptionen**. Gemeinsam entwickeln die Parteien eine Vielzahl von Ideen, die für das zu lösende Problem hilfreich sein können. Dabei kommen regelmäßig auch ganz neue und für alle Seiten vorteilhafte Optionen heraus. Der Mediator setzt hierfür eine Vielzahl von Kreativitätstechniken ein.

- In der Phase 5 geht es um die **Bewertung und Auswahl der Ideen**. Es beginnt die eigentliche Suche nach einer Lösung, wozu die unterschiedlichen Ideen gemeinsam bewertet werden. Am Ende stehen realisierbare Vorschläge, mit denen alle leben können und die den vielfältigen einzelnen Interessen möglichst gerecht werden.

- Der **gemeinsam formulierte Mediationsvergleich** dient in der 6. Phase der Absicherung der zuvor getroffenen Entscheidung. Damit ist zur Zufriedenheit der Parteien der Konflikt beigelegt.

4. Mediationstechniken

Der Mediator führt durch das Verfahren mittels Mediationstechniken. Er muss die eigentlichen Interessen der Parteien mittels Fragetechniken „herauskitzeln". Durch das **Paraphrasieren** gibt er Erklärungen von Parteien mit seinen Worten wieder („Habe ich Sie richtig verstanden, dass...". Durch das neutrale Formulieren einer Haltung kann diese der Gegenseite besser näher gebracht werden, so dass diese die Beweggründe nachvollziehen und vielleicht auch akzeptieren kann. Verschiedene Arten des **Brainstormings** kommen bei der Suche nach Lösungsmöglichkeiten zum Einsatz. Das stetige Visualisieren der Verhandlung verdeutlicht den Parteien den Stand und die Struktur der Verhandlung.

5. Vorteile der Erbrechtsmediation

a) Kein Rechtsweg

Gerade bei Mediationen vor dem Erbfall steht oftmals kein Rechtsweg offen. Weder ein Gericht noch ein Schiedsgericht kann über eine zweckmäßige Nachfolgeregelung entscheiden. Auch kann jemand keinen seiner Pflichtteilsberechtigten zu dem Abschluss eines Erbvertrags oder Pflichtteilsverzichts gerichtlich zwingen, auch wenn er eine Gegenleistung anbietet. In dem Mediationsverfahren kann ein komplexer Vertrag und eine Nachfolgegestaltung gemeinsam im Konsens konzipiert werden.

Sogar wenn eine gerichtliche Entscheidung bei einem erbrechtlichen Streit hilfreich wäre, so scheuen viele Familienmitglieder zugunsten des Familienfriedens eine Klage gegen einen Verwandten. Ein Kläger kann dadurch als „geldgieriges Familienmitglied" gelten. Ein anhaltender Konflikt kann aber dem Nachlass, einem Unternehmen und auch den Erben schaden. Es bietet sich aufgrund der niedrigeren Eintrittsschwelle eine Lösung auf dem mediativen Weg an, da so keiner das Gericht angerufen hat.

b) Keine Öffentlichkeit

Durch das gerichtliche Verfahren und die damit verbundene Öffentlichmachung ist auch langfristig die Wiederherstellung des Familienfriedens versperrt. Vor Gericht wird schließlich systemimmanent um ein „Recht haben" gerungen. Nach der durch die Mediation bedingten Aussprache kann hingegen auch eine große Familie wieder zueinander Vertrauen gewinnen. Der interne Streit ist nicht an die Öffentlichkeit gelangt, was schließlich auch zu einer negativen Berichterstattung in den Medien hätte führen können.

c) Ausrichtung in die Zukunft

Das Gericht entscheidet nur über die Rechtsansprüche aus den gestellten Anträgen und orientiert sich dabei ausschließlich an der Vergangenheit. Durch ein Urteil können sich neue Konflikte ergeben. Die Mediation zielt hingegen auf die zukunftsorientierten Interessen der Parteien ab und ermöglicht eine innovative Einigung. Die Parteien selbst haben es in der Hand, welche Informationen in das Verfahren eingeführt und bei der Lösung berücksichtigt werden. Sie bestimmen, mit welchem Ergebnis das Mediationsverfahren seinen Abschluss findet. Es können so verschiedene Konflikte oder der gesamte Konflikt in einem Paket beigelegt werden. Die Parteien sind zufrieden und empfinden eine subjektive Gerechtigkeit. Zukünftige Konflikte werden vermieden.

d) Kurze Verfahrensdauer

Ein gerichtliches Verfahren kann sich über mehrere Instanzen und damit über mehrere Jahre hinziehen. Das Mediationsverfahren kann hingegen innerhalb von wenigen Wochen, manchmal auch von wenigen Tagen eine Beilegung des Konflikts erzielen. Nerven werden geschont.

e) Kostenersparnisse

Nicht nur bei der Zeit, sondern auch bei der Kostenseite ergeben sich Ersparnisse. Gerade im Erbrecht handelt es sich oftmals um hohe Streitwerte. Bei einem Streitwert von 500.000 € betragen die Gerichts- und Anwaltsgebühren eines gerichtlichen Verfahrens ohne Mehrwertsteuer für die erste Instanz rund 27.000 € (zzgl. Auslagen für Zeugen und Sachverständige). Für die ggf. zweite Instanz schlagen zusätzliche ca. 31.000 € zu Buche, was einen Gesamtbetrag von ca. 58.000 € ausmacht. Bei einem Stundensatz von 250 € zzgl. Mehrwertsteuer und einer Verfahrensdauer von 10 Stunden belaufen sich die Kosten einer Mediation auf 2.975 € für den Mediator und 5.950 € für die beteiligten Parteianwälte, deren Mitwirkung aber nicht zwingend erforderlich ist. Berücksichtigung muss zusätzlich zugunsten der Mediation finden, dass im Vergleich zu dem gerichtlichen Verfahren nicht das identische Ziel verfolgt und erreicht wird. Bei der Mediation kann vielmehr ein vielschichtiger Konflikt, der sonst mehrerer gerichtlicher Prozesse bedarf, in einem Verfahren geregelt werden.

6. Nachteile der Erbrechtsmediation

Nachteilig wirkt sich bei der Mediation grundsätzlich aus, dass eine Streitbeilegung nicht garantiert werden kann. Wenn sodann der Konflikt bei Gericht anhängig wird, können in der Mediation offen gelegte Informationen von der Gegenseite verwendet und in das gerichtliche Verfahren eingebracht werden. Die Einbringung solcher Informationen und Benennung diesbezüglicher Beweise lässt sich vertraglich in dem Mediationsvertrag beschränken und erschweren. Ein lückenloser Schutz ist nicht zu erzielen. Ein Mediationsverfahren kann nicht durchgeführt werden, wenn unter den Parteien erhebliche Machtungleichgewichte bestehen. Eine schwache Partei kann sich dann nicht ausreichend artikulieren und ihre Belange durchsetzen.

7. Anwendungsgebiete...

a) ...vor dem Erbfall

Im Mittelpunkt der Anwendungsgebiete der Erbrechtsmediation vor dem Erbfall stehen Regelungen der vorweggenommenen Erbfolge. Der Testierende möchte dabei oftmals die Interessen seiner Erben in die Nachlassplanung mit einbeziehen. Das Mediationsverfahren bietet den potentiellen Erben ein Forum, ihre Wünsche und Interessen bezüglich des Nachlasses im Hinblick auf ihre weitere Lebensgestaltung herauszufinden und zu benennen. Sie müssen sich nicht der Gefahr als geldgierig bezeichnet zu werden aussetzen, wenn sie das Thema Nachfolge ansprechen. Im Gegenzug dafür, dass der Erblasser beispielsweise seinem Sohn bereits zu Lebzeiten das Unternehmen überträgt, kann dieser vertraglich sich zu

Gegenleistungen wie zu einer Leibrente verpflichten. Auch ist als Ergebnis einer Mediation denkbar, dass ein Erbe eine Immobilie vorab im Wege der Schenkung übertragen bekommt und sich gleichzeitig zur Pflege des Erblassers verpflichtet. Ebenfalls können die Ergebnisse der Mediation in Testamenten oder Erbverträgen umgesetzt werden.

b) ...nach dem Erbfall

Eine Erbrechtsmediation nach dem Erbfall kann Streit und langwierige Prozesse verhindern. Gerade Erbengemeinschaften bieten ein hohes Konfliktpotential. Gestritten werden kann über die jeweilige Erbquote, über die Verwaltung und insbesondere über die Verteilung. Dabei haben auch einzelne Miterben eine starke Position, da sie jederzeit ihren Erbteil verkaufen können und die Auseinandersetzung bis hin zur Teilungsversteigerung betreiben können.

Konflikte um Pflichtteilsansprüche können mediativ gelöst werden. Da manchmal der Erbe den sofort fälligen Zahlungsanspruch des Pflichtteilsberechtigten nicht bezahlen kann, können neue Wege wie eine Leibrente oder eine Unternehmensbeteiligung vereinbart werden. Auch bei Streit über die Bewertung des Nachlasses und über die Auswirkungen etwaiger Vorschenkungen bietet sich ein mediativer Vergleich an.

Ein großes Konfliktpotential können angeordnete Testamentsvollstreckungen bergen. Durch die Einsetzung eines Testamentsvollstreckers können sich die Erben durch den Verstorbenen praktisch entmündigt fühlen. Den gegen den Verstorbenen gerichteten Unmut projizieren oftmals die Erben auf den Testamentsvollstrecker. Die Parteien können sich gegenseitig das Leben schwer machen. In einer Mediation können die Parteien sich aussprechen. Der Testamentsvollstrecker kann im Rahmen seiner Befugnisse die Interessen der Erben berücksichtigen, da er diese nunmehr kennt. Die Erben können Vertrauen zu dem Testamentsvollstrecker gewinnen.

8. Verfahrenseinleitung

Eine Erbrechtsmediation wird entweder durch den Erblasser selbst oder durch einen oder mehrere Erben eingeleitet. Eine Mediationsklausel in einem Testament oder Erbvertrag kann die Aufnahme einer Mediation deutlich vereinfachen oder erst ermöglichen.

a) Durch den Erblasser

Für eine Regelung innerhalb der vorweggenommen Erbfolge initiiert zumeist der zukünftige Erblasser die Mediation und übernimmt auch die Kosten. Da er Materielles an seine Erben übergeben möchte, hat er eine für eine Mediation unübliche recht starke Position inne. Daher stehen die weiteren Parteien einem Mediationsverfahren „per se" auch offen gegenüber. Rechtsanwälte, Steuerberater und Hausbanken sollten insbesondere bei Unternehmern eine Mediation anregen. Diese können dem Erblasser nahe legen, dass eine einseitig festgelegte Nachfolgeplanung bei seinen Erben nicht unbedingt auf Akzeptanz stoßen kann, wenn die Interessen und die Lebensplanungen seiner Erben nicht mit einbezogen wurden.

b) Durch die Erben

Potentielle Erben, insbesondere Unternehmensnachfolger, können auch ein besonderes Interesse an einer mediativen Nachfolgegestaltung haben. Durch eine offene Aussprache können sie Sicherheit für ihre Zukunft erlangen. Daher sollten sie dem potentiellen Erblasser eine Mediation vorschlagen. Bei Mediationen nach dem Erbfall sollten auch einzelne Miterben oder auch der Testamentsvollstrecker im Konfliktfall eine Mediation den anderen Parteien vorschlagen.

9. Mediationsklauseln in Testament und Erbvertrag

Die Aufnahme eines Mediationsverfahrens durch die Erben wird im Falle eines Konflikts gefördert, wenn der Verstorbene in sein Testament oder Erbvertrag eine Mediationsklausel aufgenommen hat.

Formulierungsmuster:

Zur Beilegung von Streitigkeiten aus oder im Zusammenhang mit diesem Testament werden die betroffenen Parteien ein Mediationsverfahren nach der Verfahrensordnung der X-Mediationsvereinigung, Adresse, durchführen. Mediator ist Herr Y, Adresse. Im Verhinderungsfall wird der Mediator nach Aufforderung einer Partei durch den Präsidenten der IHK Düsseldorf bestimmt. Die Kosten des Mediators trägt der Nachlass. Anwaltskosten und Auslagen trägt jede Partei selbst. Weigert sich eine Partei, an der ersten Mediationssitzung teilzunehmen, trägt sie die Gerichtskosten des anschließenden Prozesses unabhängig vom Verfahrensausgang.

Kapitel 10.
Erbschaftsteuer

Wenn jemand Vermögenswerte aufgrund eines Testamentes oder Erbvertrages bzw. aufgrund einer Schenkung erwirbt, hält der Fiskus die Hand auf. Erwerbe im Zusammenhang mit einem Todesfall und durch Schenkung sind nach den nahezu gleichen Regeln zu versteuern, die im Erbschaft- und Schenkungsteuergesetz (ErbStG) und im Bewertungsgesetz (BewG) enthalten sind. Beide Gesetze sind zum 1. Januar 2009 grundlegend reformiert worden. Für Erbfälle und Schenkungen nach diesem Datum gelten die reformierten Regeln.

Die **Höhe der Steuer** ist abhängig von dem Verhältnis des Begünstigten zu dem Verstorbenen oder zu dem Schenker. Danach richten sich die **Freibeträge** (S. 194 f.) und **Steuersätze** (S. 195). Als Bemessungsgrundlage dient der Wert des erworbenen Vermögens. Bei Geld ist das ganz einfach: Der Betrag wird „1 zu 1" für die Steuerberechnung herangezogen. Da hingegen bei beweglichen Gegenständen, Immobilien und Unternehmen nicht der Wert so offensichtlich ist, bestimmt das Gesetz Methoden zur Wertermittlung (S. 196 ff.). Der Erwerb einiger Gegenstände ist **steuerfrei**, so unter bestimmten Voraussetzungen das selber genutzte Familienheim oder der Hausrat (S. 200 f.). Auch bestehen Steuerbegünstigungen.

I. Steuerpflichtiger Vermögenserwerb

Derjenige, der Vermögenswerte aufgrund einer Erbschaft oder eines Vermächtnisses erhält, hat darauf Erbschaftsteuer zu bezahlen. Die Steuer entsteht im Zeitpunkt des Erwerbs, so dass bei einem **Erben** und **Vermächtnisnehmer** der Tod des Verstorbenen maßgebend ist (§§ 3, 10 ErbStG; außer der Anspruch hinsichtlich eines Vermächtnisses wird erst später fällig, beispielsweise ein Jahr nach dem Erbfall). Das gilt auch bei einer **Schenkung auf den Todesfall** (S. 95 ff.).

Auch wer enterbt ist und seinen Pflichttcilsanspruch verlangt, muss darauf Erbschaftsteuern bezahlen. Die Steuer entsteht in dem Moment, wenn der Enterbte seinen Pflichtteilsanspruch bei dem Erben geltend macht. Das steuerlich relevante Erwerbsdatum eines **Auflagen**begünstigten ist dann, wenn er die Leistung erhält. Das Datum der Verzichtserklärung auf einen Pflichtteils- oder Vermächtnisanspruch bzw. der Ausschlagung ist für die Steuer für eine eventuell vereinbarte **Abfindung** ausschlaggebend.

II. Steuerpflichtige

Die Erbschaftsteuer entsteht, wenn entweder der Verstorbene oder der Erbe/Vermächtnisnehmer **Inländer** sind (unbeschränkte Steuerpflicht). Ein Inländer hat entweder seinen Wohnsitz oder seinen gewöhnlichen Aufenthalt in Deutschland (§ 2 ErbStG). Die Staatsangehörigkeit ist gleichgültig. Als Inländer gelten auch deutsche Staatsangehörige, die sich vor dem Erbfall nicht länger als fünf Jahre im Ausland aufgehalten haben. Wenn der Verstorbene seinen Wohnsitz in einer Steueroase hatte, besteht sogar die Steuerpflicht, wenn er noch nicht 10 Jahre dort wohnt (§§ 4, 2 Abs. 1 Außensteuergesetz). Es ist möglich, dass ein Erwerb sowohl von dem deutschen als auch von einem ausländischen Erbschaftsteuergesetz zu versteuern ist. Wenn weder der Verstorbene noch der Erwerber Inländer sind, unterfällt dennoch das in Deutschland belegene Vermögen der Erbschaftsteuer (beschränkte Steuerpflicht).

III. Freibeträge

Der Erwerb ist nur insoweit zu versteuern, wie die Freibeträge nicht ausreichen. Die Freibeträge hängen von dem Verhältnis zum Verstorbenen oder Schenker ab (§ 16 ErbStG, verkürzt):

Steuerklasse	Erwerber	Freibeträge
I	Ehegatten	500.000 €
	Kinder und Stiefkinder	400.000 €
	Enkel und Urenkel	200.000 €
	Eltern und Großeltern bei Erwerben von Todes wegen	100.000 €

Steuerklasse	Erwerber	Freibeträge
II	Eltern und Großeltern bei Schenkungen, Geschwister, Nichten und Neffen, Stiefeltern, Schwiegerkinder, Schwiegereltern, geschiedener Ehegatte	20.000 €
III	Sonstige Eingetragene Lebenspartner	500.000 €

Die Freibeträge stehen alle 10 Jahre neu zur Verfügung, wobei sämtliche Erwerbe unabhängig ob durch Schenkung oder durch Tod anzurechnen sind (§ 14 ErbStG).

Beispiel: Die Tochter hat drei Jahre vor dem Tod ihres Vaters einen Bargeldbetrag von 350.000 € geschenkt bekommen und jetzt 200.000 € geerbt. Nach der Schenkung waren vom Freibetrag von 400.000 € 50.000 € noch nicht verbraucht und standen noch im Erbfall zur Verfügung. Von den 200.000 € sind daher 150.000 € zu versteuern.

Über diese Freibeträge hinaus stehen dem längerlebenden Ehegatten noch ein **Versorgungsfreibetrag** von 256.000 € und Kindern – altersabhängig – von 10.300 € bis 52.000 € zu. Eine eventuelle Hinterbliebenenrente reduziert den Versorgungsfreibetrag. Darüberhinaus können den **Pflegepauschbetrag** von 20.000 € diejenigen beanspruchen, die den Verstorbenen unentgeltlich oder gegen ein zu geringes Entgelt gepflegt haben.

IV. Unterschiedliche Steuersätze

Soweit nach Abzug der Freibeträge der Erwerb zu versteuern ist, gelten – je nach Steuerklasse – die folgenden Steuersätze (§ 19 ErbStG):

Wert des steuerpflichtigen Erwerbs bis einschließlich	Prozentsatz in der Steuerklasse		
	I	II	III
75.000 €	7		
300.000 €	11	30	
600.000 €	15		
6.000.000 €	19		
13.000.000 €	23		
26.000.000 €	27	50	
Über 26.000.000 €	30		

V. Bewertung

Das Finanzamt zieht für die Steuerberechnung den Verkehrswert jedes einzelnen Gegenstandes heran. Der Verkehrswert entspricht dem Betrag, der ein **fiktiver Käufer** für den jeweiligen Gegenstand bezahlen würde.

1. Bankguthaben und Wertpapiere

Bankguthaben werden mit dem Stand am Todestag in Ansatz gebracht. Bei börsennotierten Wertpapieren wie Aktien ist der Börsenkurswert am Todestag maßgebend.

2. Bewegliche Gegenstände

Bewegliche Gegenstände wie **Autos**, Gemälde und **Schmuck** werden mit dem Verkehrswert zur Steuer herangezogen, der durch Gutachten festgestellt werden muss. Zunächst können in der Steuererklärung eigene Schätzwerte angegeben werden. Erst auf Rückfrage des Finanzamtes müsste dann ein Wertgutachten eingeholt werden. Bei speziellen Gegenständen wie eine Uhrensammlung, Autos oder wertvollem Schmuck sollte ein Sachverständiger sogleich ein Gutachten erstellen, so dass dieses dem Finanzamt mit der Steuererklärung übersandt werden kann.

3. Grundstücke und Immobilien

Die Bewertung **unbebauter Grundstücke** erfolgt nach der Fläche und den Bodenrichtwerten laut Gutachterausschuss (§ 179 BewG). Der Verkehrswert **bebauter Grundstücke** ist je nach Grundstücksart nach dem Vergleichs-, dem Ertrags- oder dem Sachwertverfahren zu ermitteln:

- Das Vergleichswertverfahren gilt für Wohnungs- und Teileigentum sowie für **Ein- und Zweifamilienhäuser**. Es zieht für die Wertbestimmung Kaufpreise von gleichartigen Immobilien heran (§§ 182 Abs. 2, 183 BewG).
- Soweit es keine vergleichbaren Kaufpreise gibt, ist das Sachwertverfahren einschlägig. Hierbei wird der Wert auf Grundlage des

Substanzwertes – Summe aus dem Herstellungswert der baulichen und nichtbaulichen Anlagen sowie aus dem Bodenwert – ermittelt (§§ 182 Abs. 4, 189 BewG).

• Insbesondere bei Renditeobjekten wie **Mietwohn- oder Geschäftsgrundstücken** wird das Ertragswertverfahren angewendet. Der Verkehrswert wird auf Grundlage des Bodenwertes, des Ertrages (Miete), der Art und des Baujahres des Gebäudes berechnet (§§ 182 Abs. 3, 184 BewG).

Wenn der Steuerpflichtige meint, dass der Gegenstand weniger wert ist als durch die vorgenannten Methoden ermittelt, kann er durch Vorlage eines Gutachtens einen niedrigeren Verkehrswert dem Finanzamt nachweisen (Öffnungsklausel, § 198 BewG).

4. Unternehmen

Durch die Erbschaftsteuerreform hat sich die Besteuerung von inländischem Betriebsvermögen grundlegend geändert. Dazu zählen auch Anteile an Kapitalgesellschaften bei einer Mindestbeteiligung von mehr als 25 % und land- und forstwirtschaftliche Betriebe. Ausgangspunkt ist auch hier der Verkehrswert. Falls dieser Wert nicht aus Drittverkäufen abgeleitet werden kann, soll er unter Berücksichtigung der Ertragsaussichten oder nach einem anderen anerkannten Verfahren geschätzt werden. Er darf dabei allerdings den Substanzwert des Vermögens nicht unterschreiten (§ 11 Abs. 2 BewG). In das Bewertungsgesetz sind Details eines „vereinfachten Ertragswertverfahrens" aufgenommen worden, das vom Steuerpflichtigen wahlweise angewendet werden kann, wenn es nicht zu offensichtlich unzutreffenden Ergebnissen führt (§§ 200–203 BewG).

Der Ertragswert ermittelt sich dabei nach der bekannten Methode, d. h. aus dem nachhaltig erzielbaren Jahresertrag des Unternehmens multipliziert mit einem Kapitalisierungsfaktor. Gesetzliche Vereinfachungsregeln gelten für die Ermittlung des Jahresertrags und des Kapitalisierungsfaktors. Danach besteht etwa der Kapitalisierungszinssatz aus einem Basiszins, der aus der langfristig erzielbaren Rendite öffentlicher Anleihen abzuleiten ist, und einem festen Zuschlag von 4,5 %.

a) Regelverschonung

Von dem so ermittelten Steuerwert des inländischen Betriebsvermögens sieht das Gesetz einen Verschonungsabschlag von 85 % vor (§ 13 b Abs. 4 ErbStG). Um in den Genuss des gesamten Abschlags von 85 % des Unternehmenswertes zu gelangen, darf der Erbe/Beschenkte den Betrieb unter anderem 7 Jahre lang nicht veräußern oder aufgeben (Behaltensfrist). Dabei handelt es sich – anders als nach der bisherigen Rechtslage mit ihrer fünfjährigen Behaltensfrist – um eine pro-rata-temporis-Regelung. Das bedeutet: Jedes Jahr der Betriebsfortführung wird durch einen entsprechenden Teil des Verschonungsabschlags belohnt. Bei einer schädlichen Verfügung im fünften Jahr nach der Übertragung bleiben dem Erben/Beschenkten beispielsweise noch 4/7 des Verschonungsabschlags erhalten.

Als weitere Voraussetzung für den Verschonungsabschlag muss das Unternehmen in den 7 Jahren nach der Übergabe insgesamt 650 % der Lohnsumme an seine Arbeitnehmer auszahlen, die sich als durchschnittliche Jahreslohnsumme der 5 Wirtschaftsjahre vor der Übertragung (Ausgangslohnsumme) ergeben hat (keine Indexierung). Wenn und soweit diese Vorgabe nicht eingehalten wird, erfolgt nach Ablauf der Siebenjahresfrist eine anteilige Nachversteuerung.

Außerdem wird die Begünstigung nur gewährt, wenn das Verwaltungsvermögen des Betriebs nicht mehr als 50 % des gesamten betrieblichen (Netto-)Vermögens ausmacht. Zum Verwaltungsvermögen gehören beispielsweise an Dritte vermietete Immobilien, Wertpapiere, Anteile an Kapitalgesellschaften, wenn die Beteiligung 25 % und weniger beträgt, sowie Darlehensforderungen. Der Verschonungsabschlag kann im Übrigen für Verwaltungsvermögen unterhalb dieser Quote nur insoweit beansprucht werden, als es zum Besteuerungszeitpunkt bereits zwei Jahre dem Betrieb zuzurechnen war.

Schließlich sind sogenannte Überentnahmen aus dem übertragenen Betrieb während der Behaltensfrist schädlich. Das bedeutet, die kumulierten Entnahmen aus dem Betrieb dürfen in dieser Zeit die kumulierten Gewinne nur geringfügig (bis zu 150.000 €) übersteigen, anderenfalls entfällt der Verschonungsabschlag anteilig.

b) Verschonungsoption

Alternativ kann vom Steuerpflichtigen unter strengeren Voraussetzungen eine andere Verschonungsoption unwiderruflich gewählt werden, die theoretisch eine gänzlich steuerfreie Übertragung des begünstigten Betriebsvermögens erlaubt. Zu den strengeren Voraussetzungen zählt eine Behaltensfrist von 10 Jahren (ebenfalls pro-rata-temporis-Regelung), die Lohnsumme für 10 Jahre muss insgesamt 1.000 % der Ausgangslohnsumme erreichen und die Verwaltungsvermögensgrenze liegt bei 10 % (§ 13a Abs. 8 ErbStG).

5. Nutzungsrechte und Lebensversicherungen

Für die Wertermittlung von Nutzungsrechten wie eine Rente, ein **Nießbrauch** oder ein Wohnrecht sieht das Gesetz besondere Vorschriften vor (§ 23 ErbStG, §§ 13 ff. BewG).

Lebensversicherungen werden nach ihrem Rückkaufswert bewertet, der von der Versicherung angefordert werden kann.

VI. Abzug von Nachlassverbindlichkeiten

Nachlassverbindlichkeiten reduzieren die zu zahlende Steuer. Sie werden von den Vermögenswerten abgezogen, so dass letztlich ein niedrigerer Vermögenserwerb zu versteuern ist. Es sind abzuziehen (§ 10 Abs. 5 ErbStG):

- **Schulden des Verstorbenen** beispielsweise aus Krediten,
- Verbindlichkeiten aus **Vermächtnissen**, Auflagen und geltend gemachten **Pflichtteilsansprüchen** sowie
- durch den Erbfall entstandene Kosten wie die **Bestattungskosten** und der Grabstein und die Nachlassregelungskosten wie die Erbscheinsgebühren sowie Steuerberater- und Anwaltskosten (hierfür kann eine Pauschale von 10.300 € angesetzt werden, § 10 Abs. 5 Nr. 3 ErbStG)

VII. Steuerbegünstigungen und -befreiung

Für einige Ansprüche und Vermögensgegenstände hat der Gesetzgeber Steuerbegünstigungen oder gar Steuerbefreiungen eingeräumt.

1. Zugewinnausgleichsanspruch

Wenn der Verstorbene mit seinem Ehegatten in dem gesetzlichen Güterstand der Zugewinngemeinschaft lebte, also beide keinen Ehevertrag abgeschlossen haben, bestehen bei der Beendigung der Ehe Zugewinnausgleichsansprüche. Der Vermögenserwerb des Ehemannes und der Ehefrau während der Ehe sind – getrennt – zu ermitteln. Wenn danach ein Ehegatte einen höheren Vermögenserwerb erwirtschaften konnte, beträgt der Zugewinnausgleichsanspruch des „ärmeren" Ehegatten die Hälfte von der Differenz. Der Vermögenserwerb der längerlebenden Ehegatten ist in Höhe des Zugewinnausgleichsanpruchs **steuerfrei** (§ 5 ErbStG). Das gilt unabhängig davon, ob der längerlebende Ehegatte statt dem rechnerischen Zugewinnausgleichsanspruch das pauschale Zugewinnausgleichsviertel erhält oder er testamentarisch oder erbvertraglich erbt.

2. Familienheim

Was vor der Erbschaftsteuerreform nur lebzeitigen Übertragungen unter Ehegatten steuerfrei war, wird jetzt auch auf Erwerbe von Todes wegen ausgedehnt. So erfolgt der Erwerb durch Erbfall der selbstgenutzten Wohnimmobilie (Familienheim) für **Ehegatten** und für eingetragene Lebenspartner **steuerfrei**, wenn das Familienheim 10 Jahre weiterhin selbst genutzt wird (§ 13 Abs. 1 Nr. 4b, 4c ErbStG). Das Familienheim muss sich entweder in Deutschland oder in einem anderen Staat der EU oder des EWR befinden. Die Steuerbefreiung entfällt rückwirkend, wenn das Familienheim innerhalb von 10 Jahren nach dem Erwerb – durch Erbschaft oder Schenkung – nicht mehr zu Wohnzwecken selbst genutzt wird, also etwa bei Verkauf oder Fremdvermietung. Eine Ausnahme besteht für den Fall, dass die Selbstnutzung aus zwingendem Grund beendet wird. Hierzu soll nach der Gesetzesbegründung der Tod des Bewohners oder eine entsprechende Pflegebedürftigkeit (Pflegestufe 3) zählen.

Ebenfalls steuerfrei ist der **Erwerb der „ersten" 200 qm** des Familienheims durch **Kinder**, wenn diese die Immobilie unverzüglich selbst nutzen (entfällt ebenfalls bei Aufgabe der Selbstnutzung innerhalb von 10 Jahren nach dem Erwerb). Über 200 qm hinaus ist der Erwerb des Familienheims durch Kinder steuerpflichtig.

3. Vermietete Wohnimmobilien

In der Gesetzesbegründung werden Vermieter von Wohnimmobilien als „Unternehmer" bezeichnet, die keinen Betrieb leiten müssen. Um weiterhin eine „angemessene Wohnraumversorgung der Bevölkerung" zu gewährleisten, wird bei zu Wohnzwecken vermieteten Grundstücken ein **Abschlag von 10 %** auf den Verkehrswert gewährt (§ 13c Abs. 1 ErbStG). Vermieter gewerblicher Immobilien kommen nicht in den Genuss dieser Vergünstigung.

4. Baudenkmäler

Wenn Baudenkmäler ganz von der Steuer befreit sind, ist deren Wert zur Steuerberechnung nur mit 85 % anzusetzen (§ 13 Abs. 1 Nr. 2 ErbStG).

5. Hausrat

Wenn Ehegatten oder Kinder Hausrat erben (Steuerklasse I), ist dieser bis zu einem Wert von 41.000 € steuerfrei (§ 13 Abs. 1 Nr. 1a ErbStG). Für weitere Gegenstände wie Auto, Schmuck und Kunstgegenstände genießen die Angehörigen der Steuerklasse I einen weiteren Freibetrag von 12.000 €. Erwerber der Steuerklassen II und III müssen diese Gegenstände einschließlich Hausrat erst ab einem Wert von 12.000 € versteuern.

VIII. Stundung des Steueranspruchs

Erwerber von nicht gewerblich vermieteten Immobilien sowie von zu eigenen Wohnzwecken genutztem Wohneigentum können eine zinslose Stundung der Erbschaftsteuer für diese Vermögensgegenstände beantragen (§ 28 ErbStG). Die Finanzämter gewähren diese Stundung, soweit andernfalls zur Steuerbezahlung das Grundstück verkauft werden müsste. Die Stundung endet, wenn

- sie für nicht gewerblich vermietete Wohnimmobilien gewährt wird, spätestens nach Ablauf von 10 Jahren;
- sie für zu eigenen Wohnzwecken genutztes Immobilienvermögen gewährt wird, regelmäßig mit Aufgabe der Selbstnutzung;
- oder wenn das Grundstück Gegenstand einer Schenkung ist.

IX. Anrechnung auf die Einkommensteuer

Die im Jahr 1999 abgeschaffte Regelung zur Beseitigung von Doppelbelastungen mit Einkommen- und Erbschaftsteuer ist durch die Erbschaftsteuerreform wieder eingeführt worden. Danach ist in bestimmten Fällen eine anteilige Ermäßigung der Einkommensteuer zu gewähren. Dazu müssen die Einkünfte zuvor als Vermögen oder Vermögensbestandteil aufgrund eines Erwerbs von Todes wegen der Erbschaftsteuer unterlegen haben und im laufenden oder in den vier vorausgegangenen Veranlagungszeiträumen mit Erbschaftsteuer belastet worden sein (§ 35b EStG).

X. Verfahrensfragen

1. Anzeigepflichten

Wer etwas aufgrund einer Erbschaft und einer Schenkung erhält, muss dies grundsätzlich dem Erbschaftsteuer-Finanzamt mitteilen, das für die Erhebung der Erbschaft- und Schenkungsteuer zuständig ist (nach dem letzten Wohnsitz des Verstorbenen, § 35 ErbStG). Ein Erbe kann von der Anzeige absehen, wenn das Nachlassgericht ein Testament oder einen Erbvertrag eröffnet hat, aus dem sich dessen Verwandtschaftsverhältnis zum Verstorbenen ergibt.

Banken, Sparkassen, Bausparkassen, Lebensversicherer etc. haben dem Finanzamt die Vermögenswerte des Verstorbenen im Zeitpunkt seines Todes mitzuteilen (§ 33 ErbStG). Auch Nachlassgerichte, Notare und Standesämter sind zur Anzeige verpflichtet.

2. Die Steuererklärung

Das Erbschaftsteuer-Finanzamt übersendet dann dem Erben einen Vordruck für die Steuererklärung nebst Ausfüllhinweisen. Der Erbe hat zur Abgabe einige Wochen Zeit. Danach erlässt das Finanzamt den Steuerbescheid, den der Steuerpflichtige mit einem Einspruch angreifen kann. Die festgesetzte Steuer hat der Erwerber innerhalb von einem Monat nach Zustellung des Bescheides zu entrichten.

3. Besonderheiten bei der Erbengemeinschaft

Wenn nach dem Erbfall eine Erbengemeinschaft entstanden ist, geben die Miterben meistens gemeinsam eine Steuererklärung ab. Das Finanzamt rechnet dann **für jeden Miterben getrennt** unter Berücksichtigung seiner Erbquote, seinen Freibetrag und seinen Steuersatz aus.

Anhang

Wird ein Notar oder Nachlassgericht tätig, fallen Gebühren an. Diese bestimmen sich zum einen nach der Art der Tätigkeit (Tabelle 1) und zum anderen nach dem Wert des Vermögens nach Abzug der Verbindlichkeiten (Werte in Tabelle 2). Die genaue Berechnung ist in der Kostenordnung fixiert. Bei Notaren fällt zusätzlich noch Mehrwertsteuer an.

Tabelle 1:

Beurkundung eines Einzeltestamentes	$1/_1$
Beurkundung eines Ehegattentestamentes	$2/_1$
Verwahrung eines Testamentes durch Gericht	$1/_4$
Beurkundung eines Erbvertrages	$2/_1$
Anfechtung eines Erbvertrages	$1/_2$
Beurkundung eines Erbverzichts	$2/_1$
Ausschlagung der Erbschaft	$1/_4$
Anfechtung der Annahme der Erbschaft	$1/_4$
Erbscheinsantrag einschl. eidesstattlicher Versicherung	$2/_1$
Testamentseröffnung	$1/_2$

Tabelle 2:

Wert bis	Gebühr von $1/_1$
bis 11.000 €	54 €
bis 50.000 €	132 €
bis 100.000 €	207 €
bis 250.000 €	432 €
bis 500.000 €	807 €
bis 1 Mio. €	1557 €
bis 2 Mio. €	3057 €
bis 3 Mio. €	4557 €

Die Kostenordnung sieht für Zwischenwerte weitere Unterstaffelungen vor.

Sachverzeichnis

Zahlen = Seiten

Buchanzeigen

Erben und Vererben

Winkler
Erbrecht von A–Z

Über 240 Stichwörter zum aktuellen Recht.
Übersichtlich, klar und verständlich erfahren Sie alles zu Testament und Erbvertrag, Erbfolge und Pflichtteilsrecht, Erbenhaftung, Erbengemeinschaft, Erbschein und Erbschaftsteuer.
Mit zahlreichen Formulierungsbeispielen.

12. Aufl. 2009. 333 S.   §
€ 10,90. dtv 5061

Klinger
Erbrecht in Frage und Antwort

Der Ratgeber erklärt leicht verständlich alle Fragen zu Testament, Erbvertrag, Widerruf und Anfechtung letztwilliger Verfügungen.
Das neue Erbschaftsteuerrecht wird überall berücksichtigt.
Zahlreiche Tipps zur Formulierung machen die Umsetzung einfach.
Mit Informationen zu Kosten

und Gebühren von Notar, Gericht und Rechtsanwalt sowie zur Erbschaftsteuer.

3. Aufl. 2010. 271 S.   §
€ 11,90. dtv 50637
Neu im Dezember 2009

Ubert
Guter Rat zu Testament und Erbfall

Ratgeber zu allen Rechtsfragen rund um Testament und Erbfall.
Eine umfassende und allgemein verständliche Darstellung des Erbrechts und der steuerrechtlichen Fragen.
Mit vielen Beispielen, Tipps und Mustern.

4. Aufl. 2007. 422 S.   §
€ 11,50. dtv 50622

Lenßen
**Ihr Recht:
Testament und Erbschaft**

Der einfache Einstieg in das Erbrecht, damit Sie wissen, worauf es ankommt.

1. Aufl. 2009. 110 S.
€ 6,90. dtv 50452

Klinger
**So gestalte ich
mein Testament**

Schnellübersicht Recht.
1. Aufl. 2008. 31 S.
€ 4,95. dtv 50401

Horn
Ratgeber für Erben

Rechte und Pflichten des Erben: Sicherung des Nachlasses, Haftungsvermeidung, Erbengemeinschaft, Auseinandersetzung u.v.m.

1. Aufl. 2010. 228 S.   §
€ 13,90. dtv 50699
Neu im Dezember 2009

Zimmermann
**Ratgeber
Erbengemeinschaft**

Was Erben wissen sollten.
Alle wesentlichen rechtlichen und steuerlichen
Aspekte rund um die Erbengemeinschaft.

1. Aufl. 2008. 204 S. §
€ 12,–. dtv 50670

Klinger/Roth
**Testament für
Unternehmer und
Freiberufler**

Vorsorge und letztwillige
Verfügung.
Alle wichtigen Regelungen
für Selbstständige mit
zahlreichen Mustern und
der Vorsorgevollmacht.
Mit den Reformen von

Erbschaftsteuer und Pflichtteilsrecht.

1. Aufl. 2010. Rd. 200 S. §
Ca. € 9,90. dtv 50658
In Vorbereitung für
Anfang 2010

Zimmermann
**Rechtsfragen
bei einem Todesfall**

Erbrecht · Testament ·
Steuern · Versorgung ·
Bestattung.
Neben Erbrechtsfragen
werden auch Themen wie
Sozialhilfe, Bestattung,
Beihilfen und Erbschaftsteuer behandelt.

6. Aufl. 2010. Rd. 250 S. §
Ca. € 10,90. dtv 5632
In Vorbereitung für
Frühjahr 2010

Klinger/Schulte
**Immobilien schenken
und vererben**

Ein Ratgeber für Eigentümer
und ihre Erben.
Mit praxiserprobten Musterformulierungen für rechtssichere Übergabeverträge
und Testamente und zahlreichen Beispielen für
steueroptimierte Gestaltungen.

2. Aufl. 2010. 153 S. §
€ 9,90. dtv 50644
Neu im Dezember 2009

Zeichenerklärung: § *Rechtsberater* € *Wirtschaftsberater*

ErbSt ·
Erbschaftsteuerrecht

BewertungsG, Erbschaft-
steuer- und Schenkung-
steuerG, Erbschaftsteuer-
DurchführungsVO, Grund-
steuerG, Erbschaftsteuer-
Richtlinien mit amtlichen
Hinweisen, Richtlinien für
die Bewertung des Grund-
vermögens, Grundsteuer-
Richtlinien.
Stand: 1.1.2009.

Textausgabe.
18. Aufl. 2009. 724 S.
€ 14,90. dtv 5547

Klinger/Fischl
Die neue Erbschaftsteuer

Strategien zur Vermeidung
für Erblasser und Erben.
Was die „neue" Erbschaft-

steuer für Privatleute und
Unternehmer bringt.

1. Aufl. 2009. 200 S.   §
€ 12,90. dtv 50683

Fromm/Vogt
Richtig schenken und
vererben

Steuertipps und Gestaltungs-
hinweise.
Schenkung und Erbfall im
Bürgerlichen Recht, Schenkungsteuer, Erbschaftsteuer
und ihre Auswirkungen bei
der Einkommensteuer.

6. Aufl. 2010. 331 S.   §
€ 9,90. dtv 5614
Neu im Dezember 2009

Wacker/Seibold/Oblau
Lexikon der Steuern

Über 1000 Stichwörter für
Praxis und Studium.
Mit alphabetischen und
systematischen Stichwort-
übersichten sowie Fach-
wortverzeichnissen in
Englisch und Französisch.

2. Aufl. 2005. 496 S.   €
€ 14,50. dtv 5882

Votsmeier
Geld- und Steuertipps
für meine Familie

Elterngeld · Kindergeld ·
Steuervorteile.
Umfassend werden die
staatlichen Förderungsmög-
lichkeiten erläutert und
konkrete Gestaltungshin-
weise und Berechnungs-
beispiele gegeben.

1. Aufl. 2007. 174 S.   §
€ 9,50. dtv 50666

Meyer
Steuern für Freiberufler
von A–Z

Von Architekt bis Zahnarzt.
Über 600 Stichwörter.

5. Aufl. 2008. 538 S.   §
€ 14,90. dtv 5065

Grasmück
Einnahmen-Überschuss-rechnung 2008/2009

Gewinnermittlung gem. § 4 Abs. 3 EStG nach amtlichem Vordruck.

3. Aufl. 2009. 254 S. §
€ 17,90. dtv 50654

Girlich/Obermeier
Gewinnermittlung für Selbstständige

Steuerratgeber zur Einnahme-Überschuss-Rechnung. Mit einem ABC der Betriebsausgaben.

3. Aufl. 2009. 355 S. €
€ 16,90. dtv 50823

Bilsdorfer/Weyand
Keine Angst vor dem Finanzamt

Anträge, Steuererklärungen, Einspruch, Betriebsprüfung, Selbstanzeige.
Mit Beratungshinweisen, Formulierungshilfen und Tipps.

1. Aufl. 2000. 216 S. §
€ 8,44. dtv 5677

Lißewski/Suckow/Albers
Steuerhinterziehung – was nun?

Alles über den Tatbestand der Steuerhinterziehung, die Ermittlungsmethoden des Finanzamtes und die Konsequenzen.

1. Aufl. 2010. 115 S. §
€ 16,90. dtv 50702
Neu im Dezember 2009

Stapelfeldt
Kommunalabgaben von A–Z

Gebühren · Beiträge · kommunale Steuern · Verfahren · Rechtsschutz.

1. Aufl. 2008. 335 S. §
€ 14,50. dtv 50663 →

Kirchhoff
Erschließungs- und Straßenbaubeiträge

Beitragsbescheide sicher prüfen und erfolgreich unberechtigte Forderungen abwehren: dabei hilft dieses Buch.

1. Aufl. 2008. 223 S. §
€ 12,90. dtv 50675

Mieten

MietR
Mietrecht
BGB-Mietrecht · EGBGB
AGG · EnEV (neu)
WoFlV · BetrKV
WoBindG · WoFG
WirtschaftsstrafG 1954
WEG

44. Auflage
2008
Toptitel
Beck-Texte im dtv

Das neue Mietrecht

Problemlösungen für Mieter, Vermieter und Verwalter
Von Norman M. Spreng
4. Auflage
MIT AGG
Beck-Rechtsberater im dtv

Wolf-Rüdiger Bub · Christian von der Osten

Mietrecht & WEG
aktuell

Alle wichtigen Urteile der letzten Jahre nach Schlagworten

Neues
WEG

Empfohlen von
Haus & Grund
Bayern

Beck-Rechtsberater im dtv

MietR · Mietrecht

BGB-Mietrecht mit wichtigen Nebengesetzen.
Mit Wohnflächenverordnung (WoFlV) und Betriebskostenverordnung (BetrKV) sowie „neuem" WEG.

Textausgabe.
44. Aufl. 2008. 532 S.
€ 7,–. dtv 5013

Spreng
Das neue Mietrecht

Problemlösungen für Mieter, Vermieter und Verwalter.
Mit dem allgemeinen Gleichbehandlungsgesetz.
Ein umfangreicher Anhang mit Gesetzestexten und Musterschreiben bietet Mietern und Vermietern viel Service.

4. Aufl. 2006. 823 S. §
€ 16,50. dtv 5687

Bub/von der Osten
Mietrecht & WEG aktuell

Alle wichtigen Urteile der letzten Jahre nach Schlagworten.
Gerichtsentscheidungen zu Miete und Wohnungseigentum zusammengefasst und praxisnah erläutert.

1. Aufl. 2008. 527 S. §
€ 16,90. dtv 50653

Nasemann
Wohnungsmiete

Die Problemfälle des laufenden Mietverhältnisses sind ebenso verständlich erläutert wie Wohnungssuche, Vertragsabschluss sowie die rechtlichen Aspekte der Kündigung.

2. Aufl. 2005. 255 S. §
€ 9,50. dtv 50623

Nasemann
Mietkündigung

Der neue Ratgeber für Vermieter und Mieter erläutert die rechtlichen Grundlagen der Mietkündigung und gibt praktische Tipps zur Umsetzung und zum strategischen Vorgehen.

1. Aufl. 2006. 198 S. §
€ 9,50. dtv 50642 →

Mietkündigung

Wohn- und Gewerberaum
Fristen und Formulierungen
Strategien für Mieter und Vermieter
Von Andrea Nasemann

Beck-Rechtsberater im dtv

Empfohlen von
Haus & Grund
Bayern

Zeichenerklärung: § *Rechtsberater* € *Wirtschaftsberater*

Mieten

Blank
Mietrecht von A–Z

Für Mieter, Vermieter, Verwalter, Makler und Juristen.

17. Aufl. 2003. 1040 S. §
€ 18,50. dtv 5044

Blank
Miete und Pacht

Mit Beispielen und Mustern für Mieter und Vermieter. Wie immer umfassend und praxisorientiert.

12. Aufl. 2005. 767 S. §
€ 16,50. dtv 5099

Mersson
Vermieterleitfaden

Aktuelles Mietrecht · Mustertexte · Abrechnungsbeispiele · Checklisten.
Mit 130 Mustertexten (Briefe, Formulare, Verträge, Klagen), Checklisten sowie Beispielen für Nebenkostenabrechnungen.

4. Aufl. 2008. 640 S. §
€ 16,50. dtv 5626

Fröba
Ratgeber Wohngeld

Was Mieter und Eigentümer wissen sollten.
Die Neuerungen im Wohngeldrecht sind verständlich erläutert.

1. Aufl. 2009. 254 S. §
€ 12,90. dtv 50671

Lenßen
**Ihr Recht:
Miete und Nebenkosten**

Mietrecht für Mieter – kompakt und verständlich. Lernen Sie Ihre Rechte kennen.

1. Aufl. 2009. 108 S.
€ 6,90. dtv 50455

Lützenkirchen
**Mietnebenkosten
von A–Z**

Begriffe · Musterformulierungen · Berechnungsbeispiele · Checklisten.
Erläutert werden sämtliche Begriffe aus dem Betriebskostenwesen, die Vermieter, Mieter, aber auch Makler und Verwalter kennen sollten.

5. Aufl. 2009. 440 S. §
€ 13,90. dtv 5289

Klemm
**So prüfe ich meine
Nebenkostenabrechnung**

Schnellübersicht Recht.
1. Aufl. 2008. 31 S.
€ 4,95. dtv 50404

Neuhaus
Büro- und Geschäftsräume

Mieten und vermieten.
Ein Mustervertrag, zahlreiche Musterschreiben und Checklisten erleichtern den Alltag als Mieter oder Vermieter.

1. Aufl. 2005. 197 S. §
€ 12,50. dtv 50643

Kaufen

GrdstR · Grundstücksrecht

u.a. mit BGB (Auszug), BeurkundungsG, ErbbauVO, WohnungseigentumsG, Baugesetzbuch (Auszug), Grundbuchordnung, Zivilprozessordnung (Auszug), Gesetz über die Zwangsversteigerung und Zwangsverwaltung, GrunderwerbsteuerG, GrundsteuerG.

Textausgabe.
5. Aufl. 2006. 640 S.
€ 12,50. dtv 5586

Bub/Schmid
Grundstücke

Erwerb · Besitz · Belastung · Verkauf · Steuern.
Die Rechte an Immobilien und ihre Übertragung, Nutzung, Besteuerung, staatliche Förderung.

8. Aufl. 2007. 329 S.   §
€ 14,50. dtv 5082

Maletz
Grundstücks- und Wohnungskauf von A–Z

Für Käufer, Verkäufer und Vermittler.
Präzise und verständliche Antworten auf alle Fragen, die beim Kauf einer Eigentumswohnung oder eines Grundstücks auftreten.

2. Aufl. 2006. 300 S.   §
€ 13,50. dtv 5699

Grziwotz
Immobilienkauf vom Bauträger

Risiken erkennen und vermeiden.
Sicher zur eigenen Immobilie.

1. Aufl. 2007. 202 S.   §
€ 13,–. dtv 50645

Herrling/Detzel/Gaisbauer
Immobilien aus zweiter Hand

Ihr Ratgeber für Erwerb und Besitz.
Bautechnische und rechtliche Aspekte, Kosten, Steuern, staatliche Förderung u.v.m.

3. Aufl. 2007. 313 S.   €
€ 10,–. dtv 5887

Kirchhoff/Schneider
Steuern sparen für Immobilien-Eigentümer

So machen Sie alle Kosten und Aufwendungen richtig geltend.
Mit zahlreichen Beispielen und Musterrechnungen.

1. Aufl. 2009. 206 S.   §
€ 12,90. dtv 50689

Herrling/Federspiel
Wege zum Wohneigentum

Ihr Ratgeber für den Immo-
bilienerwerb.
Von der Prüfung der Immo-
bilie über die Finanzierungs-
planung bis hin zur optima-
len Vermietung.

8. Aufl. 2009. 387 S.   €
€ 12,90. dtv 5834

Kirchhoff
**Wohnungseigentum
in Frage und Antwort**

Erwerb · Finanzierung ·
Verwaltung · Verkauf.
Alle Fragen rund um die
Eigentumswohnung kom-
petent beantwortet.
Die großen Änderungen des
WEG sind berücksichtigt!

1. Aufl. 2007. 176 S.   §
€ 9,–. dtv 50651

Scheiff/Hoffmann
**Lexikon für Wohnungs-
eigentümer**

Rechte · Pflichten · Finanzen.
Die wichtige Information für
Wohnungseigentümer und
Verwalter nach der WEG-
Reform.
Mit neuer Erbschaftsteuer.

2. Aufl. 2009. 273 S.   §
€ 12,90. dtv 50662

Bub/von der Osten
**Wohnungseigentum
von A–Z**

Antworten auf alle Fragen
des Wohnungseigentums.
Für Käufer und Inhaber ebenso wie für Verwalter, Richter,
Rechtsanwälte und Notare.

7. Aufl. 2004. Mit Nachtrag
2007. 1166 und 2 S.   §
€ 16,50. dtv 5054

Seuß/Jennißen
Die Eigentumswohnung

Finanzierung · Erwerb ·
Nutzung · Verwaltung.
Der umfassende Ratgeber
mit neuem WEG.

12. Aufl. 2008. 669 S.   §
€ 17,90. dtv 5096

NachbR · Nachbarrecht

u.a. mit BGB (Auszug),
ZPO (Auszug), Nachbar-
rechts- und SchlichtungsG
der einzelnen Bundes-
länder.

Textausgabe.
1. Aufl. 2007. 279 S.
€ 9,50. dtv 5771

Grziwotz/Saller
Ratgeber Nachbarrecht

Rechte und Pflichten im
Nachbarschaftsverhältnis
verständlich erklärt.

1. Aufl. 2010. Rd. 190 S.   §
Ca. € 9,90. dtv 50697
In Vorbereitung für
Frühjahr 2010

Alheit

Nachbarrecht von A–Z

490 Stichwörter zur aktuellen Rechtslage.
Das umfassende Lexikon zeigt, welche Rechte und Pflichten Nachbarn haben und wie typische Probleme zu lösen sind.

11. Aufl. 2006. 402 S.   §
€ 9,50. dtv 5067

Bauen

BauGB · Baugesetzbuch

mit Verordnung über Grundsätze für die Ermittlung der Verkehrswerte von Grundstücken, BaunutzungsVO, PlanzeichenVO, RaumordnungsG, RaumordnungsVO.

Textausgabe.
41. Aufl. 2009. 475 S.
€ 7,90. dtv 5018

VOB/HOAI

VOB. Vergabe- und Vertragsordnung für Bauleistungen Teil A und B (Ausgabe 2009), VOB C Übersicht, BGB (Auszug), UnterlassungsklagenG, Gesetz zur Regelung von Ingenieur-

und Architektenleistungen, Honorarordnung für Architekten und Ingenieure (HOAI), Gewerbeordnung (Auszug), Makler- und BauträgerVO, Verordnung über Abschlagzahlungen bei Bauträgerverträgen, Gesetz über die Sicherung von Bauforderungen, BaustellenVO.

Textausgabe.
26. Aufl. 2009. 383 S.
€ 7,90. dtv 5596
Neu im Oktober 2009

VgR · Vergaberecht

VOB Teil A und B (Ausgabe 2009), VOB C Übersicht, VOL · Verdingungsordnung für Leistungen Teil A und B, VOF · Verdingungsordnung für freiberufliche Leistungen mit VergaberechtsänderungsG, VergabeVO, Gesetz gegen Wettbewerbsbeschränkungen (GWB), Vergabegesetze der Länder.

Textausgabe.
11. Aufl. 2009. 509 S.
€ 15,90. dtv 5595

Werner/Pastor
**Rechtsfragen
beim Bauen**

Das Recht der Bauherren
und ihrer Vertragspartner.
Umfassende Information für
Immobilienerwerber und
Rechtsanwälte.

12. Aufl. 2004. 295 S.   §
€ 11,–. dtv 5095

Forst/Plück
Tipps zum Baurecht

Fallbeispiele aus Praxis und
Rechtsprechung.
Dieser Ratgeber hilft bei Aus-
einandersetzungen rund um
den Bau.

1. Aufl. 2002. 166 S.   §
€ 9,50. dtv 5691

Hauth
**Vom Bauleitplan
zur Baugenehmigung**

Bauplanungsrecht · Bauord-
nungsrecht · Baunachbar-
recht: Abstandsflächen,
Baugenehmigung, Bebau-
ungsplan, Bestandsschutz,
Erschließungsvertrag, Innen-
bereich, Klage, Nachbar-
schutz, Nutzungsänderung,
Rücksichtnahmegebot,

Sofortvollzug, Vorbescheid,
Widerspruch.
Berücksichtigt die wesentlichen Gesetzesänderungen
auf Bundes- und Länder-
ebene, vor allem die neue
Bayerische Bauordnung.

9. Aufl. 2008. 428 S.   §
€ 14,50. dtv 5615

Blum-Engelke/Lepiorz
Ratgeber für Bauherren

Ohne Ärger planen und
bauen.
Dieser praxisbezogene
Rechtsberater bietet eine Fülle
von Entscheidungshilfen und
Problemlösungen in beson-
ders verständlicher Form.

2. Aufl. 2008. 156 S.   §
€ 12,50. dtv 50631

Dankert/Engelhardt
**Bautechnische
Fachbegriffe von A–Z**

Über 600 technische und
juristische Stichwörter aus
der Baubranche.
Das kompakte Nachschlage-
werk für Bauherren, Unternehmer und Berater.

2. Aufl. 2004. 241 S.   §
€ 14,50. dtv 5672

Blomeyer/Budiner/Seemüller
**Architektenrecht
von A–Z**

Rechtslexikon für Architekten, Bauherren und Juristen.
Ein praktisches und aktuelles Arbeitsmittel.

1. Aufl. Rd. 250 S.   §
Ca. € 12,90. dtv 50687
In Vorbereitung

Finanzieren

Schiebel
**So finanziere ich
Haus und Wohnung**

Finanzierungsplan · Kredit-
aufnahme · Steuerliche
Gestaltung.
Dieser Ratgeber vermittelt
das wirtschaftliche und
steuerliche Grundwissen für
die Finanzierung von Haus
und Wohnung.

10. Aufl. 2004. 605 S.   §
€ 17,–. dtv 5222